上海科普教育发展基金会资助项目

润泽科学之湛露

——"提升公众科学素质"科普论坛宣讲文集

陈敬全　韩　蕊 / 主编

上海科学技术出版社

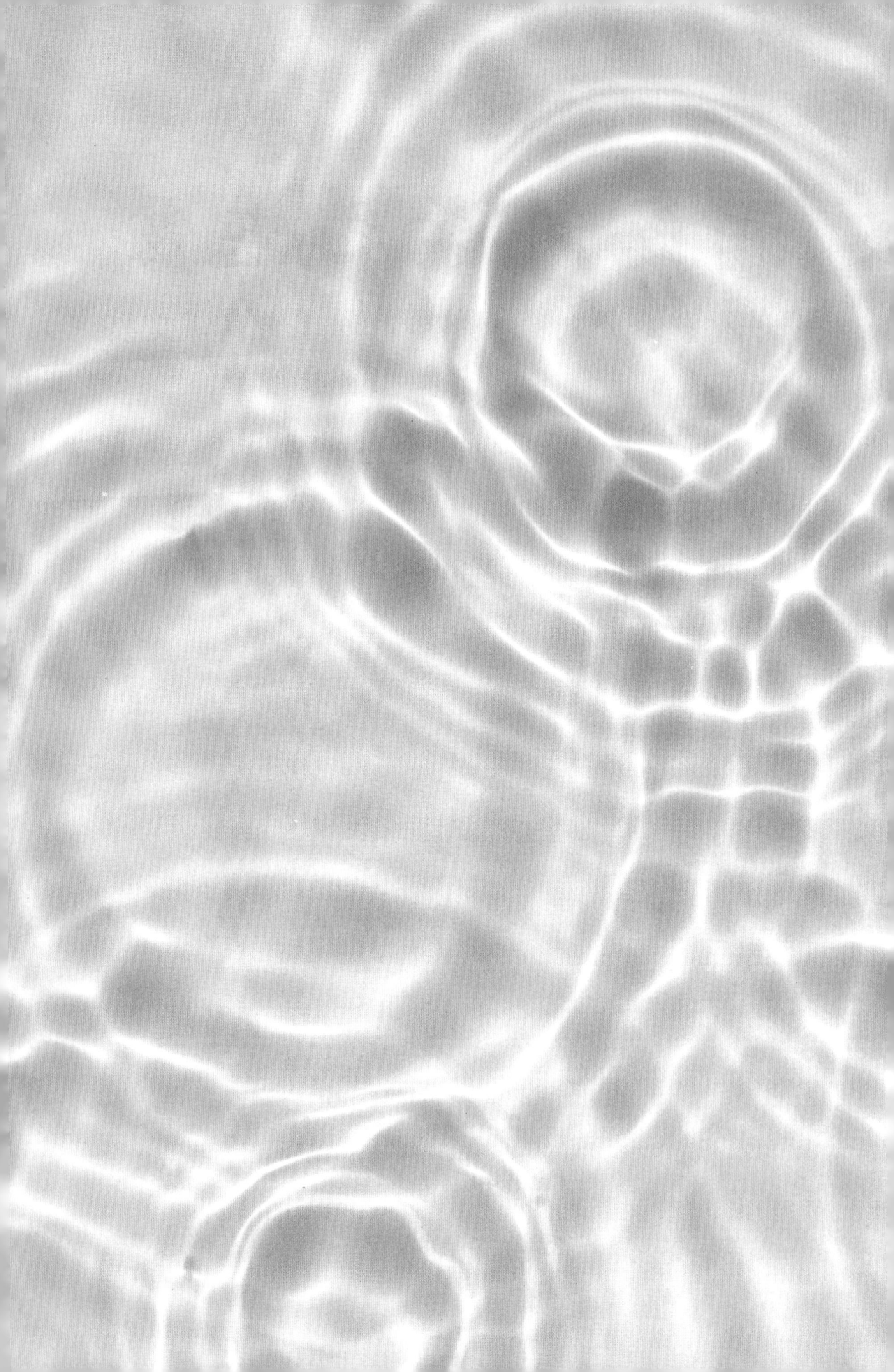

序

《润泽科学之湛露》一书的主编陈敬全教授请我作序。我一向不擅拂人意,加上感到本书的出版颇有意义,于是就答应了。为了写序,这两天又认真看了收录在书中的八十余篇文稿。之所以用了"又看"一语,是因为书中的一部分文稿,我以前在《上海科技报》的科学文化版"湛露论坛"里见过,还有部分文稿我在其他的媒体上也有所照面,而这次是"带着任务"看,比较系统地看,于是就很"认真"了。

首先,我得说这部书是近年来上海为提高公众的科学素质,传播科学知识、科学方法、科学思想和科学精神推出的一份有一定广度和深度的思想产品。贡献思想者来自高校、研究机构、出版社和社团组织,其中既有功底深厚的年长的名家,也有正当年的中青年学者,老中青携手齐齐亮相,可谓是本书的一大亮点。现在人们讲到人才难得,更多是指在科技界和其他领域,其实在科学文化研究和传播领域,同样也是人才难得,甚至更为紧缺。学习科学文化,弘扬科学的理性精神、实证精神、批判怀疑精神和创新精神,发挥人的主观能动性,构建和诠释科学世界图景和科学智者形象,协调人与自然、社会的和谐发展,能有力地促进科学的进步、人的全面发展和社会繁荣。而在这一领域的队伍状况、其整体水准举足轻重,在相当大的程度上影响一个国家科技事业的勃兴。本书的出版让人们看到了希望:有志于科学文化研究并促进科学文化的传播的大有人在,他们组成了这支队伍的基干,值得为之高兴。

其次,本书所选的内容多为结合时事,贴近实际、贴近公众生活,围绕社会公众关切的热点问题而发出的理性之声。例如关于星座占卜、地外生命、人体增强技术、读懂新冠疫情等大众话题,本书都有专文予以剖析,给出思辨的理据和荡浊扬清的观点,起到了思辨引领的作用。尤其让我印象深的是本书中有好些文稿是对一些还沉在水面下若隐若现的"倾向"发出了警醒之言,具代表性的文稿有《重视科技进步中的人文因素》《维护人类的尊严:为人工智能的发展划底线》《更多地关爱低健康素养人群》《小议微信朋友圈对科研群体的影响》《警惕借"世界末日"之题过分发挥》等。仅从这些题目,读者就可以知道这些文章的指向性。作者们能在很多人趋之若鹜、舆论一边倒的时候进行理性思辨,向公众发出冷静的建言,其实是不容易的。读者多读这类文章至少不会轻易跟风上当,提高识别和抵制伪科学、迷信和邪教的能力。

再次,我也想借本书的出版呼吁:给予科学文化研究和传播者更多发表成果的机会。本书的出版得益于《上海科技报》科学文化版这些年来的大力支持,版面辟出专栏,因有了一方园地，才慢慢聚集队伍和人气，并产生一定的影响。然而现在这种园地太少了，以上海开埠以来一直葆有的科学文化传统，以如今世界范围内科技革命汹涌发展之势对科学人文挑战及需要直面的课题之紧迫，特别是以上海在当下科创中心建设中所担当的重任来观照，我们在科学文化研究和传播方面的投入和支持都得大大加强才是，目前确实是远远不够的！以上微弱之声如能引起些微反响，则是上海科学思想界的幸事。

本书主编陈敬全教授曾任上海市科普作家协会理事，本书作者有多位是协会会员。上海市科普作家协会成立于1978年，协会聚集了一批在科学技术专业上学有建树且对科普创作满怀热情的专家、学者，他们积极从事科普创作和科普创作理论研究。40多年来，会员们以各种生动活泼的形式发表了大量优秀作品，在面向大众传播科学知识、宣传科学思想、弘扬科学精神、普及科学方法等方面做了大量工作，在科学文化的建设和传播上发挥了积极作用。协会会员多有获得国家科技进步奖、上海大众科学奖、全国优秀科普奖等各种奖项多项。《润泽科学之湛露》一书由协会出面申请上海科普教育发展基金会科普公益项目的资助，并荣幸获得赞助。在本书的出版过程中，协会也予以了应有的相助。协会对于广大会员的科普创作将一如既往地给以支持，我们期盼有更多的优秀科普作品问世。

《文汇报》高级编辑（退休）、上海市科普作家协会常务副理事长兼秘书长

江世亮

2023年8月

前 言

习近平总书记指出："科技创新、科学普及是实现创新发展的两翼,要把科学普及放在与科技创新同等重要的位置。没有全民科学素质普遍提高,就难以建立起宏大的高素质创新大军,难以实现科技成果快速转化。"

科学素质是国民素质的重要组成部分,是社会文明进步的基础。公民具备科学素质是指崇尚科学精神,树立科学思想,掌握基本科学方法,了解必要的科技知识,并具有应用其分析判断事物和解决实际问题的能力。提升科学素质,对于公民树立科学的世界观和方法论,对于增强国家自主创新能力和文化软实力、建设社会主义现代化强国具有十分重要的意义。

上海市政府和社会各方积极开展科学素质建设工作。2018 年,上海市科协与高校、科研院所和社会团体发起"与市民携手共同推进科学素质建设"行动,号召专家学者积极参与行动,热情鼓动市民,尽力做好宣传工作。

行动组委托《上海科技报》在科学文化版开辟"湛露论坛",并委托市科协"湛露网"刊登发表专家学者的宣传稿件。"湛露"一词出自《楚辞·九章·悲回风》,意为"浓重的清彻的露水"。"湛露能润泽於物",论坛的宗旨是结合传播科学知识,宣传科学思想,弘扬科学精神,普及科学方法,使科学思想、科学精神和科学方法犹如"湛露"润泽公众的心田,以提高他们的科学素质及理性思维的能力,破除迷信,识别伪科学和反科学,抵制邪教。

上海市高校、社科院、科普场所、协会和学会（上海市科普作家协会、上海自然辩证法研究会、上海反邪教协会）的专家和学者,以满腔的热忱踊跃来稿。文稿的作者密切关注新时代科技发展的最新动态,以及科技发展引起的当代社会的变化,应用自己的专业知识,从理论层面上对科学精神、科学思想和科学方法做介绍与阐发,使读者在学理上哲理上获得更全面更深刻的认识。

作者贴近实际、贴近公众、贴近生活,及时获得公众关心的相关热点、焦点问题和公共话题,引导读者以科学思想指引、应用科学方法认识和解决这些问题,理性关注和参与公共话题的讨论,提出建设性的建议,理智应对公共突发事件。

作者生动地讲好科学家的故事,如科学家认识自然界发展变化、处理人和自然关系的故事,他们做出科学发现勇攀科学高峰的故事,他们献身国家科技事业、敢于承担社会责任的故事等,使读者深切感受伟大的科学事业孕育了伟大的科学精神和科学家精神,感悟到科学精神之高尚和卓越,在心灵深处受到震撼、鼓舞、激励和鞭策,在学习工作和创业中获取不竭的精神支撑和力量源泉。

作者在向读者宣传时,努力把深奥的理论通俗化,把枯燥的原理趣味化,用群众听得懂的语言,讲群众听得懂的道理,浅出地阐明深邃的哲理,引起读者在心理上的"共鸣",为他们提高科学素质、认识自然和现实世界提供正确的理论先导。

作者没有停留在知识和理论的传授上,而是使理论与公众的学习、工作和生活实践相结合,彰显科学素质建设的价值引领作用,践行社会主义核心价值观,传递科学的思想观念和行为方式,向公众倡导科学行为,提高他们科学行事的能力。如破除迷信、明辨是非、辨别伪科学的能力;积极应对现代科技发展引起的当代生活变化,增强适应信息环境、适应智慧城市的生活能力,文明、健康、绿色、低碳、环保的科学生活方式;维护公共安全意识和应对突发事件的技能;终身学习的能力,以适应科技的飞速进步和社会的急剧变化。

作者撰写的文稿题材广泛、主题鲜明、内容丰富、说理透彻,读者通过认真阅读,在细细品味它们具有的科学性、哲理性、思想性、文学性、趣味性和可读性等特色的同时,能切身体会到科学思想、科学方法和科学精神的魅力,以及对提升自己思想觉悟、认识水平和参与公共事务能力的作用。

"湛露论坛"自设立以来,受到了读者的欢迎,引起了积极反响,为满足读者系统、有条理地阅读和学习的需求,配合公众领会和贯彻2021年国务院颁布的《全民科学素质行动计划纲要(2021—2035年)》,推进科学素质提升行动更广泛更深入地开展,加快科学素质建设,我们精选了近年来在论坛上以及在市科协"湛露网"上发表的文稿87篇汇编成集,分为科学新知篇、科学思想篇、科学方法篇、科学精神篇、科学伦理篇、科学行为篇,以飨热心的读者。

目 录

科学新知篇

科学也需要一种信仰	3
学一些科学史方面的知识	7
牛顿和上帝那点事儿	10
让科学之光照亮神灵世界	14
星座占卜——一个美丽的错误	17
"早已过时的"科普书还有重译重读的价值吗	20
谈天文学家在探测系外行星过程中展现的科学素质	22
关于地外生命之争	25
量子科技的基础理论在徘徊和寂寞中起步	29
对数字物存在的意义及其限度的思考	32
密切关注人类增强技术引发的难题	35
智能化会造成人类的失能化吗	38
身处科技新时代的"我们正在做什么？"	40
积极应对现代科技发展引起的当代生活变化	43
谈"造客之术"——虚拟现实技术提出的认识论问题	46
虚拟现实技术的应用与科学传播方式的创新	50
《自然》年度科学十大人物评选：不以科学成就为唯一标准	52

科学思想篇

积极向公众普及科学思想	59
重视科学思想对基础科学研究的指导作用	62
努力向公众讲好自然辩证法的故事	66
"互联网思维"：一种拓展的辩证思维	69
从无限宇宙观到宇宙大爆炸的认识转变	73

"人类世"的确立：善待地球、协调人与自然的关系　　77
在抗击病毒疫情下重温恩格斯光辉的生态思想　　81
在全国低碳日重读里夫金的低熵社会论　　84
从新冠疫苗的研发看科技的人文价值　　87
读懂疫情请学习"用数据讲话"的科学思想　　90
刍议维纳的信息世界观：世界和人类的信息本质　　93
科学与艺术总在山顶重逢　　96

科学方法篇

"苹果落地"和"月亮为什么不落地"　　101
重视"科学王国外的智力因素"对科学发展的影响　　104
探幽入微的探索和明察秋毫的洞察　　107
得益于美的启示导致的重要科学发现　　111
受自然的启示做出的重大科学发现　　116
谈生活的情趣和生活的启示　　120
看似无关紧要的研究获得的重大技术应用　　123
从尼龙的发明看技术创新的艰难曲折　　127
"意外之举"和"神光"的获得　　130
排除归纳法在追踪排查新冠病毒隐形传播感染链条的作用　　133

科学精神篇

拒绝愚昧：科学精神向非科学人群的扩散　　139
谈学术造假与科学精神之缺失　　144
由诚信导致的重大科学发现　　147
国际化学元素周期表年：记住探索者历经的艰难曲折　　150
读百年前爱因斯坦获诺贝尔物理学奖的几个故事　　153
百年哥本哈根学派的启示　　157
以玻尔为榜样，做青年学子的良师益友　　160
伟大的事业孕育伟大的科学精神　　163

学术反腐当有不畏权势的精神　　　　　　　　　　　　166
科学探究需要久久为功的精神　　　　　　　　　　　　170
在疫情防控中弘扬科学精神和人文精神　　　　　　　　173
在防治艾滋病中促进科学与人文的和谐统一　　　　　　176

科学伦理篇

厚德载物：从"时代楷模"黄大年看科学道德　　　　　181
回望科学史上的"天使"与"恶魔"　　　　　　　　　185
谨防"污名化"对科学事业造成的损害　　　　　　　　188
历史的教训不应被忘记　　　　　　　　　　　　　　　192
在科学研究上"诚实"是第一位的　　　　　　　　　　195
"人造太阳"与曾经的"冷核聚变"闹剧　　　　　　　199
医学领域为何成为科研不端行为的高发地带　　　　　　203
对青少年科技竞赛活动中的不端行为说"不"　　　　　206
切记"塔斯基吉梅毒实验"的惨痛教训　　　　　　　　209
晒晒那些在病毒研究和防治方面的丑闻　　　　　　　　213
重视科技进步中的人文因素　　　　　　　　　　　　　217
警惕伴随科技发展的"道德沦丧"　　　　　　　　　　219
维护人类的尊严：为人工智能的发展划底线　　　　　　222
"为了什么，走向哪里，还干什么？"——技术的再追问　225
物是人非吗——对技术物的道德意蕴的重新诠释　　　　228
云视频会议软件危机的伦理审视：在技术的裹挟中守护自我　230
从许霆案解读机器的法律地位　　　　　　　　　　　　234
特斯拉的另类中国经验及启示　　　　　　　　　　　　236

科学行为篇

直面挑战，推动科普事业的健康发展　　　　　　　　　241
刍议科学家与科普工作　　　　　　　　　　　　　　　244
在理工科课程教学中发挥"思政"教育功能　　　　　　247

上好研究生入学教育的重要一课 249

上好生命教育中的重要一课 253

提高老人科学素质 识别和抵制伪科学 256

更多地关爱低健康素养人群 259

从胡万林到萧宏慈,为什么"神医"总会有市场 261

守卫地球上春天的明媚风光 264

实行垃圾分类 "勿以善小而不为" 267

小议微信朋友圈对科研群体的影响 270

直面网络世界对青少年教育的挑战 272

别删除了孩子的好奇心 274

崇尚科学,抵制邪教,构建和谐校园 277

警惕借"世界末日"之题过分发挥 280

从"认知失调理论"视角理性地看待灾难说 283

警惕!他们在反科学的歧路上如出一辙 286

"量子企业"泛滥给出的警示 288

后 记 291

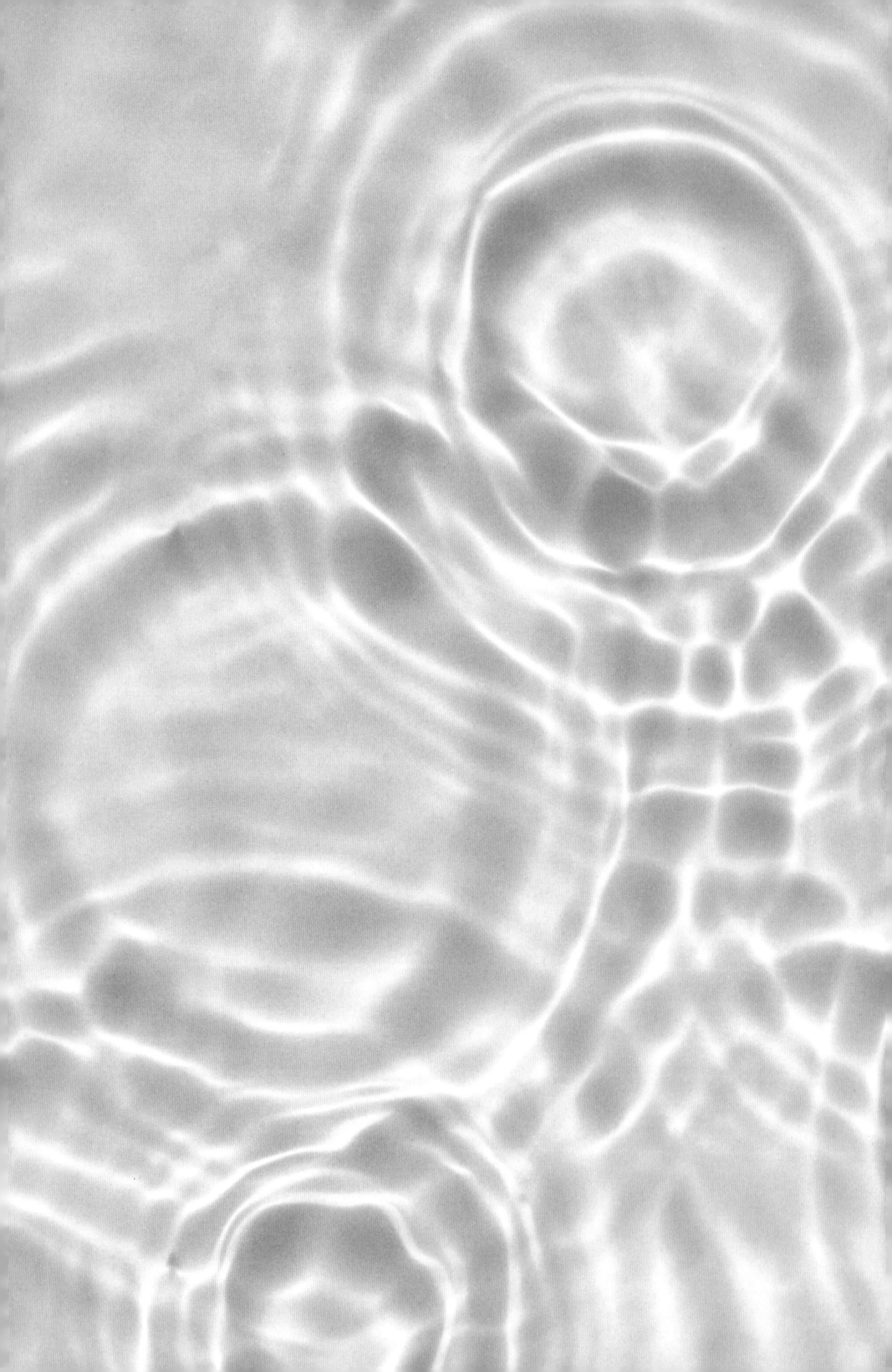

科学新知篇

要加强国家科普能力建设,深入实施全民科学素质提升行动,线上线下多渠道传播科学知识、展示科技成就,树立热爱科学、崇尚科学的社会风尚。要在教育"双减"中做好科学教育加法,激发青少年好奇心、想象力、探求欲,培育具备科学家潜质、愿意献身科学研究事业的青少年群体。

——摘自习近平总书记2023年2月21日在中共中央政治局就加强基础研究进行第三次集体学习时的讲话

科学也需要一种信仰

科学也需要一种信仰，在一些人看来，信仰就是宗教，或者是对某个主义的执着，科学怎么可以用信仰这个提法？然而笔者使用的信仰这个词的本来意义，是坚定地相信一些想法或思维模式。笔者为什么会坚持使用这样一种提法呢？

某院士演讲事件

2017 年，网络上出现了对某院士在北京中医药大学做名为"用身体观察真气"之演讲的批判热潮。笔者在接受采访时，也对该院士不负责任的报告给予了谴责，理由之一是他作为一位具有较高社会地位，又带有中国科学院院士头衔的科学界人士，却在公众场合宣讲完全背离主流科学的观点，极易误导缺乏科学训练的普通公众。理由之二则是他用以论证其诸如"人体真气""量子佛学"之类非主流观点的方法根本就不是科学方法，而是伪科学。

面对这样一位担任过知名大学校长的知名大院士，我们这样的普通科普人，还有许多小人物向着这个大人物"开火"了。这种勇气来自何方？这就是一种信仰的力量。如果不是因为一种强烈的维护科学声誉的责任感，我们又何必多事地去"挑战"这样的大人物？

院士的头衔很容易使得相当多的公众误以为他说的一定就是科学，所以这个危害甚大。诚然，我们可以相信某院士能够评上院士并非浪得虚名，在其专业领域（激光物理和化学）应该是取得过科学成就的，但是他的这些奇谈怪论则与其专业毫无关系，他跨界跑到了完全不同的另一个领域，甚至与宗教打成了一片。相信绝大多数的科学家都不会同意他的观点和行为方式，网络上众多科学家和科普人的声讨文章就是明证。

很多人接着会问，你说他不是科学，你又有什么理由呢？此文即想探讨一下科学究竟是什么，以及科学究竟存在哪些特点。

科学的本质

首先需要说明的是，科学本身不等于真理。科学是一种思维方法，以及在这种方法指导下建立起来的一套知识体系，但其根本却并非这个知识体系本身。很多朋友喜欢说：你们也不要迷信科学。这种说法其实是把"科学知识"和"科学"混为一谈了。科学知识是在不断发展的，科学能够不断发现自己的错误，并改正错误，这也正是科学的一个重要特质。我们的确不能迷信科学知识，但是某个具体科学知识的错误绝不等于科学的错误，科学的思维方法当然也不是唯一的思维方法，比如画家有画家的思维方法，宗教人士有宗教思维的方法，等等。我们作为科学工作者，则是坚定地认为科学的思维方法是探索真理的最佳方法，这就是一种信念。

科学的本质什么？科学的重要本性就是刨根问底的质疑精神。追寻事物的本源是众多文化和思想都追求的目标，但是很少有哪个思想体系会像科学这么执着于不断的追问。比如宗教，一般的问题追寻到上帝即可满足了，没有哪个教徒敢于追问上帝是哪里来的，上帝又为何会具有这种神奇的能力？又比如中国的文化传统都非常热衷于使用"气"的概念，但是中国人却多满足于用"气"和"阴阳"来解释万物，至于气到底是什么？怎样把它定量化？却少有人觉得这是一个问题，以至于这套理论两千年来发展寥寥。其实西方过去也有类似的概念叫作"以太"，早已被科学的发展所抛弃。现代天文学中也有一个类似的情况，叫作"暗物质"和"暗能量"，就是为了解释星系动力学和宇宙膨胀中一些难以解释的现象，引入这一概念后，整个理论其实已经自圆其说了，如果按照传统的思维模式，到此也就满足了。可是科学对此说不，科学家一定要穷尽其思维去追问"暗物质"和"暗能量"究竟是什么？这就是科学的精神。质疑精神是每一个科学家所共有的特质，无论是哪个权威，无论是多么成熟的理论，你都可以质疑。

中国科学院高能物理研究所的张双南教授曾经举了两个很好的例子——"杞人忧天"和"两小儿辩日"，天真的会塌下来吗？中午的太阳和初升的太阳到底是不是一样大？这本来都是值得深究的课题，可是在这两个寓言里，这样的课题却都只是被讥笑嘲讽的对象，历千年而不变，有几个人去想过这些问题其实是可以深究的？与之相反，这一类问题恰恰就是古希腊学者们特别喜爱追问的问题，正是这种探究精神才带来了科学的发展。

科学思维的特点

从事科学研究的人都知道，科学思维有一些鲜明的特点。首先是理性思维和定量研究的特点。科学特别强调整个论证体系严密的数理逻辑性，同时也特别强调清晰准确的定义和定量描述。一个问题要能真正做到刨根问底，定量化的清晰描述是必要的前提，只有这样才可能把各种细节问题暴露出来，接受各种检验，并在检验中发现更多的问题。中国的传统文化某些方面则与之相反，表述模糊，玄之又玄，听起来好像这样也对，那样也对。这样一种思维方法对于处理人际关系、化解社会矛盾也许是有帮助的，但是对于探究事物的本源则是一种阻碍。正是这种文化传统阻碍了中国古代科学的发展。

科学的第二个特点是实证性。科学讲究以事实为依据，所有的科学理论都必须接受实证检验，而且必须是客观的可重复实施的检验。这里有两个要点，一个是可重复性，只有一个人声称实现了或观测到了,其他人却都无法再现的结果是不能被接受的。另一个要点就是客观性,也就是这个检验一定要设法排除掌控实验的实验师本人主观感受的影响,比如现代医学的双盲检验法就是一个典型的范例。前述某院士的工作就是违背了这一条,他试图用他的主观感受来证明他的观点,这就不是科学的方法。

科学的第三个特点是要具有可证伪性。因为实证难以穷尽一切,你做再多的实验也无法穷尽所有的情况。科学因此而反其道提出了一种检验法则,就是任何科学理论都应该包含一些可资检验的预言性表述,在检验过程中,只要有一个检验与你的预言相违背,这个理论就是不完备的,或是被推翻,或是需要进一步发展。而那些经过了检验的理论,也没有一个可以说是一劳永逸的,它们仍然需要等待更多的检验。一个理论能够通过的检验越多,它的可信度就越高。不能提出可检验之预言的"理论"就不能称之为科学理论。宗教就是与此相反的一个例子,上帝的存在是绝对的,无论你对教义中出现的各种逻辑不通怎样表示怀疑,你都不可以怀疑上帝的存在和他所具有的力量,否则你就是异教徒。

由以上几个特点还可以延伸出科学的第四个特点,那就是无国界性。显然前述这些特点没有一个是和具体的国家、民族或文化有关的,所以根本就不存在什么独立于现代科学之外的中国物理学、中国天文学,或是中国化学。

科学也是一种信仰

回到开篇提出的信仰科学。很多科普人士习惯于先验地认为科学的特质是不言而喻的,但是实际上这种思维方法并非天然就是所有人都需要遵守的守则,比如很多现代艺术就未必需要遵守逻辑常识,禅宗"顿悟"也经常与理性没有关系,更常见的则是"看到太阳东升西落就以为是太阳在绕地球转"这样的简单逻辑,虽然大家在总体上都会同意我们要讲逻辑,也都同意实证的东西更可信,但是在出现与其他需要相矛盾的因素,比如宗教、传统,甚至狭隘的爱国情绪,就会不自觉地放弃这些准则。

然而,上述这些特点却是科学得以成立的基本要素。所谓科学素养,并不在于你掌握了多少科学知识,而在你是否知晓和坚信这样一些科学的基本要素。笔者所谓的信仰科学,不是说信仰哪些具体的科学知识,而是坚定地相信这些科学的要素,比如质疑的精神、数理逻辑的方法、实证性及可证伪性等,它们都是科学所必备的,违背了这些要素,它就不是科学。我们信仰这些要素,就像教徒们信仰他们的上帝一样。

笔者在二十多年的科普生涯里,觉得传播科学的精神和方法,其艰苦性并不亚于传教。虽然我们生活在一个谁都不会与科学为敌的社会里,但是真正具备科学素质的人,即使在大城市里的百分比可能也只有个位数。我们在做科普的时候,经常会遭遇各种的不解和围攻,对于一些有争议的科学问题,如果你去做民意调查,科普的一方很可能会遭遇完败。回到某院士演讲的事件，虽然科学界几乎是异口同声地给予谴责，但在大众心目中却并非如此，相当多的人会认为科学太霸道了，为什么不能容忍不同的观点呢？可是朋友们，哪天如果我也成名了，然后到处去做演讲宣传这个世界是有鬼神的，巫术是可以治病的，你能接受吗？

科学传播，任重而道远，只有信仰科学，才能勇敢地与伪科学、反科学，乃至邪教做坚决的斗争，没有信仰就没有真正的动力和勇气。愿更多的人来信仰科学。

（林　清）

林清　1969年生。南京大学天文学系本科毕业。在上海天文台从事科研工作，获得理学博士学位，任上海天文台管理处处长、上海天文学学会秘书长、上海天文台佘山站站长，主持上海天文博物馆建设和改造工程。上海天文馆项目发起人之一，担任上海天文馆建设指挥部展示部部长。任上海科技馆天文馆管理处处长、上海科技馆天文研究中心主任。

个人感悟　我的天文路——从少年星空梦到不惑的追求。

学一些科学史方面的知识

1959年5月7日,英国科学家、小说家斯诺(C. P. Snow)在剑桥大学做了一场"两种文化"的演说。不久该演说以《两种文化与科学革命》单独发行。斯诺所言的"两种文化",即科学文化与人文文化,他当时已经觉察到了这两种文化各自构筑了自己的阵地,互相难以理解和沟通。半个多世纪以来,"两种文化"之间的沟壑似乎越来越大,引发了社会各界的讨论和思考。同时,社会也在寻求一种可以缩小或者拉近"两种文化"的良方。科学史渐渐成了他们关注的焦点之一,并对之寄予厚望,国内外许多大学也将科学史课程纳入通识教育的核心课程中。那么科学史是怎样一种学科,它对沟通"两种文化"能起到什么作用,如何了解一点科学史,这正是本文打算说明的。

科学史是一门什么样的学问

"科学史"这门学问大致在18世纪才有了一点雏形。当时一些科学家自觉地认为,到了总结该学科遗产的时候了,免得"数典忘祖"。比如对氧气的发现起了关键作用的英国科学家普利斯特列(J. Priestley)专门梳理了电学的历史。这种对专门学科历史进行梳理的做法一直持续到了现在,只是在形式、内容上有些差异。一些学校教科书的绪论或者前言会简要梳理该学科的历史,这种形式往往比较简短;或者以专著的形式讲述某学科的发展历程。这便是科学史的基本形式之一——分科史。通俗地说,就是各门学科的历史。到了19世纪,出现了科学史的另一种基本形式——综合史或者叫通史。综合史,顾名思义,就是综合了各门学科的历史,不再单一地讲某一学科。综合史的好处是能够使读者在更宏大的历史背景中理解科学或者某一学科的发展,但也有其弊端,就是通史撰写比较麻烦,因为史料、线索顾及过多,写就的书往往都是"大砖头",令读者望而生畏;或者冠上一个通史的帽子,内容还是按照分科史写,不伦不类。

若是如此,读者可能会问了,科学史无非就是科学的历史,这与文章开头提到的"两种文化"有什么关系呢?的确,简单地理解,科学史就是科学的发展历程。但科学史这门历史学问对两种文化的特殊意义和作用,往往被忽略了。

学习科学史的意义和作用

文章开头我们提到两种文化难以理解、互相冲突,那么为什么要沟通或者调和两种文化。因为两种文化的抵触已经造成了社会群体的隔阂、互相鄙视甚至仇视,在关乎老百姓日常生活的公共决策中,有时表现得异常突出,甚至影响最终决策。举一个常见的例子，目前网络上崇尚科学文化的网友往往被扣上"科学棍子""科学宗教"的帽子，而人文文化的持见者一般会被反斥为"文傻""科盲"。这种互诘的称谓在关于"转基因""水电开发""传统文化"等问题上争论中频繁使用，展示着交锋的激烈程度。

消解两种文化隔阂的关键是找到这种隔阂的根源，有人认为是狭隘的科学主义和狭隘的人文主义对立造成的。这仍然是一种表象，两种文化隔阂的根源在于随着时代发展，科学的专门化与专业化程度在持续加深。一般而言，自然科学出身的人凭借兴趣可以阅读、理解一般的人文社会科学书目，有时甚至达到很高水平；但人文社会科学出身的人对自然科学一般避而远之，有兴趣的也很少。因此，两种文化的冲突，固然有一些是自然科学工作者傲慢造成的，但大部分是人文文化的持见者对科学的不理解、误解，甚至听信谣言造成的。有的谣言很低级，但是部分人文文化的持见者还是上当、追随甚至痴迷，主要由于分辨能力差，说到底，是基本的自然科学知识储备不足，或者说"轻信的门槛很低"。美国知名科普作家萨根（C. Sagan）曾指出："试想一下你非常认真地想要理解量子力学是什么，首先，你必须打下坚实的数学基础。只有当你掌握了数学各个分支的知识后，你才能迈过通往更高层次的知识的门槛。你必须依次学习算术、欧几里得几何学、高中代数、微积分学、常微分方程和偏微分方程、矢量微分、数学物理方法中某些特殊函数、矩阵代数和群论。"这对一般学习物理的学生而言，要占去他们从小学三年级到研究生低年级之间大约15年的时间，但是这还没有窥到量子力学的堂奥，只不过是为了深入学习量子力学而建立的数学知识框架而已。因此，萨根悲观地认为，对公众普及量子力学是徒劳的。姑且不论萨根的观点是否正确，这从侧面说明了科学专业化程度加深，加大了科学普及的难度，客观上增加了人文学者对科学产生兴趣的难度。

与此同时，教育方面的一些问题也导致公众疏远了科学。以我国为例，高中的文理分科进一步加大了两种文化的裂痕。幸运的是，我国高中文理分科的现状在一定的程度上得到了改观，不分科已成为许多省份高考改革的明确趋势。

早在1937年，科学史学科之父萨顿（G. Sarton）在其《科学史和新人文主义》中就阐述了科学史与人类文明史的关系。在他看来，科学较政治、经济、文学、艺术、哲学、宗教等，是最富革命性的力量，它不但极大改变了人类物质生活条件，并开阔了人类的视野、解放了人类的思想、变革了人类的精神世界。科学对物质生活的改变，大多数人能认识、感受到，但对人类精神世界的改造，却往往忽视了。在萨顿看来，不了解科学史，就无法真正理解人类文明史。回到国内一些网络论坛的"论战"，一些人往往服膺于先秦诸子理论的教化、佛学的恩惠、文学的滋养，却不知道巴斯德（L. Pasteur）、李斯特（J. Lister）、弗莱明（A. Fleming）在科学上的发现挽救了多少生命。

了解一点科学史，除了有助于更好地理解人类文明史（至少使得两种文化不再囿于偏见）外，在科学教育中还能发挥独特的功能。早在1952年，哈佛大学物理学、科学史教授霍尔顿（G. J. Holton）就尝试将物理学史融入物理学教材中，帮助学生理解物理学的本质，完成了《物理学的概念和理论导论》。美国 2061 科学教育计划项目丛书之一《面向全体美国人的科学》谈到科学史在科学教育中的作用时指出，离开了具体事实案例，对科学事业整体的概括将显得空泛。比如从地心说到日心说，物质与能量产生关联等，脱离了丰满的科学史事实，科学革命的"范式"（世界观）转换只能以口号的形式宣传。

如何学习科学史的知识

科学史（全称为科学技术史）在我国已成为专门学问，中国科学院自然科学史研究所以及少数大学每年招生一定数量的研究生。对一般公众而言，没必要以其为职业，但了解一点科学史，对沟通两种文化，培养青少年对科学的兴趣还是大有帮助的。

至于一般公众如何了解一点科学史？掌握一些科学技术的知识是读懂科学史必备的基础。再就是读一点通俗性的科学史读物，或者欣赏一些质量较高的科学史纪录片。对前者，可以读读麦克莱伦三世（J. E. McClellan III）的《世界科学技术通史》、斯潘根贝格（R. Spangenburg）的《科学的旅程》；对后者，可以欣赏下 BBC 拍摄的《科学的故事》、布洛诺夫斯基（J. Bronowski）主持的《人之上升》（也有同名书）等。

让我们一起学习一些科学史方面的学问吧。

（史晓雷）

史晓雷 1979 年生。2010 年毕业于中国科学院自然科学史研究所，获理学（科学技术史）博士学位，主要从事技术史、科学普及研究。现任湖南农业大学通识教育中心副主任。发表论文 40 余篇，出版科普著作 5 部，在《科学世界》《中国科学报》等发表科普文章 100 余篇。

个人感悟 积极传播科学史知识，填补两种文化的鸿沟。

牛顿和上帝那点事儿

几年前（2017年），由某院士学佛讲佛时用量子力学去"证佛"这件事儿，很多朋友又在谈起科学家"晚年犯错误信宗教"的事儿，多数人举牛顿为例。有意思的是，基督教有些传教者也宣称，牛顿年轻的时候热爱科学，晚年幡然悔悟，虚心投入了上帝的怀抱——他们想以此"证明"宗教比科学更伟大。这类说法都对历史真相缺乏基本的了解。牛顿从年轻的时候就相信上帝，可最终牛顿推动科学的发展让许多科学家们抛弃了上帝。

虔诚的异端

牛顿出生在17世纪中叶，时正值英国内战的高潮。在那个时代，基督教在欧洲社会仍然占据统治地位，几乎所有人生下来就要接受牧师的洗礼。可以想象，在耳濡目染下，牛顿是不可能不相信基督教的。对牛顿更直接的影响来自他的继父和中学老师。他的继父是一位教区牧师，属于当地上流社会，继父的神学藏书成了牛顿青少年时的读物。牛顿在中学读书时，基督教的教义课程是必修课，他的一位老师安吉尔是一位清教徒修士，他也要求牛顿读一些神学论文。所以牛顿青少年时就了解了基督教神学。

1661年，牛顿在剑桥大学三一学院注册。三一学院这个名称就是来自基督教教义的圣父（上帝）、圣子（耶稣）、圣灵"三位一体"。当时剑桥大学的课程"圣经"又是必修课。有意思的是，大学生牛顿所秉持的信仰既不是英国圣公会（新教），也不是古老的罗马天主教，他选择的是被视为异端的阿里乌派。这个教派的教义并不认同前两种教会的"三位一体"神学理论，认为"三等于一，一又等于三"是违反逻辑的，因此耶稣和上帝并非一体。

幸好，当时的英国社会对宗教信仰的态度逐渐宽容，牛顿更是幸运地遇到了他的导师巴罗（I. Barrow）教授。巴罗不仅仅是他学业上的指路人，引导他重视数学的作用，欣赏他的天才，而且利用和国王的密切关系在宗教信仰上保护了他，使他能够在不暴露异端信仰的情况下担任教授职务，从事科学研究。

所以任何宣称"牛顿在晚年投向宗

牛顿

剑桥大学三一学院

教"的说法都是忘记了历史，不了解当时的社会环境，也不了解牛顿本人的信仰。那么作为这样一位虔诚的异端、一位狂热的宗教信仰者，牛顿为什么能够做出伟大的科学贡献呢？

科学精神 vs 上帝信仰

在上帝和知识的关系上，古代的宗教信徒认为，只有通过崇拜神灵才能够获得知识，信仰宗教的目的在于从俗世中解脱出来进入纯粹的精神世界或永恒的彼岸世界。但自从文艺复兴以来，哲学家们认为自然是上帝在《圣经》之外写的"另外一本书"，研究自然界的目的是通过窥探上帝创造世界的秘密，来颂扬上帝的伟大，这种思想被称为"自然神学"。牛顿接受了"自然神学"，他懂得了自然界深藏有待揭示的奥秘，追求自然知识也是上帝赋予的神圣使命。

在学习和追求自然知识的过程中，牛顿掌握了真正的科学精神，他认为"我是柏拉图的朋友，我是亚里士多德的朋友，可是我更好的朋友是真理。"这无疑突破了基督教神学把古代知识神圣化的禁锢，延续上了亚里士多德"我爱我师，我更爱真理"的哲学精神。

牛顿通过批判继承古希腊以来的数学、天文、物理知识，发现了牛顿运动三大定律、万有引力定理，更新了光学等学科的知识。特别是牛顿发现的万有引力，不但可以解决众多的力学问题，而且颠覆了人们对于宇宙和上帝的认识。万有引力的重要性在于，它把伽利略和牛顿本人发现的力学和运动学规律，以及开普勒发现的行星运行定律统一起来，指出古人曾经以为神圣的天体，与我们所见的日常物体一样，遵守同样的力学规律。牛顿由此重建了科学研究的模式，把物理学从哲学思辨推进到与数学紧密结合，通过详细的物理实验和数学分析去证明猜想。

后来的科学家们沿着牛顿开辟的路径，继续深入研究宇宙和世间万物，建立了力学、热学、光学和电学等学科，系统地解释了在我们周围所看到的物理现象。科学家们发现，从宇宙到日常生活中，万物运行都有规律可循，这些规律都可以通过逻辑思考而掌握。也就是说，在宇宙的创生和运行中，都不需要"上帝之手"的干预。科学进展也影响了科学家、哲学家们的世界观，使许多人逐渐抛弃了对上帝的崇拜，比如法国天文学家拉普拉斯（P. S. Laplace）说"我不需要那个假设"（指"上帝的第一推动力"），德国哲学家尼采（F. W. Nietzsche）干脆宣布"上帝死了"——在科学和哲学中，再也没有上帝的容身之地。

科学和宗教各行其是

虔诚的上帝信徒牛顿推动了科学发展，科学发展却推翻了宗教对科学的统治，这个有趣的历史过程，让我们可以反思科学与宗教之间的关系。

在现在信仰自由的前提下，科学和宗教是各行其是的，正如罗马教皇保罗二世所说的"宗教的归宗教，科学的归科学"。宗教关注伦理道德、灵魂救赎，不在科学问题上发表意见；科学家研究现实问题时遵循科学方法，不会引用宗教观点作为依据。这也是历史上基督教和科学曾经发生多次冲突之后，科学和宗教找到的"和平共处"的方式。

有意思的是，我们习惯上讨论的"宗教"主要是指基督教，因为近代科学毕竟是在欧洲社会中成长起来的，哥白尼、伽利略、牛顿这些伟大的科学家本身就是基督教徒。不过，上述宗教和科学的关系，对于其他宗教应该也适用。因为任何宗教，尤其是源自古代的传统宗教，都是以超自然信仰为基础的。比如基督教相信圣母"处女怀孕"生下了耶稣，佛学大师们相信佛祖曾多次投胎，灵魂要遭受六道轮回之苦，这些都是古人在对世界认识水平低下时的想象，都跟科学没有什么关系。

科学提倡"质疑一切"，深入理解这个世界运行的规律；而宗教则是把教主和经典的思想看作是不可置疑的。这决定了这两种思维模式上有着根本的冲突，历史的发展已经证明，解释和解决现实世界的问题需要的是科学而不是宗教，需要的是科学家，而不是宗教大师。

当某院士用科学体系发展出来的量子力学，去论证佛学或者气功的时候，他就不小心放弃了科学家应该持有的质疑精神，默认"神灵和圣人"那些古老假说是更高级的

"正确假说",如此跨越科学和宗教的界限是非常不应该的。一个人正常的宗教信仰应该得到尊重,即使是身为科学家的院士也有吃斋念佛信佛的自由。可若是非要把佛学说成是科学,把这两种思考方式硬拉到一起,是不可取的,佛学里那些超自然的想象恐怕是经不起逻辑和现代科学检验的。

(孙正凡)

孙正凡 1978年生。天体物理学博士、中国科普作家协会会员,曾任第六版《十万个为什么》编辑。2019年获得"上海市优秀科普作家"称号,为中小学和社区等提供科普讲座百余场。翻译作品有《星际信使》《给忙碌者的天体物理学》《太空之眼》《创世余辉》等三十余种。

个人感悟 科学是从提出问题开始的。

让科学之光照亮神灵世界

有没有"灵魂"和"鬼神"？这是富有趣味的问题。古今中外许多思想家对此进行了认真的思考，提出了各自的见解。现代科学的发展，对这个问题给出了明确的答案。

充满诱惑的"灵魂""鬼神"世界

灵魂这个观念充满了诱惑，我们经常会碰到它，比如"在天之灵""英灵"。肉体和灵魂是什么关系？有没有独立的灵魂？古今中外的思想家们对此争论不休。即使陆游认为"死去元知万事空"也就是不存在有形的魂魄，但依然希望"家祭无忘告乃翁"。

"灵魂"观念的延伸和升级版本，就是"鬼魂""妖怪""鬼神"，在历史上有无数关于鬼神的故事在流传。鬼故事是群众喜闻乐见的一种类型，不管是民间流传的，文学创作的，还是搬上荧屏银幕的，鬼故事的粉丝极其众多。正如郭沫若先生为蒲松龄故居题写的对联"写鬼写妖高人一等，刺贪刺虐入骨三分"，文学创作的鬼故事是为了反映世情人情。

古人大多数是相信有鬼也有神灵，不但普通百姓为鬼神盖起了庙宇供奉，连帝王们也会隆重地祭祀天地山川之神，所谓"国之大事，唯祀与戎"。尤其是宋代几个皇帝崇信道教，大封各路民间神灵，比如关羽就在那时一路扶摇直上成为"关帝"。有些古人"不怕鬼"，比如《搜神记》里"定伯捉鬼"，记载了有大胆的人捉弄鬼，吓走了鬼，甚至"杀鬼"的故事。可是我们会发现，"不怕鬼"故事其实反映出来当时人们依然是承认"有鬼"，只是让我们不用害怕，死去的鬼不会比活着的人更可怕。

"灵魂""鬼神"观念的起源

随着现代民俗学、考古学的发展，我们清晰地看到古人是如何一步步对灵魂、鬼神做想象的。我们从古代丧葬习俗的演变中知道，在人类社会最初，人们对死者并不重视，遗骨随意丢弃；后来才逐渐出现了墓葬，并在死者周围撒上代表血液和生命的红色粉末，表明当时人们逐渐开始思考灵魂问题；之后出现了各式陪葬品，表示古人开始思考"彼岸世界"。有意思的是，如今我们可以看到全世界各地文化中，不约而同地有着相似的鬼神崇拜，这并不说明鬼神的存在。对于鬼神行为的描述，尤其是驱鬼辟邪行为的描述，跟各地风俗相关——有的文化认为鬼怕白天，有的认为怕人的呼吸，有的认为怕声响，有的认为怕唾沫，有的认为怕十字架。

这充分说明，灵魂、鬼神的观念起源于人类对生命的思考和想象，而不是对客观存在的描述。所以,"灵魂""鬼神"之所以存在,是人类祖先们还不能很好地理解生命的生老病死现象,也不能理解自然界中存在的各种变化。古人的这些想象和编造的故事是出于对危险的恐惧,和对生存的渴望。

科学破除"灵魂""鬼神"观念

如果说"灵魂""鬼神"这些概念,是古人对于生命思考给出的答案的话,那么它基本上是一个错误的答案。

古代也有人对鬼神之说是持有怀疑甚至否定态度的。比如孔子说"子不语怪力乱神""敬鬼神而远之"。汉代的王充、南北朝的范缜等思想家则直截了当地主张"无鬼",认为人形体灭亡,精神也随之消失,所谓鬼神是人们"存想虚致",出于想象而已。

随着科学进展,我们对物质世界和生命形式有了深入的认识,应该修正这份答案了。

现代生物学,特别是进化论的研究,证明人类是进化而来的,世界上所有的生命——从最原始的细菌到复杂的哺乳动物、一直到人,都是进化树上不同的分支。人是大约十万年前从非洲走出来,并且扩散到世界各地的。现代科学帮助我们更好地理解了什么是"人",也更好地理解什么是生命。

在古人的观念里,身体和灵魂是由不同的成分构成的(无论是女娲造人还是上帝造人,都要向泥土造成的人体内吹入灵气),也就是"身心二元论"。科学的发展,指出宇宙中所有的物质,无论是无生命的物质还是生命体,都是由原子分子(还可以细分成基本粒子)构成的,1965年我国首次人工合成了具有生物活性的结晶牛胰岛素,证明可以从小分子合成有机大分子。神经生物学家对于大脑的活动进行了深入研究,证明我们大脑的活动、意识的活动虽然极其复杂,但也是在物质基础之上存在的。大脑的活动,我们的精神世界只是物质世界的一种复杂的表现形式,并没有古人所想象的另外一种"灵气"或"灵魂"成分。

孔子

当然，我们否认"鬼神"的存在，否认有形的"灵魂"存在，并不意味着否认精神力量，尤其是伟大人物的人格魅力，也不意味着反对生者对死者和祖先的崇敬。实际上，现代科学对于生命本质的理解，让我们知道生命仅有一次，让我们更加珍惜生命，跟世界和谐共处。因为每个人的生命都是来之不易的，是独一无二的。

值得我们注意的是，在一些人的头脑里，存在"灵魂""鬼神"已成为一种信仰。他们痴信鬼神和神灵，在没有防范的情况下，最容易被自封为神灵的异端教团、邪教的教主随意创造的神灵世界和编造的异端邪说所诱惑，误入其组织，任人摆布，执迷不悟。要转变他们的信仰要做艰苦的努力。我们在向他们宣传"'灵魂''鬼神'是不存在的"科学知识的同时，也要帮助他们认识人生的价值和意义，使他们有精神寄托，自觉地选择科学的人生信仰。我们还要关心他们的工作和生活，使他们做出成就，树立自信心，增强主体意识，从迷信情结中走出来，逐渐完成由万事靠神到万事靠人的思想转变，逐步动摇对命运和鬼神的信仰。

（孙正凡）

星座占卜
—— 一个美丽的错误

在大众媒体上,"星座运程"一直是一个热门的话题,运程按星座、按日期指导人们的生活和工作,大受欢迎。然而如果我们仔细看一下"星座运程",也就是利用星座进行占卜这件事,它只是一个自古以来人们在认识上的美丽的错误。

星座:天文学家辨识天空的工具

星座是什么?星座是天文学家为了便于认识天体,把星空划分成较小的区域。古希腊天文学家把当时在北半球能够看到的星空划分成了48个星座,包括我们熟悉的大熊座、小熊座、猎户座、仙女座,还有黄道星座。他们把主要亮星连成线,连成图案,想象成人、动物或者神仙,星座的名字由此而来。当然,别的国家和地区的天文学家也有自己的星座划分法,尽管与古希腊有很大的不同,但都是对星空进行区域划分,以准确地找到和记录天体的位置。

许多人是从"黄道吉日"这个迷信用语了解到黄道的,黄道指的一年之中太阳在恒星背景上走过的轨迹,是天空上的一个大圆。它所经过的十三个星座,就是黄道星座。日月食、行星运行等现象都发生在黄道上或黄道附近,天文学家因此重视黄道星座。我们用的日期和时间,如年月日、时分秒,都是起源于日月运行的周期。为了精确地跟踪太阳周年运动规律,天文学家就必须弄清楚它在黄道上,也就是相对于恒星背景上的准确位置。

古希腊天文学把黄道一圈360度平均分成了12份,每一份跨越30度,称为一个星宫,用一个黄道星座来命名,这就是黄道十二宫。春分点(黄道和天赤道的一个交点,黄道经度为0度)之后30度为白羊宫,太阳在春分这一天(3月21日前后)离开双鱼宫进入白羊宫,这也就是为什么占星术会称在3月21日—4月20日出生的人的生日星座为白羊座(其实应该叫白羊宫)。在夏至这天(6月22日前后),太阳走到黄道经度为90度,进入巨蟹宫,占星术称在6月22—7月22日出生的人的生日星座为巨蟹座。其实,这些日期都是来自天文学家计算出来的历法(现行公历)。

所以说,星座是天文学家在星空上设置的坐标,黄道十三星座、十二宫则是黄道上的坐标,是为了计算日月星辰的运行以获得历法日期。

黄道十二宫

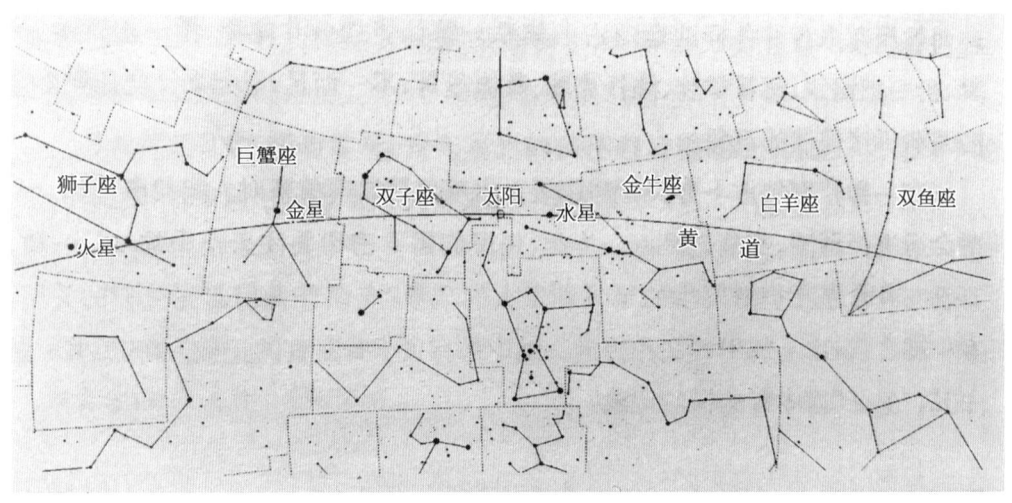

太阳、黄道和黄道星座示意

星座迷思：天人合一的小宇宙

那么，作为天文学家的工具，它们是怎么跟占星术关联到一起了呢？

古人对于宇宙星空十分好奇，天上各种变幻莫测的现象的原因究竟是什么，它们是否与生活存在直接的关系，带来便利、幸福或者灾祸？他们普遍认为存在超自然的神灵，高高在上的宇宙星空是家国天下的主宰。中国古代帝王自称"天子"，"天文"就是"天上的文字符号"，上天通过天象的变化昭示人间政事的得失，天文学家要为帝王提供占星咨询。比如张衡就曾经用"天人响应"来解释地震的发生，劝告皇帝要修德明政，励精图治。

古希腊发展起来的占星术也相信通过观测天上日月星辰位置，可以预知人间变化，只不过这种占星术更具有个人色彩，他们认为宇宙星空是大宇宙，人体是"小宇宙"，人的身体状况和性情智慧都和日月星辰的运行状况相关。古希腊占星术把哲学家们提出的组成万物的四元素——土、水、气、火的属性赋予黄道十二宫，也就有了土象星座、水象星座、风象星座、火象星座之说。在古老的"人体十二宫图"上，人体从头到脚绘制着黄道十二宫，表示它们会影响人体相应部位的健康状况。占星术也被应用于医学，古希腊医学家希波克拉底曾经说过："不懂占星术的医生就不是好医生。"

古希腊天文学家托勒密（C. Ptolemaeus）写了《天文学大成》这样的天文学巨著，又写了《占星四书》这样的著作。他相信占星术，认为人们可以明显感受到日月星辰对地上万物的影响，"不难对自身的命运和秉性做出类似的推测——即使在一个人的胚胎形成期，我们也可以感知此人的性情，预知他的体型、心智容量，以及日后祸福……"尽管有很多学者反对占星术，但占星活动无论是在宫廷还是民间都风靡了上千年。

星座占卜：一碗没有营养的"心灵鸡汤"

在今天，天文学家早已抛弃了占星术，可为什么它还会如此受欢迎呢？一是占星术借助古老的神秘主义和公众对于天文星相知识的缺乏进行忽悠，如果公众对天文学知识有更多的了解，知道占星术其实是一种牵强附会，是对"宇宙和我们之间的联系"的模糊猜想，也就不会相信占星术了。

二是占星术采用巧妙的语言艺术、借助语言的笼统和模糊性对属于不同星座的人的性格进行描述，误导人们相信其描述都"挺准的"。心理学告诉我们，人在心理上有多方面的需求，人的性格是复杂多面的。如果我们抹去星座名称，仔细看看那些与星座对应的"性格"和"注意事项"，其实都是模棱两可的，适用于所有人。比如"渴望独立自主""安静的外表下潜藏着一颗坚定的心""由于漫不经心，很容易发生意外""应该加强锻炼"，云云。这些语言巧妙地恭维我们，让我们获得被尊重和理解的错觉。

尤其是，占星术通过所谓"星座运程"，把一切不好的事情发生的原因归结于日月星辰的运行，而不是我们自身的责任，这又让我们如释重负——不是我们不够努力，只是我们运气不好。占星术不会指出我们自身的错误、提不出任何有积极意义的建议，它只是一碗没有任何营养的"心灵鸡汤"。

破除迷信：认识我们和宇宙的真实联系

16—17世纪科学革命以来，现代天文学的发展，不断打破了古人对于宇宙的想象。在古人眼里，即便是"大宇宙"，其尺度也非常有限，因此能影响人间。但随着科学的发展和观测手段（如天文望远镜）的不断进步，我们已经认识到，宇宙之大绝对超乎我们的想象：即使最近的恒星也离我们有4光年之遥，天空上组成星座的那些亮星的距离动辄数百光年，甚至上千光年，仅仅从速度上说"天人响应"就根本没法实现。其他学科的发展也为我们提供了关于健康、性格、个人成长、国家命运等的科学认识，神秘主义的解释早已被抛弃。

随着我们对太阳系、恒星、银河系，乃至整个宇宙演化的认识，天文学家们逐渐认识到，我们和宇宙之间的联系是相当密切的，这种联系从遥远的过去就开始建立了，我们今天所看到的一切都来自宇宙大爆炸之后的演化过程，包括构成我们身体的每个细胞都是在宇宙诞生、恒星演化的过程中才形成的。没有这个演化过程，就没有我们的太阳系、地球和我们。

从这个意义上来说，科学的发展既颠覆了占星术这种古老迷信，又发现和重建了我们和宇宙以及星空的真正联系——我们都是星尘，我们只有理解了整个宇宙才能理解我们自己。

（孙正凡）

"早已过时的"科普书还有重译重读的价值吗

受朋友之邀,审了一份纽康(S. Newcomb)著《通俗天文学》(*Astronomy for Everybody*)的译本。纽康在 1897 年担任了美国数学学会会长,卸任后创建了美国天文学会,并任第一任会长。他在 1878 年出版了《通俗天文学》一书。

因为译者不熟悉天文学,名词翻译出了很多问题,前前后后看了一个月才审完退还给出品方。我拿到的这个译本也不好,删节很多,作者或者公司觉得没意思的就删了,删得也不合适。不多谈这个。我想说的是,纽康这本书本身,是否还有重读的价值?

纽康

先给一个简单的结论。对于资深爱好者,也就是对有关知识已经比较熟悉的读者,绝对是有阅读价值的。

原因有二。其一,通过比较纽康书里的观点和我们 100 多年来认识的不同,我们可以认识到相关知识的认识过程,这些是非常值得我们了解的。《通俗天文学》所记载的 100 多年前天文学家们对若干问题的讨论,比如太阳系、恒星、宇宙结构,即便有些认识错误甚多或者有些结论早已过时——可是,科学无关正确,而在于方法论和认识过程,这才是活着的科学。

延伸一下来说,今天我们科普书甚至教科书上的知识,也并不是完全正确的。科学最重要的是科学的思维方法,而不保证结论正确,更不能保证绝对正确。科学家工作的方式,是相互批评、挑出错误,认识到前人的错误,即是重大进展。也许几十年后人们看我们现在新出的科普读物,就像我们看 100 年前纽康的书一样。对于错误,会心一笑就是了,其中体现的科学思维方法、科学精神,那才是真正的财富。

《通俗天文学》

其二,纽康的书里,有许多对现象的描写和对现象的认识,已经不为今天所重视,可从普通人认识宇宙的角度来说,这些过程仍然是必须的。比如,月球上没有大气层,现在是天文爱好者的常识,可何以见得呢？纽康书里描述了一种方法：当月球近距离经过恒星时，如果月球上有大气，那么会造成星光折射，即看上去恒星位置会改变。这项研究证明月球大气近乎为零。对于日地距离准确数值是多少、彗星是什么、银河系（恒星系统）结构是什么，100多年之前的科学家也有诸多争论。让我们可以见到科学家们在观测能力有限时，对这些科学问题的探索是怎样进行的。科学家们深刻的洞察力，值得我们敬佩；他们何以能有这些洞察和预言，更值得我们研究。此类例子还有很多。

我看豆瓣上的记录，在2013年我点了对本书的关注。实际上当时也只是基于对这本书名气的相信。今天看了各位豆瓣书友和天文同好的评论，才知道本书中、英文版里存在的各种问题。如中外后来者对原著未必合适的"改写"，比如我前两天查到因为纽康的书已经过了版权保护期，所以出了好几个中文版本，译者基本不曾听闻，翻译质量恐难保证。

那么，对于这类书的重译应该如何操作呢？前些年，美国天文学家萨根（C. E. Sagan）的一些书也重印新版。出版社的做法是邀请国内学者对其进行注释，概括说明这些年的发展状况。当然萨根辞世时间较近，注释工作量不大。

对于已经离世100多年的纽康来说，如果要重译，一则要尊重原版，不要用所谓的改写版；二为当下读者计，可以用侧边或下脚注的方式说明进展和现状；当然更重要的，还可以用赏析的方式，向读者说明书中与普通读者生活和认知相关的亮点。

可能只有这样做，才对得起如此重要的经典名著，对得起当下的读者。当然这样做的话，是费时费力的。这得出版界的朋友愿意做，更要找到合适的译者和相关专业人士愿意承担这样繁重的任务，在当下出版环境下，恐怕不太容易。

（孙正凡）

谈天文学家在探测系外行星过程中展现的科学素质

2019 年诺贝尔物理学奖金的一半颁给日内瓦大学天文系教授马约尔（M. Mayor）和奎洛兹（D. Queloz），以表彰他们"发现了围绕其他类太阳恒星运行的系外行星"。天文学家经过长期不懈的努力，在探测系外行星方面取得了引人瞩目的成就。

敢于认错纠错的科学精神

1992 年 1 月 15 日，在亚特兰大召开的美国天文学会年会上，与会者正翘首以待英国天文学家莱恩（A. Lyne）教授关于首次发现系外行星的报告。莱恩在 6 个月前公布了一个惊人的发现：在某个脉冲星周围探测到了行星。他和合作者观测到脉冲星的位置不断移动，他们认为，在它周边存在系外行星，它们互相绕转使得脉冲星的位置移动，除此之外没有其他的解释。他们的结果发表在《自然》杂志上，引起了天文学界的轰动！

莱恩受邀在天文学会年会上做演讲。但谁也没想到，报告伊始，莱恩对着上千位同行宣布，自己之前的研究结果是错的：在计算中忽视了一个重要的因素——地球公转轨道并不是正圆轨道，而是个椭圆，在计算中修正了这一点后，"行星不见了"。

莱恩当众承认自己的失误后，全场的天文学家都起立报以热烈的掌声。他的确是搞错了，但他坦然地公开承认错误，体现了诚实的科学精神。"这是我所见过的最光荣的事情，"当时主持报告的勃寇（J. Bahcall）教授这样说道，"一个优秀的科学家会苛求用诚实的态度对待一切事物，大家刚才见证了这一点。"

莱恩的工作促进了寻找系外行星工作的开展。同年，美国天文学家沃尔兹森（A. Wolszczan）和弗雷（D. Frail）在一颗脉冲星 PSRB1257+12 附近找到了两颗系外行星。当然，他们吸取了莱恩的教训，排除了地球公转是椭圆轨道的影响。

不断更新的天文观测方法

沃尔兹森他们使用的方法叫"脉冲计时法"。脉冲星是旋转的中子星，它的射电脉冲会随着自转周期性地到达地球，从而使其信号到达地球的时间也发生变化。这个变化虽然微小，但能以此来探测系外行星的存在。

1995 年，马约尔和奎洛兹应用了检测系外行星的"视向速度法"，其原理是一颗恒星在其伴星引力的作用下，径向速度发生了周期性的变化，根据多普勒效应，在光谱上表现为光谱的周期性移动，通过光谱仪检测到的微小移动，经过几个行星轨道周期内的数据收集，检测到天体的存在。他们在法国南部的普罗旺斯天文台的望远镜上安装了当时观测精度最高的光谱仪，在飞马座 51 恒星周围发现了一颗轨道周期为 4.2 天、质量与木星相当、与地球的距离只有 50 光年的行星飞马座 51b，真正开启了人类探测系外行星的时代。在那以后，马约尔他们和其他国家的天文学家分别发现了百余颗系外行星。他们使用的视向速度法也成为当时的主流探测方法。

此后的一段时间内，系外行星发现的数量逐渐减少。2009 年美国航天局发射了开普勒卫星，天文学利用它把视向速度法和所谓的"凌星法"相结合，很快就发现了大批的系外行星。凌星法的原理是：系外行星围绕它们的恒星运行至恒星朝向地球的一面时，发生与"金星凌日"相似的"凌星"现象，恒星的光芒因被遮挡而减弱，天文学家通过恒星的亮度变化可以确定系外行星的存在，以及其轨道倾角和质量。

马约尔　　　　　　　奎洛兹

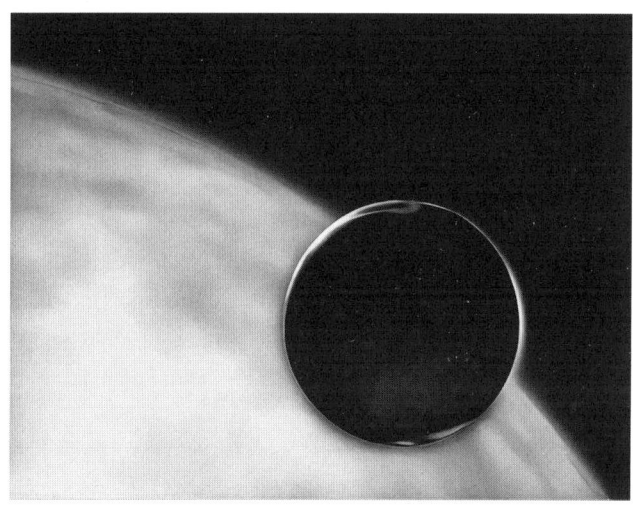

系外行星飞马座 51b

如今，有将近 4 000 颗系外行星得到了确认。凌星法也成为应用广泛的观测系外行星的方法。

2018 年美国航天局又发射了一颗凌日系外行星巡天卫星，对 85% 的天空展开勘测，比开普勒卫星的探测区域大 400 倍，着重寻找围绕太阳系附近恒星运行的行星，而这些行星的特征将借用天文学家利用多种地面观测手段、各种已有的方法和更先进的方法加以确定。

破解生命诞生之谜的不懈努力

尽管脉冲星的系外行星是最早发现的，但人们往往会把"人类发现的第一颗系外行星"这一桂冠戴到飞马座 51b 的头上。准确地说，这是人类发现的第一颗围绕类太阳恒星运行的系外行星,寻找这种行星的工作更有意义。脉冲星周围发现的系外行星的数目非常有限,而且其周围环境极其特殊,和地球的环境相差太大,对于我们了解地外生命没有太大的帮助。

马约尔等人相信宇宙处在变化发展的过程中,生命是由物质演化而来的,在太阳系以外的星系上也可能存在生命。他们在这些科学思想的引导下孜孜不倦地在浩瀚的宇宙中探索和寻求。马约尔的志向是"我们仰望星空,力图破解生命诞生之谜",他说:"自从伽利略研制出望远镜以后,人类对太空的认识越来越深入,通过精密仪器,人们找到了太阳系外的行星。未来,人们可以更清晰地分辨出行星反射恒星的光谱,并与能够创造出生命的水、甲烷、碳氢化合物的光谱进行比较,寻找在它们的星球上是否存在这些化合物的蛛丝马迹,从而判断出这些行星有没有可能从无到有孕育出生命。"

寻找地外生命具有深刻的意义,它使我们探究生命为何必然如此,了解生命的模式可能具有多样性,对生命的普遍性的认识更深入;有助于人类更深刻地了解地球在宇宙中所处的位置,更客观地衡量人类自身在宇宙中的地位。更深远的,如果我们知道地外文明的兴起和消亡的过程,就能引以为鉴,直面全球问题的挑战,善待地球,珍惜人类文明的未来。

天文学家在探测系外行星的过程表明,不光是科学知识,科学精神、科学方法和科学思想都起到了至关重要的作用,它们是开展科学研究活动、探究自然现象的本质和规律必需的基本条件,是构成科学家的科学素质的要素。当今,积极倡导科学素质成为公民素质的重要组成部分,公民了解必要的科学技术知识,崇尚科学精神,掌握基本的科学方法,树立科学思想,必然会提高应用科学处理实际问题、参与公共事务的能力。

(陈敬全)

陈敬全 1948年生。东华大学人文学院教授。长期从事科学技术史、科学技术哲学和科学社会学等学科的教研工作。曾任上海市科学技术史学会副理事长、上海市科普作家协会理事,上海市反邪教协会常务理事。出版图书多部,在报刊发表文章多篇。曾获上海科技进步奖、上海哲学社会科学优秀成果奖等奖项。

个人感悟 天道酬勤,辛勤耕耘,春华秋实,桃李满园。

关于地外生命之争

2018年6月初，匿名者黑客组织在播出的一段视频中，出现了一个戴着面具的人，他用合成声音读着几页纸，声称美国航天局副局长楚比兴（T. Zurbuchen）在一次国会听证会上说："我们的文明即将在宇宙中发现外星生物的证据。"这段视频经英国《独立报》等媒体报道后，多家欧美媒体积极跟进，视频在线点击量已超过100万人次。这一年的6月26日，楚比兴予以否定，他通过社交媒体推特澄清："与一些报道所说的相反，美国航天局没有事关地外生命的待定宣布。"他警告说，我们在地球之外"尚未发现生命的明确迹象"。

是否存在地外生命？这是一个长期争论不休的极具魅力的问题。

UFO与IFO之争

地外生命与不明飞行物（unidentified flying object，UFO）密切相关，世界各地都有发现UFO的报道。UFO五光十色，光怪陆离，多形似碟状，也称飞碟。

相当多的人认为UFO是外星人派往地球的飞行器。也有人认为UFO根本不是来自外星，它是地球上发生的自然现象引起的错觉。他们认为UFO至多只能称为"不明现象"，"飞碟"的这个名称更不妥当。而这些"不明现象"终究能用地球上的现象解释清楚，UFO可以转化为IFO（identified flying object，可明飞行物）。他们确实找到了一系列可以引起误解的自然现象：一是金星运行。金星是距地球最近的行星，每隔250天运行到近地点，其时最明亮，可在天空中持续12小时，在高速飞行的飞机里或疾驰的汽车里看来，像一团发光体跟踪而来，极易误认为是UFO。二是昆虫迁移。飞鸟或昆虫聚集在一起，在高空迁徙时，在明亮的日光照射下，会映射出光辉，使人误以为是UFO。

UFO

传说中的外星人

三是大气发光。实验证实，大气层中的离子、游离态原子、臭氧分子等在一定条件下会发生化学反应，发生爆炸，造成大气发光现象，形成高速疾驰的光斑，其特征与UFO极相像。四是磁电效应。地球是一个磁体，在地壳或地幔运动中飘逸出的磁分子聚集团，与大气中其他物质反应会出现闪烁不定的光色，这种"闪光气团"会升降、疾驰、作90度拐弯，同UFO行为极相似。五是空中人造飞行物不断增多。人造飞行物及其辅助设备的残骸一旦脱离轨道，高速冲入大气层引起燃烧，极易被误认为是UFO。引起误解的还有许多现象，如恶劣的气候、球状闪电、地壳运动等。

自然现象说解释了大量的UFO目击事件，赢得越来越多的支持者。然而自然现象说不能解释所有的目击事件（其中有大约10%解释不了），从逻辑上讲，只要有一件解释不了，存在"不明飞行物"的可能性就排除不了，UFO是外星人的飞行器的观点就会乘虚而入。

有关地外生命之争

认为存在地外生命、UFO就是来自外星人的星际飞行器的观点具有极大的吸引力。UFO飞行时表现的种种特技，极像有智慧的生命体在操纵。传说中有人被外星人劫持和袭击，更增添了神奇与恐怖的色彩，这对飞碟热起到了推波助澜的作用。

许多人对于存在地外生命持怀疑态度。其实，关于地外生命之争由来已久，开普勒相信其他行星上存在生物，伽利略则认为这种看法"既荒谬又可憎"。

18世纪，世界多元论广为接受，越来越多的人认为没有理由断定人类是宇宙中至高无上的智慧生命，地球并非是唯一的生命乐园。19世纪末，据称在火星上发现"运河"，人们对地外智慧生物的兴趣剧增。当时天文学界普遍接受的太阳系形成的星云说，也支持了这种观点——既然其他恒星系也是这样形成的，也会形成像地球一样的文明世界。

然而星云说面临"角动量"的困难，在20世纪40年代提出了太阳系形成的"恒星碰撞理论"，认为太阳系肇始于两颗恒星的碰撞，而发生这类碰撞的机会微乎其微，所以太阳系是极其罕见的，地外文明是几乎不存在的。40年代后期，由于"角动量"困难被克服，新的星云说更完善，摇摆的天平又倒向主张存在地外生命的一边。

苏联学者奥巴林（A. I. Oparin）关于生命起源的实验表明，自然界的简单有机化合物，经过漫长复杂的道路，最终可以形成孕育生命的各种有机物。20世纪60年代人们发现在环境相当严酷的星际空间存在多种有机分子，又从来自天外的陨石中发现十余种氨基酸，近年来在宇宙中屡次发现适合生命生存的星球，这些事实使许多人都相信，在宇宙中环境条件相似的地方，有可能得到由这些条件支配的类似结果，最终孕育出地外生命。

不少人对存在地外生命持怀疑态度，并提出了一些理论。例如，"稀有学说"认为生命的出现是非常困难的。在宇宙中，几乎所有的巧合碰到一起才有可能出现生命，所以，目前宇宙中就只有地球上存在生命。"过滤器学说"则认为，宇宙中的文明发展面临大量障碍，一颗行星要演化出文明，首先要出现生命，然后是出现高级生命，最后才是文明的诞生。英国天文科普作家韦伯（S. Webb）在《如果有外星人，他们在哪》一书中阐明的基本观点是，迄今为止，还未发现来自外星智慧生命的丝毫痕迹，在宇宙中，地球人这种高级生命很可能是孤独的。

而主张 UFO 是外星人探测器的人认为，不应该以我们人类相当有限的技术文明来衡量其他文明。人类达到的文明程度仅仅可以利用核能量，而外星生命达到的文明程度可以攫取所在星系的全部能量，是人类利用能量的 1 000 亿倍，他们可以轻易与地球人接触！

有关"UFO 学"之争

对 UFO 进行科学意义上的研究始于 20 世纪 50 年代，美国空军执行"蓝皮书计划"，对 UFO 进行调查；政府成立专门委员会，对 12 618 个目击事件进行鉴别，在 1966 年提交了《UFO 科学研究报告》，称 UFO 是不存在的，进一步研究是没有价值的。空军的"蓝皮书计划"在 1969 年也宣告结束，认为对 UFO "没有证据证明其存在，它对国家安全并没构成威胁"。在这以后发现的 UFO 事件，政府部门和新闻媒介都认为是无稽之谈而不予重视。

20 世纪 70 年代中期以后，发现 UFO 的报告逐渐增多，UFO 研究热潮再度掀起，各国的研究组织和机构相继出现。1977 年，在美国和墨西哥举行了 UFO 国际学术交流会议。1978 年联合国第 33 届大会通过提案，建议各成员国协调包括 UFO 在内的外星生命的科学研究，并把该年定为国际 UFO 年。我国代表对此提案也投了赞成票。1979 年，武汉大学空间物理系成立中国 UFO 爱好者联络处，次年，改组为中国 UFO 研究会。

"UFO 学"的研究者们努力不懈地探索着，他们寄希望于不能做出解释的目击事实，做了许多大胆的假设和猜测，他们甚至认为要突破现代科学得到的一些规律的束缚，改变现代科学解释宇宙的模式。

批评者对所谓的"UFO 学"却不以为然，他们对"UFO 学"的哲学基础提出质疑。他们认为：首先，"UFO 学"不合逻辑地将存在的肯定建立在假设的否定基础之上，这是"残余谬论"。无法解释的事情就是无法解释，它们永远不为任何假说提供证据。其次，进行科学研究，必须受到已验证的科学规律的制约，但对于"UFO 学"来说，反常事件的报告在未被反证之前却被认为是确凿的，需要修改的反倒是现代科学的根据，这种做法是对科学研究方法的背离。再者，任何理论在能加以确切表达之前，都不能被认为是科学的，它要么可证实，要么可证伪，然而"UFO 学者"的每一次推测都被誉为是一种"新理论"，没有一次由于成不了事实而提出怀疑其理论的判据，这种思考问题的过程也是不科学的。

批评者的这些意见是公允的。这不能不引起"UFO 学者"们的深思。UFO 研究最大的困难在于 UFO 不能在实验室重演，也不能按规定的时间去观察，而偶然观察到 UFO 的目击者往往不是研究者本人，这正如美国一位学者所说："我们需要一个'小绿人'（即外星人）或飞碟上的一片金属加以研究，否则就会陷入进退两难的境地。"

关于 UFO 和地外生命探索的前景之争

相当多的人对 UFO 和地外生命探索的前景并不看好：几十年过去了，对于 UFO 和地外生命的探索还未取得突破性的进展，在目前和以后相当长的时间内，要得到一个"小绿人"和飞碟上的一片金属是困难的，甚至是不可能的。从学科发展的角度来看，一门学科的发展分成三个阶段：第一阶段，收集目击资料，分析归类，辨明真伪；第二阶段，实验验证；第三阶段，综合材料，做出定义，确定研究范围，建立理论。"UFO 学"一直在第一阶段裹足不前，要进入第二阶段是难以办到的。看来，"UFO 学"要被接纳为一门"科学"的学科还有很长的路要走！

信念坚定者们并不悲观，他们对探索的前景充满信心。正如楚比兴在推特上所说的"我们在宇宙中是独一无二的吗？我们现在还不知道，但我们正在向前推进相关任务，那也许能帮助回答这个基本问题。"他们相信，随着理论研究的不断深入，研究方法的不断进步、探测手段越来越先进，或许在不久的将来这方面的研究会取得突破，给地球上的人类带来惊喜！

有关 UFO 和地外生命的争论还将继续下去。

多学科联手共同研究 UFO 和地外生命或许是一个新方向。在这方面的研究已不是一个纯科学的学术问题。一些学者指出，在许多国家都存在所谓的"UFO 集团"，这些集团相信难以解释的 UFO 的存在，而且对其来源的某些古怪的理论也坚信不疑，这些集团奉行的信仰体系值得警惕，这种信仰正影响越来越多的人的思想观念和思考方式。而这种信仰极可能被居心叵测的人用来进行邪恶活动。法国人沃利翁（C. Vorilhon）在 1973 年成立了雷尔教，他混淆视听，偷换"上帝""永生"和"人"等概念，声称地球上的生命是外星人通过 DNA 及基因工程的科学方法创造出来的。雷尔教大肆敛取钱财，肆无忌惮成立了耐德复制人公司，企图克隆人。雷尔教被美国和法国宣布为邪教组织。其他一些邪教组织的教主声称自己是外星人，到地球来拯救人类。还有邪教组织宣扬世界末日论，预言神或外星人会来接信众上天堂，如预言没有实现，他们就威逼和诱惑信众集体自杀。有鉴于此，学者们呼吁，对 UFO 和地外生命的研究，除了科学家外，还应该联合社会学家、哲学家、心理学家甚至政治家一起参与。

（陈敬全）

量子科技的基础理论在徘徊和寂寞中起步

2020年10月24日，习近平总书记在主持中央政治局24次集体讲话中指出，近年来量子科技发展突飞猛进，成为新一轮科技革命和产业变革的前沿领域。加快发展量子科技，对促进高质量发展、保障国家安全具有非常重要的作用。

颠覆传统观念的量子说

量子科技的基础理论是量子学说。饶有趣味的是，量子学说是在20世纪伊始，在徘徊和寂寞中起步的。19世纪末，不少科学家研究起热辐射问题。黑体是研究热辐射的理想客体。奥地利的维恩（W. Wien）根据热力学理论，提出了一个黑体辐射的公式，它在短波段与实验数据符合，但在长波段不符。以后，英国的瑞利（L. J. W. S. Rayleigh）和金斯（J. H. Jeans）根据经典电动力学和统计物理学，提出了另一个公式，它适用长波段，但在短波段的紫端之外发散，能量达到无限大，导致所谓的"紫外灾难"。对黑体辐射规律，科学家用经典物理学的诸多理论都不能做出满意的解释。

德国物理学家普朗克（M. Planck）于1900年在改进维恩公式的基础上，得到了一个经验公式，它在短波区域近似于维恩公式，而在长波区域则近似于瑞利-金斯公式。这个公式令人注目的是引进了一个新的常数h，后称普朗克常数。

这个公式仿佛是拼凑出来的。普朗克为给这个公式寻找理论根据，在1900年12月大胆地提出了一个假说：振子（振动着的带电粒子）只可能有一系列特定的不连续的能量，若共振频率为v，那振子所具有的能量就只能是hv，$2hv$，$3hv$，…，nhv，n

普朗克

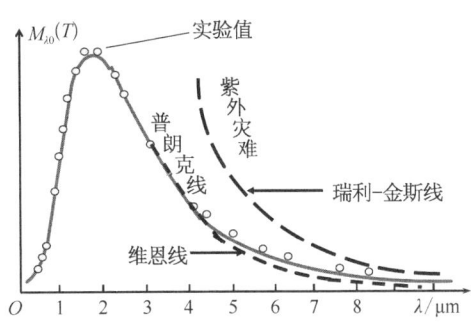

黑体辐射的实验数据

只能取正整数。$h\nu$ 是振子能量的最小单位，称能量子。他第一次提出了能量不连续的崭新的观念。

然而科学家和哲学家历来都认为自然过程都是连续的。莱布尼茨（G. W. Leibniz）说"自然界没有飞跃"，他创立了微积分，提出一个形而上学原则：微积分要有用，它所处理的量必须是连续的。他所谓的"自然界没有跳跃"实际上就指此而言，微积分是连续性的生动体现。19世纪生物进化论、渐变地质学说的提出，表明了连续在自然界中是普遍存在的。

普朗克的量子说是对连续观念的颠覆，富有革命性。量子说在提出后的最初五年中，并未引起物理学界的响应。一些顶尖的物理学家，如瑞利与金斯不相信，马赫（E. Mach）与庞加莱（H. Poincare）反对，洛伦茨（L. V. Lorenz）甚至到1911年还在怀疑。德国在1908年出版的《自然科学和技术史手册》第二版，列举了1900年全世界120项发现与发明，就是没提到普朗克的量子说。

在徘徊与彷徨中的不自觉的革命者

普朗克本人并不是一个自觉的革命者。他对经典物理学情有独钟，他赞美"物理学是一门高度发展的、几乎是尽善尽美的学科"，他为自己的假说导致理论上的革命感到不安，他说："经典理论给了我们这样多有用的东西，因此必须以最大的谨慎对待它、维护它。"他觉得把量子假说引入能量理论是他的"一个绝望的行动"。他尽量把作用量子纳入经典物理学的框架，于是开始了长达十五年的动摇、徘徊。1911年他提出能量只有在释放时才是量子化的。1914年他又认为只有当振子同自由粒子碰撞使能量发生变化时，能量才表现为不连续性。

但是一些年轻的物理学家勇敢地接受了具有非凡意义的量子学说。1905年，爱因斯坦用量子说解释了光电效应。1913年玻尔（N. Bohr）在有核原子模型的基础上建立起原子的量子理论。在20世纪20年代，描述微观粒子的波动力学和矩阵力学建立，标志着研究微观领域的一门新学科——量子力学的诞生。

普朗克本人最终认识到量子概念是不能纳入经典物理学的："它和物理学提供的传统宇宙观极不和谐，终于打破了旧概念的框架。"他忏悔道："我企图无论如何都得将作用量子列入经典物理理论中，结果是枉费心机。我徒劳无益地尝试了好些年，浪费了我许多精力！"

量子学说在徘徊和寂寞中艰难起步，说明了新的革命性的思想会受到传统的旧思想的抵触，很少能顺利地得到公认。正如普朗克感叹的那样："伟大的科学思想很少是用乞求和说服自己的对手而巩固起来的。实际上，事情往往是反对者逐渐死去，而新生的一代人从一开始就熟悉新的思想，这就是未来属于青年的例证。"

普朗克历经了徘徊和后退，但他毕竟做出了划时代意义的重大发现。他的经历为科学研究提供了有益的方法论启示。他说："作用量子将在物理学中发挥出巨大的作用，我清楚地看到，在处理原子问题时引入一套全新的分析方法和推理方法是十分必要的。"他得出了令人深思的经验教训：科学革命不仅仅是概念的转变，它还要突出思维方式的变更，科学工作者只有具备突破性的思维方式，才能引导新理论不断地突破旧传统的束缚而得到发展和完善。

新的科学革命和技术革命的起点

普朗克是科学变革时代中一个新理论的开拓者，他放出了量子"幽灵"，最终改变了人们对世界的看法。诚然，他有不少局限性，然而在量子假说未得到验证、新事物的谜底尚未揭开时，他对新的假说进行重新研究，试探对新理论做更透彻的理解，并非是某些人所说的"严重的倒退行为"，而是体现了他谨小慎微的研究风格和严谨的科学精神，这对于深入开展科学研究是不可或缺的。

以量子学说为起点建立起的量子力学为核技术、半导体技术、生物技术等提供了理论依据。核武器、激光、电子显微镜、原子钟和核磁共振显示装置，都用到了量子力学的原理。当前，以量子信息科技为代表的第二次量子科技热潮勃然兴起，它具有重大科学意义和战略价值，将对传统技术体系产生冲击、颠覆和重构，引领新一轮科技革命和产业变革方向。这充分说明，科学工作者通过基础研究发现的自然规律一旦得到应用，对于经济社会的发展将起到不可估量的作用和影响。基础研究是推动社会变革的源泉，为解决人类社会面临的各类问题提供支撑。然而基础研究是艰难曲折的过程，其价值的体现并不是一蹴而就的，有些甚至是难以预测的、具有风险性。我们不应以急功近利的价值观去苛求基础研究，对于有风险但具有创新性的基础研究项目要给予足够的支持，要牢记习近平总书记的教导："量子科技发展取决于基础理论研究的突破，要加快基础研究突破和关键核心技术攻关。"

（陈敬全）

对数字物存在的意义及其限度的思考

自从数学作为一种认识大自然的精密工具以来，数字如今已从一门单纯的数学描述语言转变成一门复杂的计算技术语言，在各种领域中，如认知、信息、工程、人文等，都得到了广泛的应用。引人瞩目的是，今天已经形成了一大批以现代数字技术为生产方式的数字产品，成为事物世界的一部分，深深地影响着人类的认知模式，我们把它们称为数字物（digital being）。

数字物的特性

从数字化过程来看，数字系统来表征现实世界时，它的基础是我们所直接感受到的物理世界。当数字世界提供各种数字物并构建到人们生活世界中时，人们所感受的并不仅仅是物理世界的直接敞明性，而更是一种生活意义的交互体验。譬如电商，人们只要在数字物聚集的地方获得惬意、舒适、愉悦等感受，即可将其置换下来，它就会进入人的生活世界，人们对物理物的直接感受性就转变成对数字物的直接感受性，如果说前者是基于人的感觉器官的敏捷性，而后者则更多地基于人对各种数据描述的综合想象力。

与物理物相比，数字物有以下特性：一是似物理性。它具有一切物理物体所拥有的特性，如实体性——像物理物体一样具有相对独立的实在因素，可触、可摸、可感；广延性——像物理物体一样具有一定的形状、位置、运动；总体性——像物理物体一样具有一定的结构与功能的统一；等等。二是非物理性。从其存在方式上看，它并不属于物理体种类，因为它并不受物理时间、空间的限制，能同时多方地存在于不同地点，并能完美地进行自身复制，打破原物与复制物之间界限。三是在世生存性。它能自身创生虚拟实在的世界，并为人类社会提供一种具有实在性的生活方式。四是自身生产性。它能满足人类社会生活的需要，并能将自身存在的意义建构到人类的社会形态上。

数字物存在的积极意义

基于上述的特性，数字物对人类的存在意义并不低于物理物所提供的意义，反而要超越物理物的存在意义。譬如，物理物总是要受制于时间空间的限度，也要受制于人类自身感觉器官的直接感受性的限度，也要受制于其生产性的原初价值的束缚，等等。但数字物却在一定意义上超越了这些限制，表现出无可比拟的超越性。譬如，在其生产过程中，它的复制品几乎同一于其原作品，并带有其同等的价值。在其使用过程中，它可以接受使用者自身参与渗透而后来表明其物自身的感受性，有时使得人类自身的直接感受性内在于数字物之中，而消除人与物之间的外在关系。照此说来，数字物既不是物理物，也不是意识物，而是一种介于虚实之间的存在物。

随着数字物生产的不断涌现，它在人类社会中体现出了存在的积极意义：第一，数字物打开了一个充满无限可能性的世界，让不确定性成为这个世界的根本法则；第二，数字物开启了人类以交互体验方式重构认识世界的认识论模式，如果说以物理物为基础的认识论模式主要基于一种对象反思与感觉材料的分析与综合，那么就可以说，以数字物为基础的认识论模式就要基于一种交互体验与活动意义的评价与介入；第三，更重要的是数字物扩充了人们对世界存在的领悟，由原来以精神与物质二元方式理解世界存在意义的结构，转变成多元结构，并以一种独特方式转变人存在的单一性，让人自身存在具有多样性。

数字物存在的限度

从消极性意义上讲，当数字物不断进入人类社会生活时，它不但对人们过去关于物质领域的看法产生了颠覆，而且对人们将来关于精神领域的认识也产生了冲击。譬如，人们认为，物理实在并不是唯一的实在，数字也是一种实在，信息也是一种实在。精神并不是人类自身所独有的对物质世界的反映意识，而虚拟意识也是一种精神。如此等等。这样，数字物甚至具有了扼杀人类自身选择自由本质的危险性。

正如德国哲学家海德格尔（M. Heidegger）所说，技术本质已居于座架（Ge-stell）之中，指引着人们的订造方式，成为解蔽人类之存在的命运。这是一种危险。因为技术不但存留于人类本质之处，而且存留于技术想要脱离人类统治的地方，因此，这种危险就是要把人推到牺牲其自由本质的边缘，受制于技术这唯一解蔽方式的催逼，使人丧失其自身自由存在的无限性意义。看起来，数字技术帮助人们打开了无限可能性的大门，但另一面它又在封锁通往这条大门的其他道路，让人们只专注于这条道路，使得人自身本质自由的多元性牺牲而成为一种单一的向度，就是使人类生存世界更加图像化、更加碎片化。譬如，电子邮件、Facebook、微信、微博、云计算、大数据，如此等等，组成人们关于这个世界的体验、交流、认识与趣味，从而为所有人提供一种强有力的合法性来建立其生活的感知基础。这是一种人类集体存在的危机，丧失人自身作为自身直接感受世界、表达世界的原始权。

当人们感知世界的基础多源自数字物世界时，当人们一切活动都要依赖于数字物存在时，人们必然会失去对物理世界之连续性的理解，失去对时间之流逝性的理解，失去对个体生命之丰富性的体验。如此等等。这样，人们所感知的现实世界就会变成为各种图帧所拼凑的、所剪裁的图片。因此，数字物的存在必然有其限度，然而，这种限度必然要出自人类对如何能获得其自身幸福的不断追问，也只有这种追问才可能将任何技术都摆在人类自身幸福的天平上，从而获得其自身存在的意义。当今数字物的存在也正面临着这种追问，即使答案纷纭，也不能掩蔽这种追问所展示的积极意义。

（刘友古）

刘友古 1969年生。2005年毕业于复旦大学哲学学院，获哲学博士学位，现任上海大学哲学系副教授。主要研究领域是西方哲学史、基督教思想、科学技术思想等。

个人感悟 个体生命是用来体验美好生活的。

密切关注人类增强技术引发的难题

最近十几年来，随着基因技术、纳米技术、认知科学、信息技术等方面研究取得了突破性的进展，一种新的技术——人类增强技术（human enhancement technology）正迎面走来。"增强"是一个医疗术语，与"治疗"相对。染上病症的患者，通过服用某种药物，治好了疾病，这是"治疗"；如果有人不具备相关症候，同样服用了药物，竟然也取得了某种"疗效"，这种意外的收获便是"增强"。"利他林"便是一例，患有多动症的儿童服用利他林，可以集中注意力；对于正常人群利他林同样有效，甚至有些父母为了改善自己的注意力而偷服孩子的处方药。

人类增强技术不限于医药治疗，科技的发展将极大改变人类的生命形态：克服自然衰老，提升认知、体能和心理能力等，这种被科技改造后的人类可以称之为"后人类"。而推动人类向后人类进化的力量，就是人类增强技术，包括美容外科手术、体育兴奋剂、神经作用药物、磁或电刺激疗法、脑机接口技术、基因测序和编辑技术、抗衰老和生命延长疗法等。

人类增强技术的发展和应用引起了人们的广泛关注，关于这项新技术的社会、伦理和哲学问题的大讨论正在展开，其中涉及种种理论和实践难题，这里择要介绍。

首先，遇到的问题还是在医疗实践中，即如何区分"增强"和"治疗"。美国生物伦理委员会在 2003 年的一份报告中，给增强的定义是：在介入治疗时，医药技术不是直接用于改变疾病发展，而是用于改变人的身体和精神的"正常"工作状态，以提高和改进与生俱来的能力和表现。简言之，偏离正常水平的就是增强。但什么才是"正常水平"？以身高为例，如果可以通过某种增强技术增加身高，那么从 1.6 米提升至 1.7 米，从 1.7 提升至 1.8 米，从 1.8 米提升至 1.9 米，这些案例中哪一个属于偏离正常，而哪一个又属于接近正常呢？这从中很难找出明确的标准。

欧盟委员会在 2009 年的一份名为《人类增强研究》的报告中指出，人类增强是那些旨在改善人类个体的身体素质、提升身体能力的干预措施，这些措施借助科技手段得以实现，并作用于人体之内。为了给这个定义锚定一个现实中的操作标准，欧盟报告中还专门提出了"恢复原状原则"，即恢复到病患原先机能水平的是治疗，超出原先水平的是增强。以此为准，那些以改变原来面貌为目的的整容手术就属于增强，而对烧伤患者的面容进行的恢复性手术就是治疗。但一条原则并不能穷尽现实的错综复杂。有人不禁要问，老年人服用"伟哥"提高性生活能力是增强还是治疗？相对于其他老年人，这似乎应该是增强，但如果以年轻人的状态为标准，又可算作治疗。因此，当面对实际操作时，无论上述哪种定义，都可能面对无法清楚区分"增强"和"治疗"的尴尬。

其次，如果人类增强技术最终得到实际应用，那么紧接着产生的便是公平问题。普林斯顿大学的生物学家西尔弗（L. Silver）用"基富人群"（Genrich）这个词表达了他的担忧。如果有钱人借助基因技术把诸如决定了智商、情商、体能等先天优势进行遗传，那么，用不了几代人的时间，人类社会就会面临"基富人群"和普通人群间的阶层固化和分裂。西尔弗的这个担忧引起了哈贝马斯（J. Habermas）、福山（F. Fukuyama）、桑德尔（M. J. Sandel）等公共知识分子的共鸣，他们著书立说主张对人类增强技术进行必要的管制。

但学术界也有不同的声音，同在普林斯顿大学的伦理学家辛格（P. A. D. Singer）并不这么认为。辛格提出，技术应用还必须经受社会的选择，身高、智商、体能等指标的提升，并不会像预料的那样一定会带来好处。因为，增强是相对于平均水平而言的，即必须是"高出"20厘米，而不是"高了"20厘米才叫增强。增强技术的应用，将势必推高平均指标，稀释最早一批增强者具有的优势，这一方面导致原先的投入并不能带来和预期相符的受益，另一方面又可能导致额外的支出，即继续投入费用进行增强，或是必须增加营养等维护已取得的优势。因此，面对不确定的技术应用后果和社会选择，对人类增强技术的应用前景妄下断言，为时尚早；退一步说，即便增强技术可能带来机会不均等，但是政府还是可以进行社会救济加以弥补，例如对接受增强者进行补贴等。

最后，更为艰深的还有人的自主性问题。桑德尔在《反对完美》一书中提到了一个例子，一对夫妇天生耳聋，但他们认为耳聋并非残疾，而是优点，应该争取；进而在基因技术帮助下，两人得到了一个先天失聪的婴儿，满足了自己的心愿，却也埋下了隐忧。孩子长大后，如果形成了与父母相同的观念，那么相安无事；但是，如果有朝一日，孩子产生了欣赏音乐的冲动，或希望与人口语交流，那又该如何面对呢？

哈贝马斯认为，人与人的相互平等，是建立在大家都是自主的人这个基础之上；而自主，又意味着人是自己生命和生活的唯一责任人；因为自然的分娩出生，人力对于新生儿的禀赋无从选择和决定。无论好坏，天赋这个礼物，只能接受、无从抱怨。命运的偶然性本质，决定了人人平等、自立自主和自强不息。但是失聪婴儿的例子却违背了这一原则，在技术的帮助下，人的偶然性出生中被加进了他人意志的作用因。在哈贝马斯看来，这是平等原则面临的最大挑战。但话虽如此，法律却对此无能为力，因为，生育生殖在某些自由主义国家属于私人事务，公权力缺乏进行干预的合理依据。于是，问题的矛头又指向了技术本身。

究竟应该怎样面对人类增强技术对人进行的改变？是否值得放弃平等、自主等传统理念，来换取一个后人类的未来？人类增强技术将把人类带向何处呢？这些都是值得密切关注的棘手问题。

（计海庆）

计海庆 1976年生。2005年毕业于复旦大学哲学系，获博士学位。现任职于上海社会科学院哲学研究所，研究员，科技哲学研究室主任，主要研究领域为技术哲学、科技伦理和科学文化，代表性专著为《技术哲学视野中的"机器人"》《增强、人性与后人类未来》。

个人感悟 科学知识与人文素养，一样也不能少。

智能化会造成人类的失能化吗

人工智能（artificial intelligence，AI）无疑是现在的热点。人工智能最一般的定义，它首先是一种智能，初衷是对人类智能的模仿。现在人们又将其分为弱人工智能、强人工智能和超人工智能。"阿尔法狗"（Alpha Go）其实还只是一种弱人工智能，因为它只会下围棋，其他领域的事情即便再简单也不会做。但它已经开始引起人们对人工智能的讨论和思考，因为人类已经能从一个弱人工智能的思考能力，联想到强人工智能甚至超人工智能的潜在威胁了。

当然，人工智能目前所呈现的能力，与人类所拥有的能力有不小的差距。然而，今天科学家正在尝试赋予机器人原本仅属于人类的能力，使其能从弱进化到强。人们不由得担心，如果有一天它在各个方面的能力都比我们强，人类将何去何从？

如果计算机发展的成果仅仅涉及能力层面的问题，那我们无须如此恐慌，事实上，它涉及社会多方面，远比单纯的技术问题复杂得多。我们追求真善美，人工智能增强了我们求真的能力，我们担心的是，它会不会有超出我们的设计，属于善和美范畴的，却又是"负面的"东西；它是否会产生对人类的恶，或者说生出一套我们人类完全不能理解的价值观。如果人和机器对世界的理解完全不一样，那么两者是断层的，无法交流。强人工智能很可能是一个我们完全不能了解其内在操作的黑箱。现在的人工智能依赖算法，而任何一个算法都有无法预料的 bug。我们一直在追求确定性，追求安全感，但不确定性是一种自然属性。人工智能的运行机制是否还属于自然范畴，是否还存在自然的不确定性？这是值得我们深思的。

至于超人工智能，我们只能想象它是"神"一样的存在，至于具体情形如何，我们目前完全无法想象，否则也就无所谓"超"了。从长远来看，我们正在用技术造一个"神"。在把上帝的概念驱逐出人的世界后，我们正把精力完全地投入到技术创造中，以至于技术的终极处将是再造一个"神"，不论它是 AI 还是人自己。

我们不要忘了，在发展 AI 的同时，我们也在改造人类自己，基因工程和芯片植入技术就是例证。对人类进行改造，这是 20 世纪 90 年代出现的后人类主义的要义。基因工程的突破性进展，使人类漫长的进化过程可用更短的时间完成。也就是说，我们在发展外在的"神"的同时，也在提升人类自己。以往关于人工智能的讨论都是基于人不变的前提，但很可能，等强人工智能发展出来的时候，人也升级到 2.0 版了。

如果"神"是那个超人工智能，人的恐慌就在于完全不知道它会给人带来毁灭还是永生；如果"神"是那个 2.0 版或更高版本的后人类，那么人就该严肃反思"人没了"这件事的意义究竟是什么。

要注意的是，人工智能的种种问题不能与今天的其他技术割裂开来看。现在的前沿技术有很多：物联网、大数据、虚拟现实、生命医学、基因工程、太空技术……所有这些热门技术都不是碰巧偶遇的，从某种意义上说，互联网是当代技术的基础。这些技术形成了一张网，各自都不能单独成立。

既然人工智能令人如此担忧，那我们为什么要发展人工智能，这对人类有什么意义？人工智能可以归结为一个广义的自动化问题。人们通常认为自动化的好处在于造福人类，在于把人从繁重的劳动当中解放出来。在工具论的观念中，所有技术的最终目的都是解放人类。但问题是如果不断地"解放"人类，如果人工智能量产、可以社会化，那我们人最终是否将成为无用之人——因为已经没什么可做的了。这里存在两个风险：一个风险在于，我们把所有的力量放在一个外在的东西身上，如果它发生异化，人类就很危险了；另一个风险在于"有限之人"的消亡。假设智能技术可以使我们越来越轻易地实现各种愿望，最终做到"心想事成"，那我们有何理由要为智能技术设限呢？要知道，现代技术是没有上限的，因为它依赖于数学的逻辑。因此，我们的世界是从质化的世界变成了一个量化的世界，就连美丑现在也变成了可以量化的"颜值"。但不设限就会让我们的发展没有尽头，最终将人拖向深渊，因为人毕竟是有限的。悲观主义认为以我们有限的人去创造无限的东西，肯定会遭遇人与自然的极限；而乐观主义认为，既然自然存在极限，那为什么不用技术去改造自然，改造有限的肉体呢？宗教式微的时候我们不也还是活下来了吗？其实大家都在争取时间。悲观主义争取时间再过几天好日子，以有限性为前提；而乐观主义也在争取时间，争取时间让人类自身早日突破有限性，以无限性为前提。

以上是在非常狭隘的范围中讨论人工智能技术背后的哲学问题。这个问题目前基本上还无解。但我们一定要清楚，任何一个结论背后都有一个隐藏的前提、立场。只有了解前提和立场，我们才能得到有说服力的结论。

（徐志宏）

徐志宏 1978年生。哲学博士，2005年毕业于复旦大学哲学系科学技术哲学专业。现任复旦大学哲学学院副教授，研究方向为马克思主义与科学技术、技术哲学、身体哲学、生态哲学等。著有《生存论境域中的科学——马克思科学观研究》《女性主义科学哲学》等著作，参译《杜威全集》，代表性论文有《生活世界的危机——从海德格尔文化批判的视角来看》《生活世界的碎片化及其本体论批判》等。

人生感悟 认识你自己。

身处科技新时代的"我们正在做什么?"

我们已然步入了科技新时代,现代科技的加速发展给我们带来了福祉,同时也带来了许多问题,引起了我们的忧虑。德国学者阿伦特(H. Arendt)早在20世纪50年代新科技革命伊始,就开始考虑这些问题,她的思想成果在今天仍不乏启发意义。

阿伦特在学界久负盛名,人们对她的了解通常来自她在政治哲学上的杰出成就。在1958年出版的《人的境况》一书是该领域的经典之一,她在书中建立了著名的"行动理论",强调人只有在与他人分享和共同拥有这个世界,并在这个世界中积极行动,人生才有意义。

阿伦特

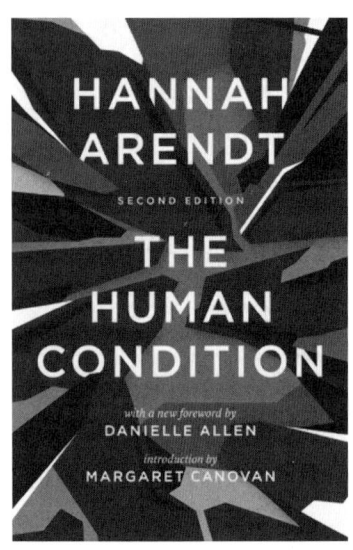

《人的境况》

这本书的前言值得仔细拜读。阿伦特在其中特别关注的事件有二。其一,在1957年世界上第一颗人造卫星被发射入太空,从此,这个人造物拥有与宇宙中高贵的天体同样的运动与存在方式。她指出,如果纯粹地从人类技术进步取得的成就来看,人们理应对此发出"无比喜悦的欢呼"。"但奇怪的是,人们的欢呼并非胜利的喜悦,也不是在面对人力掌控自然的巨大力量时,充盈于心中的骄傲和敬畏之情。""在事件发生的一瞬间,人们直接的反应是大松一口气:'人类总算朝着摆脱地球对人的束缚迈出了第一步'。"在这之前,这类情节还只是"不太受人尊敬的科幻文学里的故事",可是,科学家"实现了人们最大胆的梦想"。

阿伦特已经敏锐地意识到,科幻故事向来就不只是什么狂野的幻想或荒诞无稽的文学呓语,而是真实传达着"一种大众情绪和大众愿望"的叙述手段。但是,对此"没有人给予应有的重视"。什么样的大众情绪和大众愿望呢?——听起来甚为荒诞,它竟然就是"摆脱地球对人的束缚"!阿伦特表示了心中的诧异:诚然,自古以来有哲学家将身体视为灵魂与思想的牢笼,有基督徒说地球不过是个眼泪之谷,但还从未有过这样一个时代,人们视地球本身为身体的牢笼,真正渴望着离弃地球,摆脱地球对人的束缚——这是一种前所未有的,唯现代才有的想法。而"同样一种摆脱地球束缚的愿望,也体现为从试管中创造出生命的努力"。"科学家告诉我们,他们在不到一百年的时间里就可以生产出的未来人类,似乎拥有一种反抗人类被给定的存在的能力,拥有一种不知从哪里来(就世俗意义而言)的自由天分,只要他愿意,他可以换取他自己制造的任何东西。"

现在看来,阿伦特在20世纪50年代末所做的这番判断和预言一点都没有错:我们现在正越来越疾速,并且方向明确、成效卓著地行进在这条科学技术之路上,因而也越来越少有人怀疑这条路得以不断延续的可能性。但是,阿伦特预见到由科学家开启的这个人类未来的可能图景时,却提出了一个问题、一个唯有哲学家才会提出的性命攸关的问题:"问题仅仅在于,是否我们真的想在这一方向上使用我们的新科学技术知识。"显然,阿伦特对这种在那时候看来"还处在遥远的将来"的可能性所持的立场和意愿是很明显的:她不想人类的未来被如此这般交付给新科学技术。而当她提出这个问题的时候,也不自觉地流露了对人类可以选择自己未来的信心。

其二,另一个同样危险、迫在眉睫的事件是:自动化的发明。马克思在19世纪中叶看到了机器大工业的发展——劳动者手的解放。被经济学家视为不可思议的悖论现象:技术的发展反而使工人陷入更悲苦的劳动和赤贫,马克思做了直抵社会深层的解释:技术被资本所利用引起了异化。一百多年之后,阿伦特可以说是关注到了同一层面的问题:在更高度的自动化(如今可期人脑的解放)之下,人更自由了吗?事实是悖论依旧:技术为人赢得的"自由时间"并未让人自动进入"自由王国",反而让人陷入繁忙无度的消费,大有将人变成与"劳动动物"相对应的"消费动物"之趋势。

这两大现代科技事件引发了阿伦特在本书中提出了最核心的问题:"我们正在做什么?"这也正是今天身处科技新时代的我们需要认真想清楚的问题。

现代科学最关注的是:追溯生命从哪里来;探索生命到哪里去。现代科学技术为人打开了无限大的视野,让人们越来越相信曾经只是想象或者幻想中的东西,终将成为现实。这个无限高超的现实,除了在科幻作品当中,将是所有人前所未见、闻所未闻的。这个无限高超的现实,正在不断逼近人的"自然界限",迫使人对于"生命将到哪里去?"的问题做更深层次的思考。

哲学最古老的问题"我是谁?"还未得到令人满意的解答,如今却突然又演变为另一个当代的新问题——"我想要成为谁(什么)?"这个问题的当代意义之所以不同于传统的本体论意义,是因为它所隐含的前提被打破了——在传统本体论当中,我们始终预设的一个前提是人的肉身的有限性、自然性和可朽性;而今,当这个前提被科学技术无情地打破了,这个问题的内涵就变成了首先是"我想要选择自然身,还是不朽身?"其次才是它的意义何在;等等。这个在现实中全新的哲学问题,尽管在无数的科幻作品中早已被提出,但我们不应忘记,这个最为严肃的哲学问题得以存在的前提取决于一个技术上的事实：将被人类制造出来的超人工智能不会最终毁灭我们的世界，假设我们一手创造的"超现实"是可控的，因而也是"友好"的，那么，我们就能坦然面对那个"全新"的哲学问题——"我想要成为谁（什么）？"今天我们重读阿伦特的著作，细细领会她的思想，对于认识和解决科技新时代面临的重大问题，依然会得到引领和指导。

（徐志宏）

积极应对现代科技发展引起的当代生活变化

科学的全面发展，知识与信息的爆炸性增长，以及互联网、自媒体等传播技术的普及，使当代生活发生快速而急剧的变化。不同时代的人都会感觉到时代生活之变化，从马克思、恩格斯的《共产党宣言》中，从海德格尔对存在的追问中，从鲍德里亚（J. Baudrillard）的《消费社会》中都可以充分体验到先哲对时代生活变化的洞见、反思、批判和预警。如今，当代生活之变化越来越深刻地影响我们的思想理念、生活实践和生活方式，我们不得不有所回应，直面当代生活变化的严峻挑战。

生活被对象化

当代生活发生的第一重变化是生活被对象化了。我们仔细考察自媒体对于日常生活的渗透和改变，就会发现当代生活正在一种日益被彰显的表象中消逝。所谓的消逝，很大程度上是受到海德格尔对现代世界的基本判断（现代生活世界发生着"形而上学的完成"）的启发。换言之，生活被彰显，被对象化，被做成文化产品而赋予文化价值乃至最高价值，在此表象背后的实相即生活世界被彻底的形而上学化因而有可能成为最后一片沦陷之地（就哲学家原来认为感性的、实践的领域充当着形而上学之拯救者的角色而言）。

生活的真实性在逐渐瓦解

当代生活发生的第二重变化是生活的真实性在逐渐瓦解。这个真实性是什么意思呢？其实跟上述生活的对象化颇有瓜葛。生活的对象化使人们从第三只眼（镜头）中反观自己的世界，这在客观上以及一定程度上将人从完全"沉浸"于生活的状态中抽离出来，使人与自己的生活产生一定的距离，虽然不一定完全有意识。另外，分工的全球化与纵深化发展以及消费主义的极大兴盛不可避免蔓延到家庭生活领域，亦即生活的最后一块"实体"领域，打破了生活最后给人留下的一种"沉重性"乃至"严重性"印象/体验。失去了"重"性的生活，可被功能性外包的生活，可被抽离的生活，也就开始失去其"必然性"或"真实性"（或者叫作"实在性"）。

米兰·昆德拉（M. Kundera）写了著名长篇小说《不能承受的生命之轻》，小说名精准地把握住了此种生活的"轻"之意象。虽然从表面上看，人们普遍的反映是生活压力越来越大，精神越来越焦虑或压抑，但是，只要换一个角度观察，就可以到处看到现代人、现代生活极强的"娱乐化"特征。这种娱乐化已经发展到了被学者称为"泛娱乐化"

米兰·昆德拉　　　　　　　　　《不能承受的生命之轻》

的程度。除了消费主义使然的根本原因之外，泛娱乐化的心理学机制就在于人们通过对曾经沉重、严肃，曾经有意义的事物（比如生活本身）进行调侃、玩笑乃至于玩乐/戏耍而使之解构——这也就意味着生活曾经所表现的命运性的、整全性的实在性，即笔者所说的真实性，被日趋消解。

以上对当代生活变化的总结，其实在海德格尔和鲍德里亚的分析中已然有所预见（或洞见）。但是，我们知道，这两位极具洞察力的思想家的共同之处在于，他们都对此结论表达了极深层次的悲观，看不到人类还有什么希望（虽然海德格尔似乎勉强认为艺术与思想是一个出路，鲍德里亚甚至只能从普遍性的疲劳症中找寻革命的可能性）。曾经，笔者在逻辑层面上也是深以为然的。但是，近几年笔者一直在思考上述结论/判断的另一面（即所谓的积极面），或者说通过不断观察生活加速发生的新变化来继续思考这个问题。这的确产生了一些新的假设。

"生活实验"越来越多

当代生活发生的第三重变化是出现了越来越多"生活实验"。何为生活实验？顾名思义，就是把生活当作实验来过，或者从生活中"抽取"出一段时期来，将其过成设计好的实验的模式（梭罗就是生活实验的杰出先驱；米兰·昆德拉的小说名"生活在别处"则可视为生活实验最具文艺性的口号）。对于年轻人来说，生活实验不仅是逃离沉重现实生活压力的一个途径，而且极具时尚的（乃至于游戏的）诱惑力（如当下所流行的所谓"慢生活""极简主义生活""断舍离"等。这一类与生活实验有关的书籍也常见于畅销书榜单，其受欢迎程度可见一斑）。由此，生活不再是一个整体，生活也不再承载某种整全的形而上学意义,生活可以被抽取,可以被实验,甚至可以不具备"属我"的实在性。这样一种全新的生活诠释方式,可谓表征着生活已经(或正在)由消费主义初级阶段上的物质消费对象升级到了更高阶的概念消费对象或者审美消费对象与游戏对象,而这无疑符合物质生活已经达到富足水平的人群的需求。

积极应对当代生活之多重变化

我们必须积极应对当代生活之多重变化。在上述几重生活的变化中,一方面很可能蕴含着某种异化乃至于趋向异化之极致的因素。(前提是:如果这一切仅仅是资本主义经济以及消费主义发展的产物,是资本为了自我增值而不断创造出的新鲜玩意。)但另一方面却也积聚着某些可贵的通向一种新的生活方式所必需的积极因素,这个积极因素简单来说就是,对生活产生一种审视的空间,而唯有这空间的产生,才可能变成一种思考的以及(最终)选择的空间。就像当初空想社会主义的一些积极实践对马克思产生了实实在在的鼓舞和启示作用一样,如今在世界各地或大或小范围内流行的各种生活实验,也终将对我们所提出的生态新文明产生助益。一种将小我融入大自然/"大我"(或"共享主义"),以满足"适当的"需求(追求"刚刚好")取代消费主义所宣扬的无限欲求的生活方式,亦即与生态文明的内在需求更相匹配的生活观、价值观,是可期待的。

(徐志宏)

谈"造客之术"
——虚拟现实技术提出的认识论问题

虚拟现实技术（virtual reality）是对计算机数据进行可视化处理，使人类主体在真实客观环境缺乏的情况下觉得自己依然处在客观环境中，以实现与虚拟数字化对象的信息互动；人工智能是通过对计算机器的编程，以使其具备特定的智能行为，如果说前者是"造客（体）之术"，后者则是"塑主（体）之术"。与人工智能一样，虚拟现实技术对于人类认识能力的提高发挥越来越大的作用。

虚拟现实技术的出现和发展

从20世纪60年代起，人们就在探索虚拟现实的方法和技术。美国的海里戈（M. Heilig）在1961年设计了"体验剧场"。他制造一个外形像电话亭的摩托车仿真器，参观者进入这个仿真器中，能体验到振动、风吹的感觉，还能闻到大街上的种种气味。这是虚拟现实技术的雏形。

麻省理工学院的研究生萨瑟兰（I. Sutherland）在1965年提出把计算机的显示屏作为通往虚拟世界的一个窗口，1970年他做了第一次试验，他戴上头盔后，看到了在空中飘浮着的一个边长为5厘米的立方体，这是第一个与真实物理世界中的物体十分接近的虚拟物。

1976年，麻省理工学院的尼葛洛庞蒂（N. Negroponte）研制了一个具有随机存取功能的多媒体，建立三维仿真环境，用超媒体系统成功地显示了阿斯彭城的实景。

VPL公司的兰尼尔（J. lanier）等人在1985年发明了"数据手套"，这是与计算机相连的、在每个活动关节上都有传感器的特殊手套，当人戴上"数据手套"后，他的手

头盔式交互显示系统

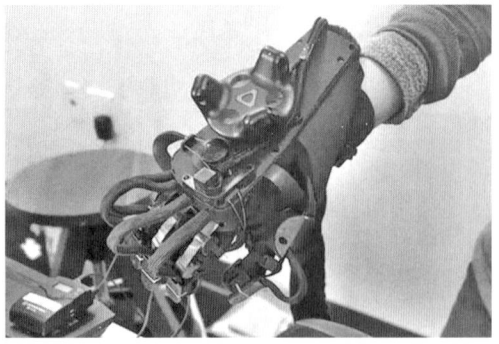
数据手套

部动作就被输送到计算机中,他可以用手去控制虚拟空间中的虚拟物体。

不久后,加州大学伯克利分校的麦克利威(M. MeCreevey)对萨瑟兰的头盔显示器进行了改造,他使用轻巧的液晶显示器,使得头盔显示器实用化。配备了数据手套、头部跟踪器等硬件设备,提供了语音、手势等交互式手段,就组成了名副其实的虚拟现实系统。参与者进入该系统获得了"真实体验"的效果,引起了轰动。20世纪80年代后期起,许多国家掀起了研究虚拟现实技术的热潮。

从理念论、存在论到虚拟现实

虚拟现实的思想源远流长。古希腊学者柏拉图认为纯粹的真实存在"理念"中,人们获取知识的途径就是与这些理念相遇。这与虚拟现实技术有相通之处:虚拟实在是依据一定的物理原则进行思维创造,或根据众多可感事物的不同特征进行加工、组合,创造出来的实在,这种实在更合人的目的性,从而达到认识和探索未知世界奥秘的目的。

亚里士多德认为,人们对真实的现实进行模仿得到了艺术品,并从这些精心制作的仿制品(模型)中学习,模型再现和突出了认识对象的基本结构和一般特征,而忽略对象的次要特征,这更有助于我们认识和理解对象。虚拟现实是以可感事物为模型,再现了真实世界,它高于真实世界,对于人们认识客观世界更具典型意义。

德国哲学家莱布尼茨最早创立了关于人类感性知觉的虚拟世界。他相信有许多可能的世界,他们只是概念性地存在。上帝按照一定的程序从同等级世界起进行取舍,最终使得其中最好的一个能成为现实。他关于世界中的每个实体如何与可能整体融合、这些可能的世界如何逻辑地并列的思考,对于可能世界的模仿是具有启示作用的。

柏拉图

亚里士多德

莱布尼茨

海德格尔

德国现代哲学家海德格尔提出了现象存在论，他认为，"存在"的原始意义是指"在"，存在之为存在，在于它是怎么"在"，怎样"在起来"，怎样显示自身的。这对虚拟技术的出现很有启发意义。实际上，存在是可以借技术手段确立的实际状态，"虚拟"是借信息转换的技术手段而实现的一种人与计算机共存的状态，是一种人造的电子环境，是由物质向意识转化的中间环节。

由新的"认识技术"提出的认识论问题

虚拟现实技术所创造的虚拟世界构成了人类新的知识源，成为一种新的客体形式，极大地拓展了人的感知觉世界。人们利用虚拟现实技术构建认知对象的三维图像，可以"看到"甚至"触摸"到以前未认知的对象，获得鲜活的直观印象。如人们在虚拟的微观世界里看到了原子的结构，分子在物质化学反应过程中的行为；探索者在地面的实验室里虚拟的十分逼真的火星环境中，对火星"身临其境"地进行考察，寻找水源和生命的迹象；飞行员在"虚拟飞机座舱"里可以获得和操纵真实飞机一样的感觉，灵活安全地学习驾驶技术。

虚拟技术的不断发展，在实用角度上显示出技术诱人的内在魅力，同时在哲学层面上显示出认识论方面的价值。它提出了一系列认识论方面的问题，引起了人们的关注。例如，作为新型认识对象的虚拟实在及其本质究竟是什么？作为一种具有新的特质的认识工具与其他认识工具的关系？虚拟世界的实在性以及这种实在性与物质世界的实在性在意义上的异同？虚拟现实系统与物质系统在认识主体感官上产生的效果能否完全一致？虚拟现实所引发的主客体之间的关系究竟是什么？对人类的实践会带来什么影响？通过对虚拟系统的认识来获得关于物质系统知识的依据是什么，如何判断其可靠性和限度？在计算机上进行的虚拟实验，对于经验知识的获取和理论的检验所能起到什么作用，有没有局限性？虚拟现实技术提高人的认识能力和扩大人的认识范围的机理是什么？它所带来的科学方法论价值又是什么？……

对以上问题做深入系统的研究具有十分重要意义。虚拟现实技术作为新的"认识技术"，突破了传统技术的障碍，以互动的认知方式开始实现人的大脑的真正外在化，它介入人的认识过程中使认识主体、认识对象、认识过程和方式发生一系列变化，这些变化在哲学上被称为认识论的"技术转向"，在技术转向的背景下，哲学的认识论面临严峻的挑战，从辩证唯物主义认识论的基本原理出发对这些变化做具体仔细的分析，应答出现的新问题，建立新的认识论体系，将推进辩证唯物主义认识论的进一步发展。

回答以上问题，我们能更深刻理解虚拟现实技术与人相互作用的机理，明确这种新的技术带来的认识和实践上的便利和局限性，明了在工作、学习和生活中该如何利用虚拟现实技术的正效应、尽量避免不恰当地应用可能出现的负效应，从而能够在新的技术环境中更好地生存和发展。

（周德红）

周德红　1971 年生。东华大学科学技术哲学专业硕士毕业，长期从事马克思主义哲学、科学技术哲学研究工作。曾任东华大学马克思主义学院副院长，现任东华大学出版社总编辑，副教授。2022 年获"上海市课程思政教学名师"称号。

个人感悟　辛勤耕耘总有回报。

虚拟现实技术的应用与科学传播方式的创新

虚拟现实技术正受到越来越多人的关注。习近平总书记指出，人工智能、虚拟现实等新技术日新月异，将给人们的生产方式和生活方式带来革命性变化。

虚拟现实技术利用计算机和多种传感设备生成一种虚拟环境，体验者借助设备和自身的感知系统，全身心地沉浸在虚拟环境中，就像在客观现实世界中一样，通过视觉、听觉、嗅觉和触觉多方面地感受到虚拟世界中一切，与其中的各种对象相互作用，进行自然交互，获取最逼近于现实的真切感受。

虚拟现实技术为人类认识自然提供了一种新的方法和手段，它使人的感觉器官的功能得到进一步延伸，获得了前所未有的体验方式，为获取科学知识提供了新的有效方法。

科学知识中的许多概念过于抽象，认知对象看不见、摸不着，即便用通俗的语言并配以图画来传授，受众还是难以接受、难以捉摸。利用虚拟现实技术构建认知对象的三维图像，使学习者进入"真实"的场景，可以"看到"甚至"触摸"到以前未认知的对象，获得鲜活的直观印象。在虚拟的微观世界里，人们看到了原子的结构，看到了表现出波动性和粒子性的光电子；对物质化学反应的过程和细节一目了然，能亲眼看到反应过程中6、7个变量的直观动态图景，以及高聚合物分子是如何通过"舞蹈"来"解放"它们自身的。

虚拟现实技术扩大了科学传播的知识范围，开拓新的探索领域，构成新的知识源。人们对于火星有许多猜想，但要上去看个究竟，不是一件易事。美国航天局利用"火星探路者"航天器在火星上发回的数据，在地面的实验室内虚拟了一个十分逼真的火星环境，探索者进入实验室，犹如真的登上火星，对这个既熟悉又陌生的星球"身临其境"地进行考察，寻找水源和生命的迹象，设想如何改变火星的气候条件、促进火星生物的进化。

在科普中不时会讲到一些自然事件的发生发展过程，但有些过程漫长，有些又太短促、稍纵即逝，用以往的手段难以展示。虚拟现实技术可以扩大或缩短时间的尺度，加速或延缓自然事件的经历。在虚拟世界里，我们可以在数分钟里观察地壳的演变历程、生命的演化过程，在几分钟内细细品味子弹穿破玻璃的精细过程，悠闲地考察细胞分裂的细枝末节。

饶有趣味的是，虚拟现实技术可以使时过境迁的历史情景再现，让学历史的学生能够寻迹追踪、回溯历史渊源。美国卡内基·梅隆大学的仿真实验室利用虚拟现实技术再现了古都庞贝的风采。当学生戴上头盔显示器后，就可以在古都庞贝参观游览，他们可以按自己的意愿走进神庙、大剧院、体育馆和斗兽场，欣赏圆形走廊、雕塑以及五彩壁画等，每一个艺术形象栩栩如生。他们甚至听到了剧院内圣经吟唱者的歌声和伴奏的笛声，完全沉浸在浓郁的艺术氛围之中。

学习技术知识和技能技巧，离不开亲身体验和接受培训，以往不轻易能做到，虚拟现实技术却提供了方便。"虚拟飞机座舱"为那些对航空有浓厚兴趣、向往成为飞行员的学员进行飞行培训，学员戴上头盔和数据手套，坐在座舱里可以获得和操纵真实飞机一样的感觉，座舱会对他的操作做出判断，引导他正确无误地飞向目的地。利用这种装置进行培训，能不受气候和环境条件的限制，灵活安排培训的"操作"时间，绝对保证学员操作的安全。

传统的科学传播主要通过广播、电视、报刊等大众媒体进行，科普活动借助科普场馆、科普基地开展，包括展览、讲座、培训、咨询与服务等，其优点是：受众面广，数量庞大；受众获取科普知识的成本低廉；有众多有经验的专业科学传播队伍。然而，其不足之处是：一些知识的传播难以做到直观、形象和生动；传播的效果受到受众文化水平和接受能力的限制；有些传播需要特定的条件，受众难以参与或参与性不强；等等。

虚拟现实技术弥补了传统的科学传播的不足，受众只需要一台电脑，一套设备，就可以身临其境地接受生动活泼的科普教育，避免了因接受能力限制所造成的信息缺失；虚拟现实技术打破时间、空间的限制，不受客观条件的限制，营造良好的虚拟学习环境，并使人全身心地沉浸到环境中，与对象互动，激发起想象力和创造力，从而使科学传播取得极好的效果。

广泛应用集科学性、观赏性、趣味性于一身的虚拟现实技术，已成为科学传播的发展新方向，正如《全民科学素质行动计划纲要》指出的"要发挥互联网等新型媒体的科技传播功能，培育、扶持若干对网民有较强吸引力的品牌科普网站和虚拟博物馆、科技馆"。

在科学传播中要大力推广虚拟现实技术，相关部门要积极支持，加大投入力度，在科技馆、图书馆、博物馆和学校中配备虚拟现实技术设备，让更多的受众去体验；生产厂家和商家要不断降低设备的成本，并使其利用更便捷，加快设备的普及，使公众可以在社区的科普活动中心，甚至在家里像使用电脑、手机一样廉价和方便地使用。

目前虚拟现实技术较多用于游戏、娱乐等方面，以追求最大的利润。有关部门要支持、鼓励和扶植更多的机构和专业人才开发虚拟现实技术用于科普和科教方面的软件，拓展这些方面的应用场景，增加科学知识元的叙事内容。

虚拟现实技术应用在科普教育中应该遵循教学规律。个人不能脱离社会环境而孤立地学习，只有当学习内容和学习者的目的、情感和社会经历相互作用，学习才能发生。虚拟现实技术所创造的虚拟环境应该尽可能为学习者提供丰富的资源和经验背景，使其借助这一平台来建构自己的知识体系。应用虚拟现实技术要注意内容与形式的统一，了解并非所有的展示内容都能用虚拟现实技术很好地表达；而用虚拟现实技术来"炫技"，使受众单纯地追求感官刺激是不足取的。

（陈敬全）

《自然》年度科学十大人物评选：
不以科学成就为唯一标准

英国《自然》杂志在2017年12月19日公布了该年度十大科学人物，这是该期刊遴选出的对于科学界产生重大影响的年度人物。

其中有站在当今科学发展前沿的五位科学家：应用量子通信技术实现远距离安全传输信息的中国物理学家潘建伟；研发出非天然存在的基因编辑工具的美籍华人、生物学家刘如谦；成功预测2017年9月墨西哥城发生7.1级大地震的墨西哥地震学家克鲁兹-阿蒂恩扎（V. Cruz-Atienza）；为中东首个实验科学与应用同步辐射装置顺利运转不

潘建伟

刘如谦

克鲁兹-阿蒂恩扎

图坎

懈努力的约旦物理学家图坎（K. Toukan）；为发现引力波做出杰出贡献的意大利天文学家、欧洲"处女座"引力波探测器合作组织成员布兰凯西（M. Branchesi）。

引人注意的是，作为科学界的顶尖权威刊物《自然》在评选时不唯科学家，其中有五人当选不是以其科学研究成就的标准所决定的，他们是：为核不扩散、禁止核试验的美国地球物理学家泽博（L. Zerbo）；气候变化的怀疑者、美国环保署署长普鲁特（S. Pruitt）；致力于曝光问题论文、打造检测造假论文工具的澳大利亚遗传学家伯恩（J. Byrne）；与白血病搏斗、鼓舞新一代癌症疗法的美国女孩怀特海德（E. Whitehead）；在性骚扰案件激增时致力于追究学术机构责任的美国律师奥利瓦瑞斯（A. Olivarius）。

布兰凯西

泽博

普鲁特

伯恩

怀特海德

奥利瓦瑞斯

《自然》评选年度杰出人物不唯科学的做法向公众传递了有关科学的深刻意涵。

科学研究成果的社会应用具有两面性

科学是柄"双刃箭",既能给人类社会带来福祉,也会带来负面效应,如全球性环境污染、生态失衡、核灾难威胁等。科学工作者要勇于担当社会责任:将科学研究与满足国家和社会需求结合起来;承担起对科学技术后果评估的责任,避免科学知识的不恰当运用,对社会和公众负责;遵守人类社会和生态的基本伦理,珍惜与尊重自然和生命;珍惜自己的职业荣誉,避免把科学知识凌驾其他知识之上。年度十大科学人物之一泽博负有强烈的社会责任感,他为防止核武器的进一步扩散呕心沥血,花费了大量时间在世界各地工作,他倡导批准 1996 年的《全面禁止核试验条约》,该条约催生了全面禁止核试验条约组织,他为建成该组织的核试验监测站网络一直忙碌着。

科学与社会大系统中的其他子系统互动

科学与社会其他子系统,如社会政治、经济、文化等相互作用。社会其他子系统会促进科学的进步,但也会限制甚至阻止科学的发展。科学成果的应用、科学事业的繁荣需要一定的社会条件。当选为年度人物的普鲁特是著名的气候变暖论的"反对派人物",他曾经起诉美国环保署至少 14 次,2017 年 2 月他被特朗普总统任命为美国环保署署长,上任伊始,他就废除或撤销几十条环保法规,包括针对排放、采矿和危险废料的标准设置的规范。他竭力抵制科学家为延缓全球气候变暖所做的努力,由此激起了公愤,有科学家说:"我们知道普鲁特不会成为一个支持科学的行政长官,但还是低估了他破坏科学研究和科学研究成果的能力。"看来,科学家在政治权力面前也往往束手无策。

为净化科学殿堂努力

科学并不是一尘不染的圣地,其中时有违反学术规范的科研不端行为,如剽窃、篡改和杜撰的发生。科研不端行为的发生除了科研人员自身的因素、制度和法律法规的不健全外,急功近利、浮躁的不良科研环境也是重要原因。科学工作者必须坚守科研道德诚信,弘扬严谨求实的科学精神;必须与学术不端行为做长期艰苦的斗争。伯恩当选为年度科学人物实至名归,她从事癌症遗传学方面的研究,她认为,草率的或欺诈性的文献对整个科学研究的生态是有害的,但很少有人去揭露这些问题。在过去的几年里,她查阅了大量的论文,发现了数十篇基于DNA序列的错误疑似作弊和造假的论文。在她的促动下,2017年已有7份期刊收回了9篇有问题的论文,她为净化学术风气立下了汗马功劳。

对于科学技术必须予以充分的人文关怀

科学技术是主体性与客体性、目的性与规律性的统一,在本质上是服从于和服务于人类认识和改造自然的活动,目标是促进人自身的发展,使人从自然关系和社会关系的束缚中解放出来,获得自由。科学技术具有明显的人为性和为人性,始终离不开人和人文关怀。随着科学技术的实用价值越来越高,科学技术具有越来越浓厚的功利和工具色彩,其人本主义的根本被忽视。怀特海德和奥利瓦瑞斯能够当选《自然》年度十大人物,是为了凸显科学技术固有的人文精神,促进科学技术的人化发展。怀特海德患有白血病,五年前她勇敢地接受了CAR-T基因疗法,成为世界上首位接受该试验疗法的儿童。CAR-T基因疗法使她康复,标志着具有革命性的基因疗法的正式到来,这给千百万白血病患者带来了福音。奥利瓦瑞斯处理了许多发生在学术机构内的性行为不检和性侵犯案件,她无情地揭露性骚扰构成对女性的性别歧视,积极呼吁学术界内性别平等,致力于惩处性骚扰的持续性的法律变革。

科学具有多元价值

认为"科学本身是目的,是为认识而认识的纯认识,是无所谓价值的",或认为"对于真理的探索是科学活动的目的和唯一价值",都是片面的。科学是人在认识和改造自然的基础上产生、发展并用于解决实际问题的,跟人类和人类社会是分不开的,除了具有认知属性外,还有社会属性、文化属性等其他属性。价值因素渗透于科学活动的过程以及科学与社会的相互作用中,科学是以价值为基础的事业。科学具有认知价值、精神价值,还具有应用价值、文化价值、社会价值等。《自然》杂志评选的年度科学人物生动体现了科学具有的多元价值。科学价值观决定了人们全面地认识科学、深刻地理解科学的本质和对科学的态度。科学价值的实现依赖于作为认识和实践主体的人,在科学传播中必须重视对公众科学价值观的养育,《自然》杂志在这方面起到了表率作用。

(陈敬全)

科学思想篇

　　掌握人类、国家和世界未来命运在很大程度上依赖于人的利用科学和技术的智慧。科学强调和解释生命体相互间和与物质环境的相互依赖性，培养着自然界的理智之光，人们进行技术使用的决策时应当了解，如果没有理智，人们就会鲁莽地毁灭生命赖以生存的系统。

　　与上述议题相关的技术原则，如系统特征、反馈和控制的重要性，成本-利润-风险关系，新技术无法避免的副作用，这些原则都向人们提供了一个评价新技术使用及其对环境和文化的影响的坚实基础。如果人们不理解这些原则，就不可能从当前的自我利益的考虑中解脱出来。

——美国科学促进会研究报告
《普及科学：美国2061计划》

积极向公众普及科学思想

2002 年发布的《中华人民共和国科学技术普及法》指出，为提高公民的科学文化素质，要"普及科学知识、倡导科学方法、传播科学思想、弘扬科学精神"。近年来，人们在科学知识、科学方法和科学精神的宣传和普及方面做了大量有成效的工作，但对于科学思想的研究和传播，还有待加强。

科学思想的界定

什么是科学思想？这是一个在不断探索中的问题。可以认为，科学思想是伴随着科学的发现、科学理论的建立而出现的一种科学观念。科学思想是对科学理论的凝练和升华，是在更高层次上对科学知识的进一步抽象和概括。科学思想主要有以下几方面的命题。

一是关于自然界本体论的假定性命题。这类命题回答宇宙万物由什么组成等问题，如古希腊学者亚里士多德认为"宇宙万物由土、水、气和火四元素组成"；近代化学家波义耳（R. Boyle）认为"宇宙万物由微粒组成"；现代科学家则认为"宇宙万物都是有基本粒子构成"；等等。

二是有关自然界规律的范畴性命题。如自然界的物质不灭定律、能量转化与守恒定律等。牛顿和爱因斯坦都认为，自然界万物皆遵循决定论的规律；而比利时物理化学家普里高津（I. Prigogine）则认为，自然界从总体上来说是非决定论的，决定论只是在局部上起作用，这些就涉及决定论与非决定论这一对范畴。

三是关于自然界规律的泛化性命题或猜想。爱因斯坦认为，科学思想本质上都是构建性、推断性的。如麦克斯韦将其电磁理论泛化，推得"整个宇宙是一个电磁场"，爱因斯坦将广义相对论泛化，推断"整个宇宙是一个引力场"，都可看作是科学思想。

四是关于科学、技术与自然、社会关系的命题。如过去人们认为"人定胜天"，而现在越来越多的人认识到"人、自然与经济社会应协调发展"；又如揭示科学技术推动社会经济发展的论断"科学技术是第一生产力"，都属于此类科学思想。

科学思想是丰富多彩的，涉及科学和技术研究的多个领域；科学思想又是动态发展的，跨越了科学技术发展的各个历史时期。随着科学技术的发展和人认识世界和改造世界的能力的提高，其内涵不断丰富，外延不断拓展，日益趋向更合理、更正确、更深刻、更全面。

向公众普及科学思想的重要意义

在国务院颁布的《全民科学素质行动计划纲要（2021—2035 年）》中，把树立科学思想作为公民具备的基本科学素质之一。向公众宣传和普及科学思想有十分重要的意义。

公众学习科学思想，从更高的层次审视科学知识，对于科学知识的理解会更深刻和更全面。例如公众知道了能量守恒定律，能更深刻地理解不同形式运动的转化；了解了元素周期律，能更好地把握元素的化学性质；等等。

公众把握科学思想，对科学技术的理解不仅包括对科学事实的了解，还包括对科学技术与社会关系的领会，以及对科学技术之实用价值和社会影响，包括具有的风险、不确定性、变易性和负面效应的正确评价，能更主动地为科学事业的健康发展出谋划策，更自觉地推动科学事业的进步，投身到构建和谐社会的实践之中。他们在生活和工作中遇到的问题和困难，很多与科学技术的发展、广泛应用及其深刻影响不无关系，科学思想将为他们在处理问题和解决困难做决策时指明方向。

科学思想以一种文化形式注入社会，是现代文明的象征，是当今社会主流文化的核心内容，是公众战胜愚昧、抵制错误思潮的有力思想武器。随着科学不断深入人心，一些人把迷信、邪教和伪科学包装成"科学"，打着"科学"的旗号招摇撞骗。公众把握科学思想，具备正确的科学思维，从先进文化的视角进行审视，能提高鉴别和批判能力，洞察这些人的真实用意。例如，公众学习"世界是由物质组成的"科学思想，会知晓某些人宣扬存在超自然的、由非物质的"真、善、忍"组成的世界之荒谬；学习生物进化论了解人类的起源，能破除"神创论"，认识到所谓的"真神""实际神"和"全能神"是不存在的；了解"力"是自然界万物运动的原因，会揭穿那些声称具有意念发功、隔空移物的特异功能的气功大师的谎言，识破他们的邪恶用心。

卓有成效地向公众普及科学思想

向公众普及科学思想，必须力求通俗易懂，融思想性、知识性、趣味性、可读性于一体。

选择与公众科学地认识自然、科学地生活和工作密切相关的科学思想，如自然界的物质组成、自然界运动变化的原因、自然界的演化，以及科学技术与社会的关系等进行宣传。结合公众关心的热门话题普及科学思想，如针对公众对地震等自然界突发灾害的惊慌和担忧，介绍"板块的水平运动决定大地构造""防止自然灾害预警告为先"等思想；针对公众关心的气候和环境变化问题，宣传"人与自然的协调相处""构建绿色低熵社会"等思想。

讲清科学思想的知识基础和形成过程。例如讲述"'力'是自然界万物运动的原因"的科学思想，可以介绍现代科学关于自然界存在四种基本的相互作用，即万有引力、电磁力、强相互作用力和弱相互作用力的相关知识，并介绍在古希腊、中世纪、近代不同的历史时期人们对自然界万物运动原因的认识过程。

勾勒出科学思想的轮廓，完整地诠释其内涵。科学思想的表述十分精炼，蕴含的内容却十分丰富。勾勒其轮廓，使公众从整体上有所认识；诠释其内涵，使公众把握住其思想要素，从而较全面、准确、透彻地理解科学思想。

阐明科学思想指导工作和生活实践的意义。如"技术是一把双刃剑"的科学思想指出，技术在带来经济效益的同时，也不可避免地具有副作用（过度耗费资源和影响环境等），引导公众懂得开展清洁生产的必要性和提高使用绿色产品（节能灯、再生制品等）的自觉性。

对抽象性、概括性的科学思想做通俗化、形象化的描述，从案例和故事切入，深入浅出地讲清道理。如讲"能量守恒与转化"的科学思想时，可以从永动机制造失败的案例切入；在讲"在微观世界起作用的是非决定论的规律"的思想时，可以借"上帝是否掷骰子"的问题通俗地解释决定论与非决定论；在介绍系统科学里"整体功能不等于各部分功能之和"的思想时，可以把它通俗地表述为"一加一不等于二"；等等。

（陈敬全）

重视科学思想对基础科学研究的指导作用

在一百多年前，1918年德国物理学家普朗克荣获了该年度的诺贝尔物理学奖。他在1900年提出了能量子的概念，使人们改变了自然界是一种连续的图景的看法，认识到自然界是一种间断的图景，这种新的科学思想启发爱因斯坦在1905年提出了光量子说、玻尔在1913年引入量子化条件构建原子模型，并为以后量子力学的建立提供了核心思想。

科学思想是对科学知识和科学理论的凝练和升华，把"理论的表述"变成"观念的表述"，我们熟悉的有"守恒思想""转化思想""演化思想""对称性思想""系统思想"等。

科学思想与基础科学研究的各个环节关联，对于卓有成效地开展科学研究起指引作用。

以科学思想为指导发现科学问题

科学研究始于问题，问题是怎样产生的？当科学工作者以某一科学思想为指导，在既有的科学理论中找不到模型时，可能会产生问题。比利时物理化学家普里高津早年读柏格森（H. Bergson）的《创造进化论》，了解到时间箭头是单向性的，在宇宙中事物发生的过程是不可逆的。这一思想在达尔文的生物进化论中已有很好的表达，但在物理学中却没有表述，无论是在牛顿经典力学还是在量子力学中，时间不过是作为一个几何参数出现的，这些理论描述的宇宙是一个静态的、没有演化的宇宙。这样，时间单向性的科学命题与原有的物理学理论之间就出现了反常，由此提出了一个问题：能否在物理学中建立一个理论以反映时间的单向性？普里高津为解决这一问题，在20世纪60年代建立起了耗散结构理论，找到了在非平衡态、非线性条件下开放系统的演化规律，他因此研究成果荣获1977年度诺贝尔化学奖。

科学思想为科学方法提供合理性辩护

自然科学研究要使用各种方法，一个科学家所持有的科学思想，对其采取什么方法有一定的启发作用。伽利略信仰古希腊毕达哥拉斯学派的"万物皆数"的思想，相信"大自然这本书是用数学的语言写成的"，他把数学方法与实验相结合，发现了自由落体定律。然而科学方法尚有一个合理性的问题，为其合理性的辩护有赖于科学思想。在近代，物理学家经常使用必然型的数学模型方法和演绎逻辑推理方法，其依据为：一切自然事件都有严格的因果决定性。因果决定论在以后遭到了挑战，科学家们转向对自然现象进行统计描述的方法和非线性科学方法，因为他们持有的科学思想发生了转变，认定自然界在总体上是由非决定论规律起支配作用的，而因果决定性仅在局部上起作用。

科学思想启发猜想的形成和科学假说的建立

科学哲学家波普尔（K. Popper）认为，科学进步是为解决问题不断提出猜想和假说，并不断"证伪"猜想和假说的过程。科学思想为猜想的形成提供了蓝本。地球上的生命是怎么发生的？苏联学者奥巴林猜想生命是经由元素演化、化学演化的途径发生的，他成功地建立了地球上生命起源的"团聚体学说"，他说是受到了恩格斯"生命起源必然是通过化学的途径"的科学思想的启发。他在1936年出版了《生命在地上的起源》的名著。

奥巴林

科学理论一开始多以假说的形式提出，科学思想指引假说的建立。20世纪30年代初，人们发现放射性原子核在衰变过程中，β衰变发射的电子携带一部分能量"丢失了"，一些人对能量守恒定律产生了怀疑。奥地利年轻的物理学家泡利（W. Pauli）则坚信自然界能量守恒的基本规律，他提出了新的假说：在β衰变的过程中，能量并没有丢失，原子核放出的电子携带了一部分能量，其余的能量为一种未知的、质量和荷电量都很小的中性粒子（即中微子）带走，物理学家们经过艰苦努力，终于在1956年的一次实验中俘获到中微子。

科学思想为科学理论的基本命题提供辩护和背景

科学理论由基本概念和基本定理所组成，科学定理可以是某一已证明的定理的推论，或是已知公理的推论，因而可用理论中的公理为其提供背景和辩护。然而公理的基础是什么？它们又由什么为之辩护？回答这些问题必须求助科学思想。

事实上，科学理论的合理性往往是由一种相应的关于自然界本体论的基本命题为其提供背景和辩护的。例如，构成牛顿力学体系的公理的命题是：宇宙是由微粒所构成的质点所组成的，它们通过随距离改变所产生的吸引力和排斥力而相互作用；爱因斯坦的相对论物理学，其公理的基本命题是：自然界是由唯一的统一场所组成的。

新旧科学思想的交替导致科学理论的重大突破

达尔文原先信奉物种不变的思想，他经过历时五年的环球航行，观察到的一系列惊

达尔文

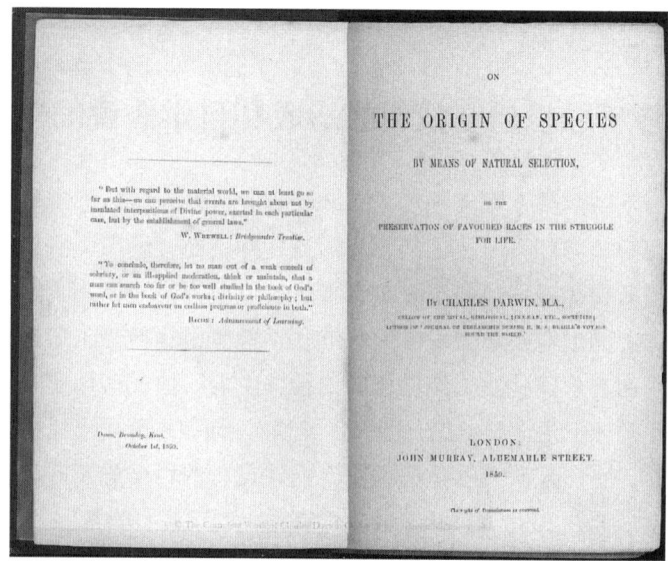
达尔文著《物种起源》

异的事实使他接受了地质学家赖尔（C. Lyell）的渐变论的思想，并把它应用到生物学中，提出了生物进化论。

物理学家普朗克为解决黑体辐射引起的紫外灾难，提出了能量子的概念，触动了原有的对自然界所做的描述的基础，使人们改变了自然界是一种连续的图景的看法，认识到自然界是一种间断的图景，这种新的科学思想为以后量子力学的建立提供了核心思想。爱因斯坦为解决电磁场理论与牛顿力学之间的矛盾时，勇敢地对牛顿的绝对时空观进行了修正，他悟出了时间的同时性是值得怀疑的，找到了解决问题的突破口，创立了狭义相对论，以后又建立起广义相对论，量子力学与相对论是公认的20世纪科学理论取得的最重大的突破。

科学思想是科学工作者必备的科学素质

科学思想在基础科学研究中的地位和指导作用备受关注。爱因斯坦认为探究科学思想很有意义，他说"我们的科学进步得如此之快，以致大多数原始的论文很快失去了它的现实意义而显得过时了，但是，另一方面，根据原始论文来追踪理论（思想）的形成过程却始终具有一种特殊的魅力。"科学哲学家劳丹（L. Laudan）在《进步及其问题》中提出了"研究传统"的概念，认为研究传统都含有表现某种"形而上学"即哲学的信念，这些信念从本体论上涉及自然界中存在的实体和过程，显然这种信念也属于科学思想。理论物理学家霍金（S. W. Hawking）在《时间简史》一书的结尾问道："什么是宇宙的性质？我们在它之中的位置如何？以及宇宙和我们从何而来？为何它是这个样子的？我们采用某种'世界图'来试图回答这些问题。"霍金提出的四个问题其实是科学思想层面上的问题，他称之为"世界图"的，就是科学思想。霍金比同行们站得更高、看得更远，做出了胜人一筹的重大发现，这与他英明地采用"世界图"来开展研究是分不开的。

美国科学促进会于1985年在关于如何提高人才的科学素质的研究报告《普及科学：美国2061计划》中，强调理解和了解科学技术所出现的一些"智慧""原则"（即科学思想）所具有的决定性意义："掌握人类、国家和世界未来命运，在很大程度上依赖于人的利用科学和技术的智慧。科学强调和解释生命体相互间和与物质环境的相互依赖性，培养着自然界的理智之光，人们进行技术使用的决策时应当了解，如果没有理智，人们就会鲁莽地毁灭生命赖以生存的系统。""与上述议题相关的技术原则，如系统特性、反馈和控制的重要性，成本－利润－风险关系，新技术无法避免的副作用，这些原则都向人们提供了一个评价新技术使用及其对环境和文化的影响的坚实基础。如果人们不理解这些原则，就不可能从当前的自我利益的考虑中解脱出来。

2018年2月，国务院颁布了《关于全面加强基础科学研究的若干意见》，开启了我国基础科学研究的新篇章，该意见强调要培养造就具有国际水平的战略科技人才和科技创新人才。引导科学工作者学习和研究科学思想，使其成为必备的科学素质之一，以指导科学研究卓有成效地开展，是培养造就科技英才的重要方面。我们期待越来越多的科学工作者继承"研究传统"和采用"世界图"开展研究，不断取得基础科学研究的重大突破。

（陈敬全）

努力向公众讲好自然辩证法的故事

2020年是恩格斯诞辰200周年。纪念伟人最好的方式是学习他的光辉思想。恩格斯是自然辩证法的创始人。自然辩证法作为马克思主义哲学的一个分支学科,主要内容有辩证唯物主义的自然观、科学方法论和科学技术观。

上海是中国最早传播这门学科的城市。1932年,上海神州国光社出版了恩格斯《自然辩证法》的第一部中译本(根据苏联1925年首次出版的《自然辩证法》德俄对照本译出)。20世纪30年代,设立于上海的中国社会科学家联盟在宣传马克思主义哲学的过程中,也介绍了自然辩证法。

恩格斯

新中国成立以来,自然辩证法学科重点研究马克思主义哲学对自然科学发展的指导意义,在科学界、哲学界不断扩大影响。1960年5月,上海自然辩证法研究会成立。改革开放以来,在上海自然辩证法学科建设全面展开,学术研究活跃,国内外学术交流扩大,结合现代科学技术的新进展,借鉴西方现代科学哲学理论,丰富和发展马克思主义自然辩证法,涌现出大批优秀学术成果。

历届上海自然辩证法研究会注重宣传自然辩证法。自1978年起在高校开设了自然辩证法课程,指导学生学习恩格斯的光辉思想,对帮助他们开展专业学习和提高科学研究能力收到了良好的效果。研究会还努力向公众普及自然辩证法,普及工作具有十分重要的意义。

第一,公众学习自然辩证法,有助于提高哲学素养,对辩证唯物主义有全面的认识。他们认识到,历史唯物主义揭示了辩证法是人类社会发展的规律,自然辩证法则揭示了辩证法是自然界发展的固有规律;历史唯物主义和自然辩证法一起完整地组成了辩证唯物主义。

公众更深刻地理解辩证唯物主义,更牢固地树立辩证唯物主义世界观,运用辩证法的立场、观点和方法去看待自然界的存在方式、演化和发展、人和自然的关系;看待科学认识的过程和方法;看待科学和技术对社会发展所起的作用,以及与社会经济政治文化

《自然辩证法》第一部中译本

等的相互关系，形成正确的自然观、科学方法论和科学技术观。

第二，提高公民的科学素质。公民具备的基本科学素质指"了解必要的科学技术知识，掌握基本的科学方法，树立科学思想，崇尚科学精神，并具有一定的应用它们处理实际问题、参与公共事务的能力。"自然辩证法是马克思主义关于科学的理论成果的概括和总结，公众通过学习，可以获得自然科学多学科的知识和技术知识。他们借鉴科学家在探索自然界奥妙、建立起科学理论的过程中使用的各种方法，在工作和生活中遇到问题时，会借助科学调研、科学分析、制定方案、科学管理和决策的方法，找到及时解决问题和妥善化解矛盾的有效途径，从而提高实践活动的自觉性，增强处理实际问题、参与公共事务的能力。自然辩证法是科学思想的宝库，其中有关于自然界本体论、自然界运动变化规律、科学技术的社会作用等方面丰富的思想。科学家们在科学探索活动中表现出了高尚的人品和风格，卓越的科学精神，如求真精神、理性精神、求实精神和创新精神等，公众学习科学家的事迹和弘扬科学精神，获得坚强的精神支撑和维系，在各自岗位上克服困难不断取得事业上的成就。

第三，增强公民生态文明建设的自觉性。20世纪以来，现代科学技术空前发展，在给人类带来福祉的同时，也带来了全球问题，如气温升高、资源浪费、环境污染、生态破坏等。如何看待科学技术的负面效应、解决这些问题，公众学习自然辩证法会得到有益的启示。恩格斯指出，人类活动具有的反生态意识，导致自然的生态恶化而遭到了自然界的报复，他提出了自然辩证法的整体性生态思想：对自然的改造要做到顺应自然、善待自然，遵循自然规律，尊重自然界自身的生态价值。他的思想为建设社会主义生态文明提供了理论指导，公众更自觉地实现生产方式、生活方式和发展方式的转变，坚持走人与自然和谐共生的生态优先和绿色发展之路。

第四，增进公民参与科学决策的意识和能力。在新时代，我国要全面建成小康社会和社会主义现代化强国，实现科学技术的现代化是关键。在大科学时代，科学技术的发展出现了新的特点，以唯物辩证法为指导，制定适应大科学时代发展科学技术的方针和政策十分重要。自然辩证法对科学技术观的研究、揭示科学技术发展的规律，为国家科学技术方针政策的制定，科学技术发展的规划，对于科学技术工作的领导和管理提供了科学基础。公众学习科学技术观，能加深对国家科学技术方针、政策的理解，提高参与科学决策的意识和能力，结合自己的工作和生活实际，更自觉地贯彻和执行这些方针、政策。

多年来，上海自然辩证法研究会在宣传和普及自然辩证法方面做了大量的工作，形式多样、卓有成效。研究会认为，推进自然辩证法大众化，使它贴近实际、贴近公众、贴近生活，真正为大众所理解和接受，是当前的重要任务。研究会倡议：及时获得公众关心的相关热点问题和公共话题，从自然辩证法层面给予回答和引导，引起公众在心理上的"共鸣"，努力使自然辩证法和历史唯物主义一道，成为公众认识世界的自觉思想武器；不断创新传播的形式，讲好自然辩证法的故事，如革命导师在创立自然辩证法过程中的故事、科学家认识自然界发展变化、处理人和自然关系的故事，他们做出科学发现的故事、他们献身国家科技事业的故事等；要把深奥的哲学理论通俗化，把枯燥的原理趣味化，用群众听得懂的语言，讲群众听得懂的道理，为他们认识自然和现实世界提供正确的理论先导，使群众接受和学习马克思主义哲学（自然辩证法和历史唯物主义）成为社会文明进步的自觉过程。

（陈敬全）

"互联网思维":一种拓展的辩证思维

在(移动)互联网+、大数据、云计算等科技不断发展的背景下,人们对市场、用户、产品、企业价值链乃至对整个商业生态进行重新审视,引起了思考方式的深刻变化。

"互联网思维"——一种新的思维方式

最早提出互联网思维的是百度公司创始人李彦宏。在百度的一个大型活动上,李彦宏与传统产业的老板、企业家探讨发展问题时,首次提到"互联网思维"这个词。他说,我们这些企业家今后要有互联网思维,可能你做的事情不是互联网,但你的思维方式要逐渐像互联网的方式去想问题。如今,这种观念已经逐步被越来越多的企业家甚至企业以外的各行各业、各个领域的人所认可。

互联网时代的思考方式是广泛的,是泛互联网,不单指桌面互联网或者移动互联网,也不局限在互联网产品、互联网企业。未来的网络形态将是跨越各种终端设备的,如台式机、笔记本电脑、平板、手机、手表、眼镜等。

因此,互联网思维的发展也势必具有普遍的社会意义。由资深风险投资人、自媒体运营

《互联网思维到底是什么——移动浪潮下的新商业逻辑》

者——大象、蔡博士与飘泊一柳三人写就的《互联网思维到底是什么——移动浪潮下的新商业逻辑》,基于丰富的行业案例与实战积累,首度提出:互联网思维是相对于工业化思维而言的,它创造了一个新的生态系统,开启了一个新的时代。这个时代是去中心、异质、多元和感性的。

一般认为,计算思维、实验思维和理论思维是人类三大科学思维方式,互联网思维开辟了网络思维这一新的思维方式。有人把网络思维与前三种思维并列为第四种思维。

"互联网思维"之所以是一种新的思维方式,是因为它基于一种新的科学技术基础。人类的每一种思维都有其科学技术基础。在"互联网思维"背后的是移动互联

发展的力量。在 20 世纪 70 年代进入的 PC（personal computer，个人计算机）时代，每人每天在线时间平均 2.8 小时，而在 2000 年后进入的移动互联网时代达 16 小时。各种 APP 应用的发展使移动互联网深入个人的生活细节。这意味着信息流的传播方式发生了改变，信息传递更透明、速度更快。支付宝、余额宝、电视盒子、打车软件、航班管家、快捷酒店管家等促使我们的生活方式产生了根本的改变，相应地，也必然从根本上改变了人们的思维方式。人类的思维开始从传统的思维方式向"互联网思维"方式转换。

诚然，任何一种思维方式都不是孤立的，"互联网思维"也同样，它与计算思维、实验思维和理论思维融为一体，势必拓展前三种思维，并将人类的思维提升到一个更高的水平。

"互联网思维"——一种辩证思维

从思维的特点这一角度去探讨，"互联网思维"的实质是一种拓展了的辩证思维。

辩证思维是成熟的、高水平的理论思维。辩证思维的根本特征，在于以辩证的（即联系和矛盾的）观点看待客观事物和人类思维，其实质在于"辩证"二字。主要体现为：第一，具体性，即辩证思维必须是具体思维，辩证思维形式必须体现对象的多样性的统一；第二，系统性，即辩证思维必须是全面的、系统的思维，必须是对事物多形态、多侧面、多关系、多层次的综合把握；第三，灵活性，即辩证思维必须是综合把握事物发展趋势的思维，是对事物系统发展的动态过程的把握，必须体现对象运动的灵活性与确定性的统一。概言之，辩证思维就是具体的思维、全面的思维和灵活的思维，这种思维是思维的高级阶段。不经过思维的反复磨炼、切磋，不到思维的成熟阶段，是不能形成系统辩证思维的。

而全面性、具体性、灵活性正体现了"互联网思维"的基本特征。

互联网的本意体现了辩证性。互联网（internet），又称网际网络或音译因特网、英特网，是网络与网络之间相互连接而成的庞大网络，这些网络以一组通用的协议相连，形成逻辑上的单一巨大国际网络。在"网络互联"基础上发展出的全球性互联网络是互相连接在一起的网络结构。互联网的覆盖全面性正体现了辩证的基本特征。

"互联网思维"对辩证思维的拓展

"互联网思维"不仅具体体现了辩证思维的基本特征，而且对辩证思维做了新的拓展，表现如下：

其一，从个体思维向社会思维和群体思维拓展。

如果说，以往，当我们探讨辩证思维时，较多地是着眼于个体思维角度的话，那么，当我们谈及"互联网思维"时，则一定立足于社会思维或群体思维。因为离开社会或群体，是谈不上"互联网"的。

在此，我们不妨以"互联网+"具体说明这一点。"互联网+"是互联网发展的新形态、新业态，是知识社会创新推动下的互联网形态演进及其催生的经济社会发展新形态。"互联网+"作为互联网思维的进一步实践成果，它代表一种先进的生产力，推动经济形态不断发生演变，从而为社会经济的改革、创新、发展提供广阔的网络平台。

通俗来说，"互联网+"就是"互联网+各个传统行业"，但这并不是简单的两者相加，而是利用信息通信技术以及互联网平台，让互联网与传统行业进行深度融合，创造新的发展生态。亦即充分发挥互联网在社会资源配置中的优化和集成作用，将互联网的创新成果深度融合于经济、社会各领域之中，提升全社会的创新力和生产力，形成更广泛的以互联网为基础设施和实现工具的经济发展新形态。几十年来，"互联网+"已经改造及影响了多个行业，当前大众耳熟能详的电子商务、互联网金融、在线旅游、在线影视、在线房产等行业都是"互联网+"的杰作。

显然，这样的"互联网思维"必然是覆盖全社会至少覆盖多个社会群体的思维。

其二，从理论思维向情感思维拓展。

以往，传统逻辑所涉及的辩证思维多半局限于理论思维范围，而"互联网思维"实现了从理论思维向情感思维的拓展。

以前有一本试图解释男女吵架思维模式的工具书——《男人来自火星，女人来自金星》，书中讲到男人外表强硬，但思维简单，属于线性思维；女人外表柔弱，但思维呈网状，敏感，富有想象力。

互联网用户正越来越多地体现女性的特征。也就是说，人们更在意产品的情感属性、个人品位。而情感只能感知、体察和揣摩，却不能通过通常的推论得知。有一句话"用户只会抱怨，却不知道自己真正需要什么"，说的就是这个道理。

据说，一家企业准备设计一款更贴近消费者的女士用包，就派出市场人员去调研，发现女孩子每次从包里找东西都显得非常费劲，所有的数据都证明现在的女包设计不合理，应该有更多的隔层。于是，企业马上推出了一款有更多隔层的女包投放市场，广告也没少打，市场就是没起来。企业只好求助营销专家，专家一通研究以后发现，原来是女人就喜欢享受从包里慢慢找出东西的过程。

可见，这里所说的"女性"是一种隐喻、一种思想特质。从某种意义上说，"男/女"，与"左脑/右脑""理性/感性"具有同样意义。"女性"思维往往是以情感和体验为导向的，有时甚至不需要经过逻辑论证，而是一种直觉反应。在凸显个性的互联网时代,人们思维中的个性化情感因素也更为凸显。在互联网背景下,辩证思维不仅要强调理论思维的全面性,还应该注重理论思维和情感思维的交融。

(贺善侃)

贺善侃 1947年生。东华大学人文学院、马克思主义学院教授、博士生导师。全国价值哲学研究会、全国辩证逻辑专业委员会常务理事,上海市逻辑学会原副会长。长期从事马克思主义哲学、科技哲学、辩证逻辑等学科领域的研究与教学。曾在报刊发表论文560多篇。出版学术专著、教材40多本。主持或参与完成国家社会科学基金项目、教育部社会科学基金项目和上海市社会科学基金项目多项。学术成果获省部级奖项数十项。

个人感悟 敬业、博学、创新——现代人必备的三种素质,通往成功的三条必要途径。

从无限宇宙观到宇宙大爆炸的认识转变

宇宙本身是天文学研究的最大目标。大爆炸宇宙论认为，宇宙从一个极小的点上诞生，一直膨胀成长为现在的宇宙，这一理论为许多观测证据检验和支持，被科学界广泛接受。它颠覆了牛顿力学对宇宙的推测，推翻了宇宙是无限的观念。

牛顿的推测：宇宙是无限的

牛顿发现万有引力定律后，有人向他提出了一个问题：万有引力如果应用于整个恒星世界，在吸引力的作用下，它们是否会被撕裂或撞到一起，导致宇宙的毁灭？

牛顿仔细思考了这个问题，他认为如果仅有万有引力而我们的宇宙看起来又是永恒的和静态的话，那么宇宙应该是无限而且完全均匀的；在这样条件下，任何一颗恒星都会受到各个方向均等的引力作用，所有的力都是平衡的。因此，牛顿推测，宇宙空间无穷无尽，时间均匀流动，没有起点也没有终点。

对于牛顿同时代的人来说，这种绝对时空、无限宇宙是可以接受的。毕竟，永恒这个概念是符合古希腊以来的哲学观念，数千年来的星空总是那样平静安详，不曾发生（显著）变化，宇宙看起来永远都是那个样子。"无限宇宙观"——连牛顿自己也不敢肯定的一种推测被普遍接受，长期以来成为哲学家们讨论世界规律的基础。

爱因斯坦的失误：默认"无限宇宙"

爱因斯坦在1905年提出的狭义相对论推翻了牛顿的"绝对时间和绝对空间"的概念，证明时间和空间的性质并非像牛顿设想的那样，而是彼此有联系的，从而创造了"时空"（spacetime）这个词；1915年他建立起广义相对论，更新了引力理论，证明牛顿万有引力定律只是在引力不太强的条件下适用。

爱因斯坦意识到，在广义相对论框架下，宇宙同样不应该是静态的。但是爱因斯坦仍然把牛顿时代形成的"无限宇宙"作为默认的事实，他在1917年的论文《使用广义相对论的宇宙学思考》中，往方程里添加了一项"宇宙学常数"，这是一个反引力项，从而跟物质之间的引力达到平衡，让宇宙"稳定"下来。爱因斯坦的"画蛇添足"，让他跟发现"宇宙不稳定"失之交臂。

不过，爱因斯坦的失误是可以理解的。毕竟，那时的科学家们还没有发现星空里的剧烈变化；揭示恒星演化规律的"赫罗图"才刚刚发表；天文学家们还没有理解恒星究竟是如何演化的，连它们的能量来源都不知道；许多人认为组成宇宙的基本"团块"是恒星，而不是星系，直到 1924 年，哈勃（E. P. Hubble）才通过对造父变星（Cepheid variable stars）的观测证明仙女星云是河外星系，是跟我们银河系同等量级的恒星集团。

大爆炸宇宙学——新的宇宙观

俄国物理学家弗里德曼（A. Friedmann）和比利时物理学家勒梅特（G. E. Lemaitre），接受了广义相对论方程所揭示的"宇宙不稳定"。弗里德曼在 1922 年提出了宇宙演化的可能性；勒梅特在 1927 年提出了"原初原子"的概念，也就是宇宙是从极小体积里高温高压状态的物质开始膨胀和演化的。

哈勃

弗里德曼

勒梅特

1929年，哈勃提出了哈勃定律——星系看起来都在离我们远去，而且距离越远，远离的速度越高。这一结论表明，包括银河系在内，整个宇宙正在膨胀，这也就意味着，在过去某个时间，整个宇宙曾经聚集在一起。这是20世纪天文学最重要的发现之一。

二战之后，弗里德曼的学生、移居美国的伽莫夫（G. Gamow）计算了"原初原子"的物理状态，他在1948年指出氢、氦元素就诞生于早期宇宙。他和他的学生将相对论引入宇宙学，提出了膨胀宇宙学模型：宇宙最初开始于高温高密的原始物质，随着宇宙膨胀，温度逐渐下降，形成了现在的星系等天体，并预言了宇宙微波背景辐射的存在。

英国天文学家霍伊尔（F. Hoyle）等对伽莫夫的理论表示怀疑，他们创立了"稳恒态"理论，认为宇宙一边膨胀，一边保持表面上的稳定不变。霍伊尔嘲讽伽莫夫的理论为"大爆炸"（big bang，即嘭的一声响的意思），这个生动形象的比喻使伽莫夫的理论为更多人所知，"大爆炸宇宙学"由此诞生。

到20世纪60年代，随着类星体和宇宙微波背景辐射的发现，大爆炸宇宙学终于获得了支持。类星体是遥远的强射电源，它们的分布表明，宇宙存在演化过程；温度为3K（绝对温标）的微波背景辐射是弥漫在整个宇宙的一种微弱的电磁辐射，符合大爆炸宇宙学的计算预言，大爆炸宇宙学成为公认的科学理论。这个理论表明，我们的宇宙是有限的，它有一个开端，宇宙的年龄约为138亿年，太阳系已有50亿年的历史了。

思想观念更替：跟上科学前进的步伐

霍伊尔等提出的稳恒态理论宣告失败。他们企图用凭空出现的粒子来填补"哈勃膨胀"形成的虚空，这不符合已有的物理基础理论，他们试图挽救牛顿"无限宇宙"是徒劳的，这说明"无限宇宙"的图景在许多人的头脑里根深蒂固。

"大爆炸宇宙学"强烈冲击了长时期以来广为接受的"无限宇宙"的哲学观念，实际上，科学和哲学之间互动非常频繁，因为哲学和科学的共同基础就是要提出问题，追究真相。当我们发现更新的证据时，以前的理论无论是谁提出来的，都有可能被推翻。亚里士多德时代如此，牛顿时代如此，现代也是如此。相对论、量子力学、大爆炸宇宙学等现代科学颠覆了以往我们对于物质、时空、宇宙性质的认识，迫使哲学家们必须理解这些科学概念，转变已有的观念。哲学家怀特海（A. N. Whitehead）说："如今，如果你要研究哲学，就先学习现代物理吧。"（这句话可以看作柏拉图学园"不懂几何者请勿入内"的现代版。）

不过在大众层面上，观念的转变就姗姗来迟了。我们在一些思想政治课本上依然可以读到"宇宙是无穷无尽的，空间没有边际，时间没有起点和终点"的论断。有趣的是，霍金的《时间简史》在1988年出版时，同步翻译成了中文版，但国内对出版这本书拿不定主意，迟至1992年才作为《第一推动丛书》的第一本推出。正是霍金，把

霍金

《时间简史》中译本

"宇宙大爆炸"这个概念第一次带给了千千万万的中国读者。

用大爆炸宇宙论也可解释为什么我们会有"永恒"的观念：我们的太阳和地球自诞生起已经 46 亿年了，恐龙都灭绝了 6 500 万年了，这样长的时间段是我们难以想象的。中国传说中最年长的彭祖也只活了八百岁，我们的平均寿命也不过七十多岁，短暂的生命看到的是不怎么变化的自然现象、社会形态，思想认识就近乎是"永恒"的了。

作为普通人，我们应该跟上科学前进的步伐，对我们身处其中的这个宇宙多一些了解，改变"宇宙无限""世界永恒"的观念，拓宽我们的视野，开阔我们的眼界，以适应一日千里、千变万化的时代潮流。

（孙正凡）

"人类世"的确立：善待地球、协调人与自然的关系

2019年5月《自然》杂志发布消息称，由34名科学家组成的人类世工作组（AWG）投票决定确立一个新的地质年代——人类世（Anthropocene），29名工作组成员支持，赞成以20世纪中期为人类世的起点，以表明人类活动对地球造成的巨大影响。

人类世确立的科学依据

人类世是地球历史年代划分的单位，地质年代表按照宙、代、纪、世的系统来编排地球历史，例如，1.2万年前开始的全新世在表格里的位置是"显生宙、新生代、第四纪、全新世"。第四纪自200多万年前开始，分为更新世和全新世，更新世有200多万年，而全新世只有1.2万年。

人类为便于研究自己，把相关地质年代的时段划分得更频密一些。人类世这个新"世"的建立，多少反映了地质学家的"人类"情结，如果说更新世是人类登上地球历史舞台的标志，全新世是人类显著影响地球环境的时期，那么人类世可视为人类在地球环境演化中占主导地位的时期。

之所以把20世纪中期作为人类世的起点，因为当时人口快速膨胀，工业生产步伐加快，农业化学大量使用，核武器试验频繁，人类的其他活动加剧，人类活动控制了环境的演化进程，在地质记录上留下了鲜明的印迹。

大气层发生了变化。在全新世将近1.2万年间，气温、海平面和二氧化碳水平保持相对稳定，大气中的二氧化碳占比在260 ppm～280 ppm。统计数据显示，从2005年起二氧化碳占比已经攀升至379 ppm，目前二氧化碳占比已经上升到405 ppm。温室气体排放量迅速增加，预计到21世纪末，海平面升高可能达到60～110厘米。

动植物物种数量锐减。过去地质年代的变换导致物种要努力适应新的环境，因此常伴随着大灭绝事件。自工业社会以来，人类的活动扰乱了生物圈，动物栖息地和植物生存环境遭到严重破坏，加上人类的过度消耗，动植物的许多物种消亡。据世界自然保护基金会发表的地球资源状况报告，在过去30年间，地球上的生物种类减少了35%，其中淡水生物种类减少了54%，海洋生物种类减少了35%，森林物种减少了12%。

核爆炸产生的放射性尘埃在全球范围内扩散，进入沉积物和冰川冰中，成为地质记录的一部分。从地质学的角度看，没有哪种标志物像它那么明显，比它更具全球同步性。

人类建造了矿场、道路、城镇和城市，不仅改变了地球表面，也创造出越来越复

地质年代表

代	纪	世	距今大约年代（百万年）	主要生物演化
显生宙				
新生代	第四纪	全新世	现代 0.01	人类　现代植物
		更新世	2.4	
	第三纪	上新世	5.3	哺乳动物
		中新世	23	
		渐新世	36.5	被子植物
		始新世	53	
		古新世		
中生代	白垩纪	晚 中 早	65	爬行动物
	侏罗纪	晚 中 早	135	
	三叠纪	晚 中 早	205	裸子植物
古生代	二叠纪	晚 中 早	250	两栖类
	石炭纪	晚 中 早	290	
	泥盆纪	晚 中 早	355	蕨类植物
	志留纪	晚 中 早	410	鱼
	奥陶纪	晚 中 早	438	裸蕨类植物
	寒武纪	晚 中 早	510	无脊椎动物
元古宙	元古代	震旦纪	570	
			800	古老的菌藻类
			2500	
太古宙	太古代		4000	

杂的材料和工具，它们的碎片被埋葬在沉积物中，将形成未来岩石的一部分。粗略估计人类建造过的所有东西的重量是 3 000 万兆吨，这些物体的残留物会在岩石中存在数百万年。

一座座新城市拔地而起，城市的快速扩张正在吞没大片原野，这带来了很多地质响应：地表径流阻断、大气污染、水体污染，与人类活动有关的地质灾害频发，地表环境变得脆弱。

全球变暖、生物灭绝、核武器、化石燃料、肥料、新材料、地层改变等成为人类世开始的七大标志。

人类世确立的警示作用

人类世代表了人力和自然力相互交织的地球历史的崭新阶段，确立人类世这一新的地质时代，是为了提醒人们注意：人类作为一种地质营力，自工业革命以来的作用日益加强，人类营力对地球所造成的影响已经超过了自然界的地质营力。人类活动正在成为改变地球面貌和环境的重要力量，对地球演化的影响日趋显著。

人类的命运与地球历史息息相关。地球是人类之母和生命的摇篮，它为生命的诞生和延续提供了适宜的温度、新鲜的空气、清澈的水分和生存所必需的各种养分。人作为自然界的存在物，不仅仅是被动地接受自然界的恩赐，而且能动地改造自然，人与自然相互作用、相互影响。在农业社会，人与自然的关系在整体上保持和谐。在工业社会，人与自然的关系发生了根本性的变化。尤其是 20 世纪中期以来，科技加速发展和生产力水平的迅猛提高，使人对自然具有巨大的干涉能力，自然界成为人类征服与掠夺对象的"异类"，人们毫无顾忌地从自然界获取了难以计数的物质财富并肆意挥霍，对自然平衡的破坏超过了自然界的再生能力和自我调节能力，而自然对人类的报复也是毫不留情：气候变暖、灾害频发、资源匮乏、环境污染、生态失衡、核战争威胁等所谓的"全球性问题"已经严重危及人类的生存。人类活动在地质记录上留下的鲜明印迹，其实也是警告人类有可能遭受"灭顶之灾"的信号！

人类世确立的积极意义

"人类世"的确立，表明人类有智慧、有预见能力，不会放任任何重大变化发生而坐视不管。在今天，人们正认真厘清人与自然的关系，越来越清醒地意识到人对自然界既有独立的一面，又有依赖的一面；自然界既是人们改造的对象，又是人类生存的环境；人既是自然界的组成部分，又是它的积极改造者，而"改造"必须有一个合理的界定；人和自然之间应当建立一种动态平衡、相互协调的关系。而"可持续发展""科学发展""绿色发展"等先进理念的提出，对于建立人与自然和谐的矛盾统一关系，具有里程碑意义。

在今天，"善待地球，关爱生命的家园"的理念已不仅停留在口号上，而且付诸实践。1990年4月22日，全世界140多个国家，2亿多人同时举行多种环境保护宣传活动。以后，联合国把每年的4月22日定为"世界地球日"。我国政府积极响应，自1991年起，每年"地球日"都确定一个主题，在全国开展活动。2019年的主题是"珍爱美丽地球，守护自然资源"，2020年的主题是"珍爱地球，人与自然和谐共生"，2021年的主题是"修复我们的地球"。令人鼓舞的是，多年活动的开展，"对待地球，不要贪婪地夺取，不要奢靡地享受，而是要给予更多的关爱"已日益深入人心，正化为亿万人的自觉行动。

（陈敬全）

在抗击病毒疫情下重温恩格斯光辉的生态思想

2020年是伟大的革命导师恩格斯（1820—1895）诞辰200周年。在举国上下全力抗击新型冠状病毒之际，我们重温恩格斯的生态思想，倍感他的思想在今天依然熠熠发光。

新型冠状病毒与人对自然界的干预

新型冠状病毒感染的肺炎疫情得到了有效的遏制。专家们在追踪新型冠状病毒的来源，2020年2月24日，中国-世界卫生组织联合专家考察组根据相关资料提示，蝙蝠有可能是这个病毒的宿主，穿山甲可能是中间宿主之一。

病毒从野生动物传染到人，是一个非常复杂的过程，其中包括动物病毒的突变。2003年非典（SARS）流行，科学家在野生动物市场的果子狸体内分离和检测到了和SARS病毒完全一致的病毒，果子狸是SARS冠状病毒的中间宿主，真正源头是来自云南岩洞里的蝙蝠。

我们不能怪罪于野生动物。每种动物身上都可能有某种病毒，而自然界会保持一定的平衡，任病毒与动物相安共处。但人类的活动，如农业生产、人口迁移、都市化、砍伐森林和修筑堤坝等干预了野生动物，破坏了这种平衡，就可能提供病毒变异的机会，使得病毒能从动物宿主传播给人。例如，丛林热是在修建巴拿马运河时，工人砍伐热带雨林接触黄热病毒的传播媒介而引起的。又如，尼巴病毒原本存在原始热带雨林中的果蝠身上，由于人类不断砍伐雨林，果蝠失去栖息地，飞到人类居住地，将病毒沾到水果上，随后又传给人。

从2003年的SARS（重症急性呼吸综合征）到今天的新型冠状病毒，一次次疫情暴发给人们敲响了警钟，非法捕食野生动物是对生态系统的破坏，对于人类的健康带来极大的风险。

人类的活动不但干预了野生动物，也干预了自然界的许多方面，接连不断地破坏了自然界的平衡，导致生态危机日益严重：气候变暖、洋面上升；土壤流失和沙漠化；森林资源锐减；生物物种加速灭绝、动植物资源匮乏；空气、水资源遭污染，有害废弃物危害人类健康；等等。

树立恩格斯辩证的生态世界观

恩格斯早就察觉了人类活动具有的反生态意识，以及自然生态恶化对人类自身的报复。他警告"不要过分陶醉于我们人类对自然界的胜利。对于每一次这样的胜利，自然界都对我们进行报复"。他以美索不达米亚、希腊、小亚细亚等地为例,这些地方的农民为了获得耕地,毁坏了森林,但这些耕地最终变成了不毛之地。

恩格斯指出人类和自然界相处必须遵循自然生态价值。他认为,人和动物与自然界打交道有本质的不同,人"通过他所做出的改变来使自然界为自己的目的服务,来支配自然界",但人和自然密不可分:没有脱离自然的历史,也没有脱离历史的抽象自然。他指出科学的生态价值观在于坚持以实践为基础把握人与自然之间的辩证关系,人类对自然的实践改造必须做到顺应自然、善待自然、遵循自然规律、尊重自然界自身的生态价值。

恩格斯区分了两种形态的生态危机。在传统的生产方式中,人类在有限的范围内作用于自然,出现的生态危机是局部的。而以追求剩余价值为目的的资本主义生产方式具有反生态本性,对自然生态破坏的深度和广度都达到了历史的极致。他认为,资本主义不合理的社会关系导致了人与自然之间关系的异化,是生态危机的罪魁祸首。只有实现社会制度的变革,建立新的生态制度,才能真正实现自然的解放,重塑人与自然的和谐关系。

恩格斯肯定了生态学创立的意义,然而生态学的自然观必须提升为辩证自然观,需要培养自觉的自然辩证法意识,只有以对自然界复杂性、整体性、生成性的辩证关系的认识取代过去对自然界的简单化、片面化的观点,生态学理论才具有坚实的哲学基础——辩证的生态世界观基础。

学习恩格斯的整体性生态思想

树立辩证的生态世界观、科学的生态价值观和建设新的生态制度,是恩格斯自然辩证法的整体性生态思想的要义。他的思想为我们建设社会主义生态文明提供了理论指导。

坚持人与自然是"生命共同体"的认识。习近平总书记指出:"山水林田湖是一个生命共同体,人的命脉在田,田的命脉在水,水的命脉在山,山的命脉在土,土的命脉在树。"山水林田湖和人组成了一个整体性、复杂性、变动性和具有内在的辩证关系的生态系统。要树立整体性的生态世界观,按照生态系统的内在规律,统筹考虑自然生态各要素,进行整体保护、宏观管控、综合治理,维持生态平衡、维护生态功能,达到系统治理的最佳效果。

坚持"人与自然和谐共生"和"绿色"发展理念。习近平总书记指出:"人因自然而生,人与自然是一种共生关系。"我们要建设的现代化是人与自然和谐共生的现代化,要以科学的生态价值观指导,尊重自然规律,防止在开发利用自然上走弯路。实现生产方式、生活方式和发展方式的转变,努力探索人与自然和谐共生的生态优先和绿色发展之路。牢记习近平总书记"青山绿水就是金山银山"的教导，在发展中保护、在保护中发展，实现经济社会发展与自然、资源、生态环境相协调。

坚持用最严格制度和法治保护生态环境。习近平总书记指出："只有实行最严格的制度、最严密的法治，才能为生态文明建设提供可靠保障。"要加快制度创新，建立起产权清晰、多元参与、激励约束并重、系统完整的生态文明制度体系；着力破解制约生态文明建设的体制机制障碍；强化制度执行，让制度成为刚性约束和不可触碰的高压线。

令人鼓舞的是，我国立法机关为打赢新型冠状病毒疫情阻击战、保障人民安全健康提供了有力的立法保障，2020年2月24日，全国人大常委会通过了《关于全面禁止非法野生动物交易、革除滥食野生动物陋习、切实保障人民群众生命健康安全的决定》。《决定》回应了自疫情发生以来，社会各界对滥食野生动物的突出问题和构成公共卫生重大隐患的广泛关注，对于提高全民生态保护和公共卫生意识，保护野生动物，推动生态文明建设，促进人和自然的和谐共生，具有十分重要的意义。

（陈敬全）

在全国低碳日重读里夫金的低熵社会论

里夫金

《熵：一种新的世界观》

2020年7月2日全国低碳日的主题是"绿色低碳，全面小康"。"低碳"是指尽可能地减少煤炭石油等高碳能源消耗，减少温室气体排放。上海开展了主题宣传活动，从衣、食、住、行、用五个方面出发践行低碳环保，促进可持续消费社会新理念和新风尚的形成。宣传活动受到公众的欢迎，取得了良好的效果。

在低碳活动日里，我们想起了美国学者里夫金（J. Rifkin）等人提出的低熵社会论。在40多年前的1981年，他们写了《熵：一种新的世界观》一书，今天我们读来，仍然能得到有益的启示。

"熵增"与世界混乱程度的加大

里夫金他们认为，环境的能源状况对历史变迁具有重要作用，能源是社会发展重要的自然基础。欧洲在中世纪向近代工业社会的转折，与能源状况密切相关：中世纪作为主要能源的木材濒临枯竭而造成的"能源危机"，导致煤成为主要的能源，推动了蒸汽机的出现和近代技术的发展，引发工业革命和近代社会的变迁。

他们从熵增原理出发，认为人类社会的进展不一定意味着更为富饶和进步，而可能是退化和粗俗。熵是热力学中表征物质状态的参量之一，它是对体系混乱程度的度量。根据热力学第二定律，在孤立系统中，体系与环境没有能量交换，体系总是自发地从有序走向无序、向混乱度增大的方向变化，使整个系统的熵值增大，此即熵增原理。

从表面上看来，人类社会在不断进步，社会生产是朝着效率越来越高的方向发展；但实际上，每一项新技术都在加大能量的消耗，加速了熵增的过程，增大了世界的混乱程度。从狩猎、采集型社会过渡到农业社会，人类经过了几百万年的能量消耗；而农业社会过渡到工业社会却只有几千年。在工业社会最近的几百年内，人们几乎耗尽了地球上的不可再生能源，如煤炭和石油等。高技术的信息社会是人类面临的最后的熵的分界线，人们把希望寄托在信息社会上，都认为信息把混乱变成了秩序：从砂子提炼出硅，再用硅原料制成集成芯片和计算机。但事实上，信息技术在应用的过程中都伴随密集的能量损耗，这导致了自然界熵值不断增大，并趋向无穷大。要进一步从环境中取得可利用的能量变得越来越复杂、越来越困难和昂贵，全球问题如气候变暖、人口问题、生态环境恶化、经济衰退等都与此有密切的联系。

新能源的利用与"低熵社会"的实现

里夫金他们期待现代社会将面临新的转折，因为每一种特定的能源都有一类与之相适应的技术类型，新的能源出现必须要有新的技术类型，要求社会按照新的方式组织生产活动和生活，从而进一步影响世界秩序的变化。新的能源，如太阳能的出现和广泛利用，将使现代工业文明赖以依存的动力技术基础失去效用，太阳能时代不再保持石油时代高度集中和规模巨大的生产活动，由此也不可能生产出像现代西方国家那样能供肆意挥霍的物质产品。

他们从熵的观念出发来看待全球问题，提出了"一种新的世界观"：为保证人类社会的持续发展，现代社会必须发生根本的转折，如果把工业社会称为"高熵社会"，那么现在应该提倡实现"低熵社会"。低熵社会是人类在自觉遵守热力学第二定律基础上建立的新颖的社会模式，在低熵社会里每个人都善待万物，自觉抑制贪欲的本能，改变无节制地追求财富、耗费能源的社会陋习，在满足基本物质生活条件下追求高尚的精神文化生活方式。

诚然，里夫金他们的低熵社会论有值得商榷之处，如他们的观点带有技术悲观主义的色彩；把能源危机和环境危机等同于"发展危机"；为降低能量消耗、实现低熵，主张经济零增长的消极做法；等等。

走"低熵"之路与新的世界观的确立

里夫金他们的合理思想在今天仍不乏警示作用。据国际能源署在 2019 年颁布的《2018 年全球能源消费报告》显示，在 2018 年，世界一次能源消费总量为 143.01 亿吨油当量，其增速接近 2010 年以来年均增速的两倍。在一次能源消费中，石油占比 31%，煤炭占比 26%，天然气占比 23%。三种传统化石能源共占 2018 年世界一次能源消费总量的 80%，这就是说当今世界的能源消费仍处于传统的化石能源时代。而这种能源消费方式使全球问题愈演愈烈，世界气象组织发布的全球气候状况指出，2018 年全球平均温度较工业化前水平高出约 1℃，成为有海洋观测记录以来海洋最暖的年份，全球平均海平面比 2017 年上升约 3.7 毫米；北极和南极海冰范围均较常年同期明显偏小。全球与气候相关的灾害发生次数为 1980 年以来最多,所造成的损失超过全球自然灾害经济损失总量的 90%;洪水造成的受灾人数超过 3 500 万人;高温、热浪、干旱和风暴导致数百万人流离失所;极端天气气候事件频发,对粮食安全、人体健康及自然生态系统带来重大的威胁。

人类必须警觉,煤和石油一类最重要的能源将要耗尽,要开辟新的再生能源,迎接能源环境的变迁及其所导致的整个技术基础与生产方式的重大变化,在技术和经济可持续发展的方向上做好战略准备。要坚持走"低碳"之路,更要走"低熵"之路:尽量减少熵流的积聚,减少能量的投入和耗损,这就要求人们的世界观和价值观发生大的转变:抛弃经济不断增长和物质消费水平不断提高的奢望,降低社会的能量流通和消费水平,把尽量节约资源和减少消费水平作为基本的道德原则与价值取向;把沉浸在物质生产与物质消费方面的巨大热情和力量转入到一个新的精神境界,用崇高的精神生活来取代西方国家式的过于奢侈和极度消费的物质生活。实现生产方式、生活方式和发展方式的转变,努力探索人与自然和谐共生的生态优先和绿色发展之路。实现经济社会发展与自然、资源、生态环境相协调。

笔者建议,在每年的全国低碳日,在倡导低碳社会的同时,适当地宣传低熵社会,在全社会树立和普及生态文明理念,调动各方力量积极参与生态文明建设,努力构建和谐社会,加快建设美丽中国,为早日实现中国梦奋斗。

(陈敬全)

从新冠疫苗的研发看科技的人文价值

2020 年最后一天，万众期待的好消息传来——我国国药集团中国生物北京生物制品研究所研制的新冠疫苗上市。自 2021 年起，上市疫苗开始对重点人群进行接种，并已做好大规模生产准备工作，年内产能预计将达到 10 亿剂以上，能够保证安全充足的疫苗供应。

新冠疫苗的研发、使用充分彰显了科技的人文价值。

人文价值是科技本身的应有之意

这里所说的科技的人文价值，指的是科技自身所隐含的一种指向人类的价值属性。无论是科学还是技术，都含有这种人文价值，这是由科技的本性所决定的。

首先，从科学技术所染指的对象分析：科技染指的对象是自然，必然染指人类社会，内含人文科学内容，内含人文价值。其次，从科技的客观内容分析：既然科技染指的对象是与人文有着密切联系的自然，那么，人文价值就必然是科技内容的应有之意。

上述两方面的科技人文属性在新冠疫苗研发技术上尤其明显。

众所周知，疫苗技术染指的对象是威胁人类健康与生命的病毒。自从疫苗的早期雏形"牛痘接种术"于 18 世纪诞生起，疫苗就一直成为人类与病毒斗争的坚实"保护神"。在人类历史上，天花、麻疹、脊髓灰质炎、乙肝等曾肆虐全球的传染病，都通过疫苗接种得到了有效控制。可见，疫苗自诞生起，就是与人类生存和发展紧密相连的，疫苗技术水平的高低直接关系到人类生存状况、生命质量。疫苗研发技术的人文价值不言自明。

科技作为一个整体，突出体现了人类的最高价值——真善美的价值。诸如：科学的普遍性、独创性、无私利性，以实证精神和理性精神的珠联璧合为根基的科学怀疑精神和批判精神，集中体现了求真的人文价值取向；科学对专制、迷信的蔑视，对自由、民主、公正的追求，突出体现了求善与求美的人文价值取向；而任何符合理性精神的合理的技术，又无不是实现人类真善美价值取向的有效手段。

疫苗技术的研发也是面向全人类，疫苗技术研发的成功，理应作为面向全球的公共卫生产品，无论发达国家还是发展中国家，无论哪个民族，无论穷人还是富人，都应该具有平等、免费使用疫苗的权力。早在疫苗研发初期，我们国家就明确宣布，疫苗一旦研发成功，将作为全球的公共卫生产品，优先在发展中国家使用。这无疑彰显了疫苗研发技术的人文价值。

科技的应用服务于人文价值目标

科技的人文价值,还可以从科技发展的人文价值目标得以体现。

科技中蕴含的人文价值仅是一种潜在的价值,潜在的价值要在现实的应用中才能转化为现实的价值,而科技的任何现实运用,必然与人有关,因而,科技在现实中应用价值的人文目标是显而易见的。

可以说,科技应用价值的终极目标在于人。科技是人类的一种重要社会活动,发展科技的最终目的必然是提高人类的生存地位,改善人类的生存条件,为人类发展创造条件。

科技的发展与应用,充分体现了它为社会发展、为人类进步的最高人文价值。表现为:其一,科技创造的巨大物质财富,使人的生活质量得到革命性的变革,极大地提高了人的生存条件。其二,科技创造的巨大精神力量,使人们能更理性地看待自然、看待社会、看待人类自己,更科学地揭示客观规律,更合理地改造世界,从而更好地为自身谋利益;同时还有力地推动着哲学、文学、艺术以及道德、伦理等人类精神生活的其他方面,丰富和提升着人类文明的方方面面。其三,科技产生的巨大社会影响极大地改变了人类社会面貌,诸如:人的交往空间的空前拓展;人的联系的密切程度的空前提高;人的技术手段的空前改善;人在自然面前的自信度的空前加强……凡此种种,无不体现了人的全面发展以及人的自由和解放的人文价值取向。

从科技与社会的互动关系考察,衡量科技进步与否的标准,无疑在于科技是否朝着对人类终极关怀的方向发展,是否有利于推动社会的整体进步。

新冠疫苗的研发和使用为人文价值目标服务

新型冠状病毒猖獗之际,新冠疫苗成为万众翘首以盼的"护身符",甚至可以说是人类的"救命神器"。虽然疫苗无法用于治疗疾病,至多只能用于预防、抵御传染病的发生,但疫苗本身具有用于预防传染病的自动免疫功能,具有抗原性。正因为如此,新冠疫苗也被视为阻遏病毒感染的终极武器。而这一功能,正彰显了它的应用价值,所服务的人文价值目标。全世界的科学家都在加紧研发新冠病毒疫苗,以满足人类的急切需求。

在 2020 年新冠疫苗还在试验阶段时,它就已经受到普遍关注。俄罗斯直接投资基金总裁称,有 50 多个国家对俄罗斯疫苗表示出兴趣。俄罗斯计划向印度、巴西、乌兹别克斯坦、墨西哥、尼泊尔和埃及等国供应 2.42 亿剂。中国准备大规模生产国药集团和科兴公司的疫苗。许多国家向中国订购了疫苗,其中,印度尼西亚、菲律宾、巴西、土耳其等的订单总量达 1.6 亿剂。据有关数据，截至 2020 年底，全球新冠病毒疫苗预订量已达约 80 亿剂。其中，需求量最大的是英国阿斯利康公司的疫苗，其预订单已达 32 亿剂。

鉴于疫苗与人类的密切关系，其研发的安全可靠性更为重要，要把疫苗投入使用后可能带来的风险因素降至最低，还要充分考虑到它的规模化生产、保存和运输便利性等多种因素可能会产生的不确定性。

中国北京生物制品研究所研制的新冠疫苗已知的获益超过了已知的风险，有数据显示，该疫苗保护率为 79.34%，实现了安全性、有效性、可及性、可负担性的统一，达到世界卫生组织及国家药监局相关标准要求。这充分体现了中国对新冠疫苗应用的人文价值的高度重视。2021 年 5 月，世界卫生组织宣布，北京生物制品研究所新冠灭活疫苗获得世卫组织紧急使用授权，纳入全球"紧急使用清单"（EUL），该疫苗成为世卫组织批准的首个中国新冠疫苗紧急使用认证，也是第一个获得世卫组织批准的非西方国家的新冠疫苗，为实现中国新冠疫苗作为全球公共产品特别是在发展中国家的可及性和可负担性迈出了跨越性的一步。

（贺善侃）

读懂疫情请学习"用数据讲话"的科学思想

抗击新冠病毒疫情牵动着千万人的心,未经核实的消息和说法不断传来,使人疑惑和焦虑,好在科研机构和研究人员不时颁布一些数据,为公众读懂疫情提供了颇具说服力的证据,"用数据讲话"的科学思想为公众清醒认识和从容应对疫情提供有益的启示。

读抗击新冠病毒疫情中的相关数据

例如有数据表明,新冠病毒的传播速度非常快。2020年4月10日,美国洛斯阿拉莫斯国家实验室(CDC)的研究显示,其基本传染数 R0 为 5.7,是以前认为的 2~3 的两倍。这说明,一名感染者可能会传染多达 6 个人,传播速度比以前快得多,控制其扩散的难度更高。先期对有症状的感染者进行隔离和追踪密切接触者是减缓病毒传播的有效方式。

又如有数据证实,武汉封城等措施是行之有效的。2020年3月31日,《科学》在线发表了北京师范大学领衔的中外15个团队完成的题为"新冠肺炎疫情暴发最初50天内中国传播控制措施的效果研究"的论文,指出武汉的封城措施使疫情传播到其他城市的速度降低了 2.91 天,全国的紧急行动措施延缓了疫情的增长,并限制了其流行范围。截至 2020 年 2 月 19 日(第 50 天),避免了全国范围内数十万例病例的发生。

再如有数据证实,在这次疫情防控中,中医药发挥了积极作用。2020年3月23日,中医药局在国新办新闻发布会上宣布:全国新冠肺炎确诊病例中,有 74 187 人使用了中医药,占 91.5%,临床观察显示,中医药总有效率达 90% 以上。

还有数据表明,新冠疫苗的开发异常艰难。2020年3月25日,在上海"科技战疫"线上研讨会上,牛津大学糖生物学研究所所长德维克(R. Dwek)指出,新冠病毒是高度糖基化的球形颗粒,至少有 66 个糖基化位点,而埃博拉病毒只有 8~15 个,流感病毒只有 4~11 个。糖基化位点像是给病毒披上了具有伪装效果的"糖衣",骗过人体免疫系统检测,并且使病毒产生多种突变,这使得新冠疫苗的开发充满了变数。

数据在科学研究中的重要作用

依靠数据或者说"用数据讲话"是一种科学思想。这一思想告诉我们,科学理论或观点的提出,必须有数据支持,没有数据支持的理论、观点是不科学的。伽利略相信"大自然这本书是用数学写成的",他研究自由落体,测得小球在斜面上滚过的距离与重量无关，与时间的平方成正比，他依据实验数据，进而提出了自由落体定律，推翻了亚里士多德认为的"物体自由落体所需的时间与其重量成反比"的教条。

"用数据讲话"还告诉我们，科学的理论和观点，必须要有详尽的、充分的数据做基础，否则是不能称其为科学的。开普勒发现行星运动的三大定律，是以分析浩瀚的天文观测数据为基础的，他使用的数据，来自其老师第谷·布拉赫（Tycho Brahe）数十年如一日的天文观测，这是当时用肉眼观测到的最为详尽、最为精确的数据。

伽利略

"用数据讲话"又指明了，科学的理论和观点必须在提出之后获得更为广泛的数据支持，才能获得认可。1915 年，爱因斯坦提出了广义相对论，他据此计算星光在穿过太阳附近时所产生的偏折角度为 1.75 角秒，1919 年，英国科学家爱丁顿（A. S. Eddington）利用跨大西洋日全食的机会，观测到太阳周围的恒星位置与星表中的标准位置相比的确发生了轻微偏离，偏离值与爱因斯坦的计算值基本吻合，广义相对论逐步获得了承认。

对于经济社会现象的研究较多地利用统计数据，统计学对收集来自社会各个领域的数据进行处理、分析和解释，从中得出科学的结论，其方法分为描述统计和推断统计，描述统计是将数据进行汇总，利用图表进行概括分析；推断统计则是利用样本数据推断总体特征。

达到正确的认识对数据提出的高要求

数据是对事物和现象的量的方面的描述，量与质存在辩证关系：量与质互相依存、质量互变；"用数据讲话"，我们由量及质实现对事物和现象的认识。要注意的是，要达到正确的认识，对数据有很高的要求。

数据具有真实性。所谓"真实"，就是与客观事实相符合，数据不真实，会导致偏见，得出虚假的结论。疫情数据必须实事求是，如有瞒报、虚报和错报会导致严重的后果，正如 2020 年 2 月 21 日中央指导组副组长陈一新警告的那样："疫情数据的背后就是群众的生命，就是政府的公信力。如数据不明不准，会误导决策、贻误战机、危害极大，要害死人！"

数据具有总体性。统计学是对社会现象的总体数量方面进行研究，研究过程是从个体到总体，必须对足够大量的个体数据进行登记、整理和综合，过渡到总体的数量方面，以认清现象的特征。如果个体的量不够，以有限数据推断总体会发生较大的误差。新冠疫情在法国暴发后，有媒体报道羟基氯喹加上阿奇霉素治疗效果非常好，被称为"神药"。2020年4月5日，张文宏教授在回答留学生关于"神药"的提问时反问道："法国都有了'神药'，为何病死率比德国还高？"他接着说："药物有没有疗效，必须很谨慎。在中国目前还没有看到非常好的数据。法国采取的样本量很小，证据的等级较低。"美国团队的临床研究认为，羟基氯喹有一定的效果，但不足以证明这是"神药"，传说中的一些"神药"有待更高等级和更充分的证据。

数据具有综合性。社会现象是由多方面组成的，如果以某个方面的数据来推断现象的总体特征，就会以偏概全，得到片面的认识。2020年4月13日，美国哥伦比亚广播公司报道，在芝加哥黑人在新冠肺炎死亡人数中占比高达72%，然而其人口却仅占该市人口的30%。我们不能由此得出"有色人种更容易被新冠病毒摧毁"的结论。事实上，新冠病毒的感染和死亡率与许多因素有关。在居住区域的人口密度、工作的种类和环境、就医的能力、医院的设备和医疗水平等方面，黑人的状况比白人糟糕得多，只有综合所有反映这些方面的数据，才能找到黑人死亡率高的原因。

当前，结合疫情宣传"用数据讲话"的科学思想，通俗地普及一些统计学的知识，对于公众认识和防治新冠病毒能起到积极的作用。

（陈敬全）

科学思想篇

刍议维纳的信息世界观：世界和人类的信息本质

70多年前，一门新的横断学科——控制论诞生，它与系统论、信息论成为20世纪40年代以来迅速发展的系统理论的奠基学科。美国应用数学家维纳（N. Wiener）是控制论的创立者之一。1948年，他出版了《控制论》一书，他以数学为纽带，把研究自动调节、通信工程、计算机和计算技术以及生物科学中的神经生理学、病理学等学科共同关心的问题联系起来，描述了新学科的主要思想。1950年，他出版了《人有人的用处》一书，通俗地解释了控制论的应用及其社会影响。1964年，他还写了第三本相关的书《上帝与机器人》。

维纳

维纳著《控制论》

维纳创立控制论，得益于在二战期间参加了研制新型高射炮的工作。为击落高速飞行的飞机，维纳和他的团队设计了新的加农炮，他们使用当时最先进的雷达跟踪飞机，借助电子计算机计算出飞机的轨迹，然后对准飞机发射炮弹。这种武器其实是一种革命性的机器，它收集外界的信息，检索、存储和处理信息，并自行执行决定。维纳意识到这种技术可能会产生重大的社会伦理后果，迫使人们做"善恶的抉择"，他探讨了控制论和电子计算机可能引起的社会道德问题。

信息是控制论中的要素，维纳进一步认识到，信息在人类社会的各种活动中也非常重要，只有掌握信息，才能认识宇宙、人类社会、人和机器的本性，推动经济社会文化的前进，预见将到来的信息时代的特征和面临的挑战，由此维纳构建了一种新的世界观——信息世界观。

世界的信息本质

在维纳看来，物理客体及其过程实际上由不断变化的信息模式组成。因此，随着旧的信息模式的消逝和新模式的出现，每个物理客体或过程都将会"到来"直至最后"逐渐消失"。维纳指出熵作为一种信息的量度，为理解物理客体及其过程的性质提供了新的途径。可以说宇宙中的所有物理客体都是"信息客体"或"信息过程"，这是信息时代的宇宙本质。从这种观点来看，连生物都是信息客体。他们将物理信息存储在其基因中，并利用它们来构建生命的基础，例如DNA、RNA、蛋白质和氨基酸。动物的神经系统吸收、存储和处理物理信息，从而使运动、感知、情感和思考成为可能。

维纳于是提出了宇宙在本质上是由信息客体及其过程组成的。宇宙中的物理变化，包括物理客体及其过程的最终消逝，是由被热力学第二定律控制的不可逆的物理信息损失（熵的增加）导致的。根据该定律，所有物理变化都会减少宇宙中的可用信息，因此，曾经存在的每个客体或过程最终都将被破坏。这包括一个人身边所有的东西，例如生命、财富和幸福，以及精美的艺术品、伟大的建筑、城市、社会、文明，甚至太阳、月亮和星星。因为宇宙中的每一个事物都受热力学第二定律的影响，因此所有这些都会最终消失。

维纳因此认为熵是最大的"自然之恶"。他区分了两种恶，即由自然力量，例如地震、火山、疾病、洪水、龙卷风和腐烂所引起的"自然之恶"，以及人为造成的死亡、伤害和痛苦等"道德之恶"。

人类的信息本质

像宇宙中的其他物理客体一样，人类也可以被视为信息客体。尽管人类通过生物代谢不断地发生分子交换，但人类本质上是一种随时间而存在的物理信息。维纳说："我们不过是长流不息的河流中的漩涡。我们不是固定的东西，而是永存的模式。……身体的个性就是火焰……是形式而不是实质。"虽然人体内的分子和原子不断更替。但是，随着时间的流逝，人体内编码的信息模式仍然保持相似，虽然这种模式也在逐渐变化。这种持久的信息模式可以在更长的时间内保持一个人的生命、功能和身份，还有记忆。当然，生命模式也会发生巨大变化，例如残疾和死亡，这会造成一个人的信息模式的最终破坏。

一个人的信息本质使他可以与周围环境中的其他信息客体进行交换。维纳在《人有人的用处》中说："现代生活的需求和复杂性对信息处理的需求比以往任何时候都高……有效生活就是拥有足够的信息。因此，沟通和控制属于人类内心生活的本质，即使它们属于社会生活。"对于人类,维纳强调人类的生理结构使其具有巨大的学习和创造潜力,"人在自然界之外的优势在于,他拥有支持知识和智力的生理构造,可以适应环境的急剧变化。"根据维纳的说法,人类生命的目的与人类内部发生的内部信息处理的类型之间存在着根本的关系。维纳认为繁荣是人类追求的目的,为了繁荣,人必须从事各种信息处理活动,例如感知、组织、记忆、推理、决定、计划与行动等。

信息世界的道德规则

维纳担心会学习和决策的机器会产生重大的道德风险,他特别担心有人会制造人无法控制的机器。为了防止这种灾难,维纳认为,世界将需要建立人工能动者的道德规则。维纳预测,未来机器将以人类的身份积极参与社会。他说,某些机器最终将与人类一起参与创建、发送和接收信息,这些信息充当将社会联系在一起的"黏合剂":"社会这本书的内容只有通过研究属于它的消息和通信设施才能理解;而且,在这些消息和通信设施的未来发展中,人与机器之间、机器与人之间以及机器与机器之间的信息注定会扮演越来越重要的角色。"在未来,机器不仅会收集信息、做决定、采取行动、繁殖后代,甚至还能与人体融合创造具有巨大力量的新生物。通过将动物(包括人类)和控制论机器视为动态的信息处理系统,维纳将机械与活力、生命与非生命、人与机器之间的传统界限变得模糊,不再是无法打破的形而上学的"壁垒"。

维纳的信息世界观尽管没能像他的控制论那样引起人们的充分注意,然而他从新的视角来洞察世界,却有着非凡的意义。尤其是在今天,信息技术和人工智能迅速发展引发了一系列的社会问题并深刻地影响着人类社会的走向,他的信息世界观对我们认识和解决这些问题不乏有益的启示。

(张贵红)

张贵红 1982年生。2013年毕业于复旦大学哲学学院,长期从事科技哲学与科技伦理的研究,现任中国科学技术大学科技哲学系副教授,曾主持国家社科基金、中国博士后科学基金项目,已发表大量学术论文并撰写多本著作与教材。

个人感悟 读万卷书,行万里路。

科学与艺术总在山顶重逢

2019年8月举行的第六届上海科博会,以"科技让生活更美好,艺术让生活更精彩"为主题,展示科学与艺术融合的情景,让观众体验真与美交织的魅力。

科学求美

在许多人看来,科学求真,艺术求美。其实科学也求美。法国科学家庞加莱指出:"科学家研究自然是因为他从中得到快乐……我指的是根源于自然各部分的和谐秩序、纯理智能够把握的内在美。正因为简洁和浩瀚都是美的,所以我们优先寻求简洁的事实和浩瀚的事实。"

追求对世界的秩序性、规律性、和谐性和统一性的理解,是科学探索的崇高目标。科学探索其实是一种审美活动,许多杰出的科学家都是科学臻美精神的代表:爱因斯坦追求自然的统一性和世界的和谐,狭义相对论把牛顿力学中分立的时间、空间、物质与运动统一起来;广义相对论把惯性质量与引力质量、非惯性系的运动和惯性系的运动统一起来。玻尔根据氢原子光谱线的比数有序、和谐变化的规律,提出了原子能级概念和电子轨道理论。海森堡发现原子定态的能级数可能排列成对称、优美的矩阵形式,建立了矩阵力学。狄拉克出于数学对称美的信念,预言了正电子的存在……

科学中存在三种美

物理学家杨振宁指出,科学中存在三种美:自然现象之美、科学理论描述之美和科学理论结构之美。

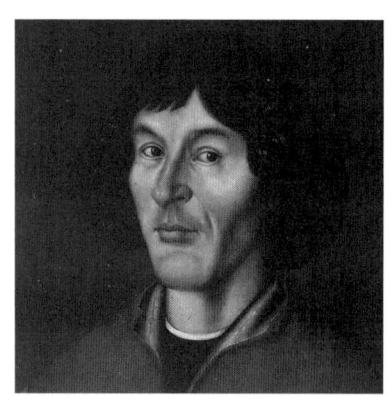

哥白尼

自然现象之美。一是科学家用感官直接观察到自然现象蕴含的美,如看到彩虹时,会感受到彩虹形状和色彩的美。二是科学家用仪器和设备处理自然现象后得到的科学事实中蕴含的美,如发现原子的谱线,觉得它美:它有独特光学性质,与原子所处的状态无关。

科学理论描述之美。科学家在发现自然现象之美后,会进一步去研究自然现象美背后的规律,刻画自然现象美,并力图在理论表现上也呈现出美感。哥白尼觉得"天空是美好的,囊括了一切美好的东西""宇

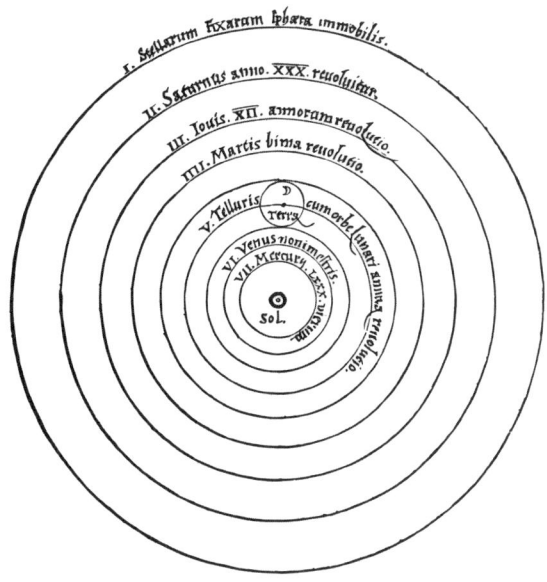

哥白尼的日心体系

宙的旋转和星球的运动是最美好和最值得研究的事物",他认为托勒密在 1 300 年前构建的"地心说"破坏了宇宙的和谐之美,是一个怪物。他在 1543 年建立起新的日心宇宙体系颇具理论描述之美,他指出"在这座最美的神庙里,太阳领着他周围的星体家族……这种顺序显示出宇宙具有令人赞叹的对称性,轨道运动的大小具有和谐性,这是其他的方法办不到的。"

科学理论结构之美。科学理论不是科学定理的简单堆砌,科学家在对科学定理整合时,力求科学理论的结构美:其一,科学理论自身是完备的,即本身不存在不一致之处,从一个概念到另一个概念,从一个定理到另一个定理,既不重复,亦无阻隔。其二,科学理论是简单的,这并非指内容的简单,而是在逻辑上的简单:所用概念和假设尽可能少,用公式描述客观规律尽量简洁。其三,科学理论是对称的,即它所反映的规律,在经过某种科学操作(如物理学的坐标变换)后保持不变。

科学与艺术在审美观念上相通

物理学家李政道经常邀请著名画家为物理科学的前沿学科专题作画,画家以生动形象的画作使艰深的科学知识变得通俗易懂,使人们在欣赏艺术美的同时深刻领悟科学之美。

大爆炸宇宙论是科学界关注的热点。科学家用相对性重离子对撞机(RHIC)使两个具有高能量的金核对撞,产生"真空激发",这种激发与宇宙产生的最初瞬间,即 100 多亿年前"大爆炸"的情况相同。李可染绘了《核子重如牛,对撞生新态》的国画,形象地表达了 RHIC 实验中产生的"真空激发"的自然现象美。画面上,两头牛抵角相

李可染《核子重如牛，对撞生新态》

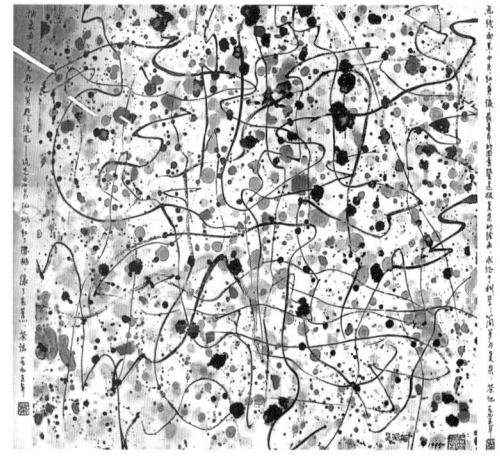

吴冠中《流光》

峙、尾巴高翘，象征核子高速相撞的震撼场景。

艺术能够形象地描绘自然现象之美，是因为它把自然现象之美典型化。艺术美并非对自然美的简单摹仿，而是基于自然美的再激发、再创造。艺术家在创作中，将自己的感情注入事物之中、体现在激发美感的形式中，如色调的明暗、深淡，线条的粗细、造形等。艺术正是以其形式的结构、平衡和秩序感染人们，启示人们更好地欣赏和把握自然现象之美。

艺术美也能形象地显示理论表述之美。20世纪后半叶，科学家从分数维形态中看到了非线性世界的结构美，从一到多的演变中看到了混沌现象的动态美，领悟到了世界深层次的和谐秩序：简单中蕴含着复杂，决定性中含着非决定性。画家吴冠中用抽象画，以点、线挥洒神韵，化静为动，犹如旋乾转坤之千变万化，"墨之溅笔也以灵，笔之运墨也以神"，传奇般地映照出了"混沌"理论的神韵。他在画上题诗：点、线、面，/黑、白、灰，/红、黄、绿，/最简单的因素，/营造极复杂的绘画，/它们结合在一起，/光也不能留时间，/流光——流光，/流光容易把人抛，/红了樱桃，绿了芭蕉。

科学与艺术似乎是在不同的平面上进行的，但它们并不是"老死不相往来"。科学力图追溯现象的终极原因、一般规律和原理，艺术专注于现象的直接外观及其丰富性和多样性。科学的抽象定律并不排斥艺术的直观表达，艺术教会人们将抽象定律形象化，给予概念性定律丰富的生动的缤纷形象，因而能使人们更深刻地洞见事物的形式结构。科学让人们理解自然现象的秩序；艺术则让人们通过对可见、可触、可听的外观的把握，体验自然现象的秩序。

上海科博会奏响了科学艺术的交响曲，向市民和莘莘学子展示了法国作家福楼拜所说的"科学与艺术总在山顶重逢"的生动图景，它提醒我们：在科学教育中要加强美学教育，在人文素质教育中要加强艺术素质教育。

（陈敬全）

科学方法篇

　　科技创新特别是原始创新要有创造性思辨的能力、严格求证的方法，不迷信学术权威，不盲从既有学说，敢于大胆质疑，认真实证，不断试验。原创一般来自假设和猜想，是一个不断观察、思考、假设、实验、求证、归纳的复杂过程，而不是简单的归纳。假设和猜想的创新性至关重要。爱因斯坦说过："提出一个问题往往比解决一个问题更重要。"如果选不准，即使花费很大精力，也很难做出成果。广大科技工作者要树立敢于创造的雄心壮志，敢于提出新理论、开辟新领域、探索新路径，在独创独有上下功夫。

——摘自习近平总书记 2020 年 9 月 11 日
在科学家座谈会上的讲话

"苹果落地"和"月亮为什么不落地"

在上海科学会堂的草坪上，植有一株苹果树，它枝叶茂盛，长势良好。它来历不凡，由英国牛顿庄园的苹果树枝条嫁接而成，在上海辰山植物园隔离试种基地里长成后，于 2015 年 10 月 21 日成功地移植过来。它"落户"上海科学会堂，有好几个年头了。

脍炙人口的苹果落地故事

牛顿庄园的苹果树带有久经传诵的传奇故事。1665 年或 1666 年夏天，牛顿坐在苹果树下，像往常一样陷入了沉思。这时，一只熟透了的苹果从树上跌落下来，引起了牛顿的注意。关于苹果跌落的思考，成为发现万有引力定律的开端。虽然这个故事听起来近乎虚构，但其来源相当可靠，他的家乡乌尔索普农庄的农夫津津乐道苹果落地的故事，每当有外人来到庄里，总要把这棵不平凡的苹果树指给好奇的人看。这棵树倒下以后，被截成几段作为纪念物，至今仍被保存着。许多史学家也倾向于相信苹果落地确有其事。

"月亮为什么不落地"与月-地检验

牛顿偶然看见苹果落地的自然现象，并不是一蹴而就地发现了万有引力定律的，这不过是他以后做出重大发现的一个契机。

牛顿从苹果落地想到了"月亮为什么不落地？"他猜想，使苹果落地的重力，在最高的山峰之巅仍可观察到，这会不会延伸到月球并影响到这个天体，并使之维持在其轨道上？

牛顿以伽利略对平抛运动的研究为基础，他认为，月球和其他行星的轨道运动与抛射体的运动相似，或者是后者的一种极限情形：就像一块被抛射出去的石头由于其自身重量而偏离直线路径，在空中划出一条曲线，石块沿这条弯曲路径最后落到地面。抛射的初速度越大，石块落地之前行经的路程就越远，如初速度足够大，石块

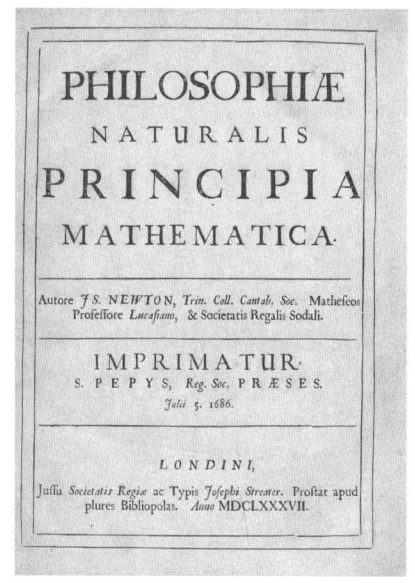

《自然哲学的数学原理》

绕地球运转了。

牛顿根据惠更斯公式和开普勒行星运动第三定律，推出月亮的向心加速度与它离地心距离的平方成反比，这也适用在地球吸引作用之下苹果的加速度。他由此估计，苹果到地心的距离较之月球到地心的距离约小60倍，于是月球所受的引力大概也相应地缩小3 600倍。由月球的运行速度和月地距离可以求得月球的向心加速度，把这一加速度与苹果所表现出来的重力加速度进行检验（月–地检验），如果后者确为3 600倍，那么原先的猜想成立。

牛顿在1665年或1666年没能完成月–地检验。牛顿缺乏地球半径的精确资料，根据粗略估计得到的地球半径值，算得的苹果加速度比实测值小20%左右。另一个公认的原因是，牛顿尚未证明，对有一定质量的球的引力作用可看作质量集中于该球球心一点的作用，这是检验的先决条件。还有一个原因是，牛顿所用的是圆轨道，而在开普勒定律中用的是椭圆轨道，这一替换显然是要再加以研究的。

"月上"运动和"月下"运动的统一

1677年，牛顿又回到了引力问题的研究上，专门探讨了平方反比定律。1680年他证明了，在平方反比定律的力的作用下，质点的轨道是一个以吸引体为一个焦点的椭圆，反之，质点围绕处在一个焦点的力的中心做椭圆轨道运动，必然遵循力的平方反比定律。1685年牛顿应用自己建立的流数术（微积分）证明了，地球在吸引一个外部物体，等同于其全部质量都集中在球心上。他又用法国的皮卡尔（Picard）测量地球所得到的新值，算得月球离开直线路径向地球坠落的速度为每秒0.004 4英尺，而在地面上的物体的坠落的速度为每秒3 600×0.004 4英尺，即每秒约16英尺，这与观察事实相符合，月–地检验最终完成，平方反比定律得到了圆满的证明。

牛顿认为有充分的理由把太阳系中的各个天体都看成是质点，天体间引力的结果可以推广到宇宙间的一切物体上去，这一普遍存在的力就是万有引力。1687年，牛顿把他的研究成果写成《自然哲学的数学原理》一书出版。牛顿把天体的运动和地面上物体的运动规律统一起来，实现了科学史上第一次大综合。引力既然存在于宇宙间一切物质之间，那么，古希腊学者亚里士多德把运动分为"月上""月下"就是一种人为的划分。牛顿排除了千百年来人们在认识自然现象方面的先入之见，在科学史上赢得了光荣的地位。

期待中国"牛顿式"人才的出现

苹果落地的现象，自古以来便有不知多少人见过，即便没有注意到苹果落地的现象，但重物落地的自然现象却是司空见惯的，为什么只有牛顿发现万有引力定律呢？

牛顿敢于想一般人未曾经想过的"月亮为什么不落地？"的问题，迈出了关键的一步。为解决这一问题，他接过了伽利略、开普勒、惠更斯（C. Huygens）等前人的研究成果，他自己说，站在巨人的肩膀上看得更远。他具有锲而不舍的执着的精神，对引力问题做了长期的艰苦思考，敢于突破权威人士长期设置的认识方面的禁区，经过严密谨慎的推理和应用先进的科学方法，最终做出了划时代的贡献。诚如华罗庚先生指出的：

"其实牛顿不是光看苹果落地，他是经过长期学习，抓住了开普勒的天体运行规律和伽利略的物体落地定律，并且经过长期的深思熟虑，一旦碰到自然界的现象，便比较容易得到启发，因而看出它的本质而已。科学是老老实实的学问，不可能靠碰运气来创造发明。对一个问题的本质不了解，就是碰上机会也是枉然。入宝山而空手回，原因在此。"

在上海科学会堂移植苹果树是一件很有意义的事情，这使得更多的人，尤其是青年学生更近距离、更生动形象地认识牛顿，敬仰和崇拜牛顿。诚然，知道牛顿取得成就的契机和成就本身是不够的，最重要的是，了解他取得成就和做出伟大发现的过程，学习他在这过程中所体现的科学精神、科学思想以及应用的科学方法。我们欣喜地看到，这些年来市科协、市科委及有关部门在这方面做了卓有成效的工作。据上海市科委公布的数据，2021—2022年上海建有285家科普基地，正在积极打造科普生态圈，搭建科普云平台，"互联网+"科普使全时空、全媒体、全领域科普成为可能。除了普及科学知识外，还积极引导青少年投身科技创新活动，已建成遍布全市16个区的83家创新屋，25家青少年科学创新实践工作站、300余家社区科普充电站。电视台播出《少年爱迪生》《未来说——国际青年科学思辨会》等节目，在荧屏上汇成了科普清流，受到青少年学生的追捧。青少年被激起高涨的科技创新热情，他们努力学习"四科"，勇于攀登科学高峰，做出科学新发现。

十年树木，百年树人，苹果树的成长，离不开肥沃的土壤和合适的气候；人才的培养，离不开良好的环境和氛围。我们相信，随着科普事业的日益繁荣和科技创新理念的不断深入人心，在中国期待"牛顿式"的人才的出现，不再是一种奢望。

（陈敬全）

重视"科学王国外的智力因素"对科学发展的影响

2020 年 9 月 24 日,中国科学院哲学研究所揭牌。中科院院长白春礼在揭牌仪式上指出,从历史的维度来看,哲学是科学之源;从科学发展的动力来看,哲学往往是革命性科学思想的助产士;从探索自然真理的过程来说,科学和哲学是紧密联系在一起的。

在科学史上,一些科学家自觉学习哲学,主动汲取哲人的思想营养,善于吸收优秀的哲学成果,在科学研究中做出了重要的发现。丹麦哥本哈根大学教授奥斯特(H. C. Orsted)就是其中之一,2020 年是他发现电流磁效应 200 周年。

电流磁效应的意外发现

1820 年 4 月的一天,奥斯特在课堂上演示实验,当伏打电堆的电流通过一根细铂丝,他意外发现在铂丝近旁的磁针受到了干扰,尽管效应很微弱,但他没放过这一现象。7 月,他重新做了实验,一开始使用的导线很细,得到的磁效应仍然很弱,换成粗导线后,磁效应增强。

奥斯特起初想磁针的运动也许是电流通过导线,使导线变热产生的气流引起的。为检验这一点,他把一张金箔放在导线和磁针之间,以阻挡气流,但是磁针仍发生偏转。接着,奥斯特在带电导线和磁针之间放上各种介质,如玻璃、金属、木板、陶器等,发现带电导线对磁针的作用并不减弱。他改变导线中电流的流动方向,磁针的朝向转了 180 度,这表明磁针的指向与电流方向有关。他做了 60 多次实验,得到的结果是一样的。由此,奥斯特发现了电流磁效应的基本规律:电流产生的磁效应绕电流做圆周运动。他写成《关于电冲突对磁针影响的实验》一文,在法国杂志《化学与物理学年鉴》上发表。

很快,法国物理学家阿拉果(F. Arago)重复了奥斯特的实验,消除了一些人的怀疑。另一位物理学家安培(A. M. Ampere)对此也饶有兴趣,他得出了判断通电导线近旁磁针指向的右手螺旋定则;他对平行载流导线之间相互作用做研究,给出了电流元之间相互作用力的公式即安培定律,并建立起所谓

奥斯特

的"电动力学";英国的物理学家、化学家法拉第（M. Faraday）受奥斯特"电生磁"的启发，反过来探究"磁生电"，在1831年发现了电磁感应，预示人类将利用电力，进入电气时代。

自然哲学原理的指引

有人认为奥斯特是碰巧发现电流磁效应的，其实他做出重大发现并非偶然。

奥斯特早在哥本哈根大学求学期间，就对德国哲学家康德（I. Kant）的批判哲学深感兴趣，他发表了题为"论自然科学的形而上学基础"的论文，阐述了康德的哲学思想对自然科学的指导作用，他因这篇论文在1799年获得了哲学博士学位，并为他日后的科学研究奠定了基础。

1801年奥斯特在德国的柏林逗留了半年。他研究了德国自然哲学家谢林（F. W. Schelling）的哲学思想，赞同谢林的基本观点：所有的自然力是由同一原因引起的。他结识了年轻的化学家里特尔（J. W. Ritter），里特尔用电流分解水得到了氢和氧，证明电效应与化学反应是有联系的。谢林认为这是自然哲学的最好依据，并提出了所谓的"动力论"，即"力"这种非物质客观实体是自然界中的最终和最深刻的东西，而且电、磁、热、光等诸种"力"都可以相互转化。奥斯特和里特尔一起做了许多有关电流的实验，揭示了电、热、光和化学效应之间的联系，坚定了对谢林的"动力论"的信念。但他不赞同谢林热衷于纯思辨、企图以自然哲学取代物理学的做法，他主张，关于力的统一的观点必须到丰富的自然界里用实验去证实。

自1803年起，奥斯特在哥本哈根大学授课的同时，坚持不懈地进行科学实验研究。他重复了美国的富兰克林（B. Franklin）在1751年用莱顿瓶中的电荷使磁针磁化或退磁的实验，他想到电可以实现磁化或退磁，说明电与磁是有联系的。他还进行了声学的研究，试图发现振动中的电效应。1812年，奥斯特出版了《关于化学力和电力的同一性研究》一书，总结了对电、磁、光、热及化学亲和力的研究，指出所有化学亲和力以及热、光，都是由正负电荷产生的。

奥斯特决心找到电力和磁力之间的联系。他一次次用实验检验他的猜测，一步步逼近伟大的发现。就在1820年4月的那一天，他在去讲课的路上萌发了一个念头：静电对磁石毫无影响，但若用导线把电池的两极联系起来，使电荷在其中运动，将会出现什么情况呢？这个念头最终导致他发现了电流磁效应。

正如美国科学史家斯泰福（R. C. Stauffer）在评论这一发现时所说的："奥斯特从谢林的'美妙而伟大的思想'和从一般自然哲学原理所接受的激励，以及里特尔的实验和思考的双重影响，应该被承认是物理学中这个重要发现的因素。这可以称为例子，说明在科学王国外的智力因素对科学发展具有潜在的影响。"

"科学王国外的智力因素"的启示

像奥斯特一样,不少有重大贡献的自然科学家都有很高的哲学素养,他们既是科学伟人,同时又是科学哲人。开普勒从毕达哥拉斯主义出发建立了行星运动理论;牛顿从经验主义出发建立起古典力学;爱因斯坦从唯理论的唯物论出发建立了广义相对论;海森堡(W. K. Heisenberg)受柏拉图的《蒂迈欧篇》启发,决心寻找反映自然秩序的数学核心,建立了矩阵力学;等等。

德国物理学家玻恩(M. Born)说:"每一个现代科学家,特别是理论物理学家,都深刻地意识到自己的工作是同哲学思维错综复杂地联系在一起的,要是对哲学文献没有充分的认识,他的工作会是无效的。"在今天,随着现代科学的发展,人类认识能力不断提高,认识活动从宏观领域进入宇观、涨观领域,又进入微观、渺观领域。一系列新的认识对象出现了,这些对象具有极大的复杂性、综合性和整体性,自然科学正面临着新的突破,孕育着新的革命。在自然科学各领域发生深刻的变革时期,要把握如此复杂的认识对象、适合科学发展的新特点,自然科学家转向哲学分析,求得哲学的启迪就变得十分必要。他们学习优秀的哲学思想成果、借助"科学王国外的智力因素",能为开展正确有效的思维得到有益的启示,拓宽思路,找到破旧立新的思想武器,选择正确的探索途径,建立更宏伟的科学大业。中科院适时成立哲学研究所,有着十分深远的意义。

(陈敬全)

探幽入微的探索和明察秋毫的洞察

2020年6月18日,国际暗物质探测实验合作组Xenon-1T宣布,他们的实验数据显示出新的迹象,消息传出,在科学界引起了轰动。

犹如"在大泥浆里捞针"的探测

Xenon-1T用约一吨的液氙作为探测靶物质,暗物质粒子只要打在其中的任何一个氙原子上,就有可能发出闪光,光信号会被灵敏的仪器记录下来。他们过去在暗物质与氙原子核碰撞的区域内做过研究,但没看到信号,这次是在暗物质与氙核外的电子碰撞的区域中实验。

这种实验探测难度非常大:大量常规的物理过程产生的乏味信号会掩盖真正的极其微弱的暗物质信号。如果说探测暗物质与原子核散射是海里捞针的话,那么,探测暗物质与电子散射就是大泥浆里捞针,十分具有挑战性。

合作组将实验数据与已知背景进行比较,在预期的232个事件外,又观察到了53个意外事件。这些过量的意外事件可能是微量的氚导致的;也有可能是中微子所致;令

意大利格兰萨索国家实验室

暗物质探测实验的核心装置

人兴奋的另一解释可能是存在新粒子,类似于太阳产生的轴子(axions),早期宇宙产生的轴子有可能是暗物质的来源。尽管离真正发现暗物质还有很长的距离,但坚定了人们进一步探测的信心。

探幽入微的探究导致的重要科学发现

科学研究就像在大海里或大泥浆里捞针。极小概率出现的事件,其他微不足道的小事情,如观察对象的细微变化、实验数据的细小误差等,它们很容易被忽视,如对它们穷追不舍、开展探幽入微的研究,可能会导致重要的科学发现。

德国天文学家开普勒(J. Kepler)在研究行星运行的轨道时,发现按正圆轨道计算出来的水星位置与观测到的位置之间有微小的偏差,尽管只有8弧分,但他并未忽略。他对观测资料最多的火星轨道进行研究,对大量的数据进行数学处理后,求得火星的轨道不是围绕太阳的正圆周,而是椭圆,太阳恰在椭圆的一个焦点上,他由此进一步得出了行星运行三大定律。

英国天文学家布拉德雷(J. Bradley)发现了恒星的光行差,但对恒星的观测在消除光行差和岁差的影响后,恒星的赤纬仍然有细微的位置变化,他认为,这是由于月亮对地球赤道隆起部分的吸引使地球自转轴摆动而引起的。由于月球绕地球的公转轨道面有18.6年的周期性变化,月球对地球赤道隆起部分的吸引也应有周期性的变化,相应地观测到恒星位置的上下颤动也有同样的周期。他对恒星位置的变化做长期的跟踪观测,终于看到了恒星在 18.6 年后又回到原来的位置，这证实在月球的作用力下，地球自转轴在空间做以 18.6 年为周期的微小颤动，颤动幅度极微小，仅为 10 角秒！他把这种颤动称为章动，他因此获得皇家学会授予的柯普莱奖。

英国物理学家瑞利在测定氮的密度时发现，从大气中除去氧、碳酸气和水蒸气所得的氮气的密度为 1.257 2 克/升，而由亚硝酸氨制得的氮的密度却是 1.250 8 克/升，两者相差 0.006 4 克/升，他没有放过这小数点后第三位数字上的误差，以万分之一克的精密天平反复测量，这个差别仍然存在。他和年轻的化学家拉姆塞（W. Ramsay）一起探究，发现从空气中制得的氮不是纯氮，含有较重的新气体。他们用分光镜对新气体进行光谱分析，发现有橙色和绿色的各组明线，这有别于已知气体元素的光谱。他们很快确证了新气体是一种新的元素，把它命名为氩（Argon）。

英国物理学家卢瑟福（E. Rutherford）得知学生在做 α 射线的散射实验时，测得轰击金属箔的 α 粒子有一小部分改变了方向，入射的粒子中每 8 000 个粒子有一个被反射回来。八千分之一，在其他人看来或许是小概率事件，然而在卢瑟福看来，这是"最不能想象的事件"。当时大家认为，原子是一个均匀的充斥正电的流体状球体，负电子散布其中，没有任何阻力的正电球体以及散布于其中的负电子是不可能把 α 粒子从原路挡回去的。卢瑟福重复了 α 射线散射实验，经过仔细的计算和比较，发现只有假设正电荷都集中在一个很小的区域内，α 粒子穿过单个原子时，才有可能发生大角度的散射，即

布拉德雷

瑞利

卢瑟福

原子的正电荷必须集中在原子中心的一个很小的核内。他提出了原子的有核模型，为人们深入探索原子结构打开了大门。

美国气象学家洛伦茨（E. N. Lorenz）在计算机上做模拟气象预报的实验时发现，输入的数据哪怕存在千分之一的误差，得出的计算结果会大相径庭：一个计算结果预报几个月后的某天是晴空万里，另一个却预报这一天有暴风骤雨。研究表明，气象预报采用的是非线性方程组，它刻画的过程揭示了，任何小的扰动，都会使天气的变化出现惊人的结果：一只远在巴西的蝴蝶扇动一下翅膀，便会在美国得克萨斯引起一场龙卷风，这就是洛伦茨发现的"蝴蝶效应"。他感受到了受偶然性和复杂性支配的大气混沌运动的内在魅力，深入探究混沌现象背后的规律性，导致了以后混沌学科的创立。

善于识别小事背后的幽深奇异之处

英国动物病理学家贝弗里奇（W. I. Beveridge）说："有时，机遇给我们线索的重要性十分明显，有时只是微不足道的小事，只有很有造诣的人，其思想满载有关论据，并伺机发展成熟，适于做出发现，才能看到这些小事的意义所在。"他说得很有道理，那些在"大海里和大泥浆里捞针"、对不足道的小事做细致入微探究做出了杰出贡献的科学家，确实都很有造诣：持有高度的警觉性和敏锐的洞察力，思想上有丰富的知识储备，能识别出小事背后的幽深奇异之处；具备锲而不舍的精神、坚强的意志和坚韧的毅力，在攀登光辉顶点的崎岖小路上艰难跋涉。诚如人们赞扬布拉德雷那样："根据现代天文学的精密测算，他发现的地球章动的振幅仅为 0～9.210 角秒，这犹如几克拉的钻石，深埋在上百吨的砂石中，唯有洞察秋毫的慧眼和耐心细致的比较，才能发现那微弱的闪光。"

国际暗物质探测实验合作组 Xenon-1T 满怀信心迈步走上了新的征途，研究装置在升级，其活动氙气总重扩大到三倍，背景或标记辐射影响更低、灵敏度更高。他们期待发现真正的暗物质粒子打在氙原子上发出的微弱的闪光。

（陈敬全）

得益于美的启示导致的重要科学发现

法国科学家庞加莱（J. H. Poincare）指出："科学家研究自然是因为他从中得到快乐……我指的是根源于自然各部分的和谐秩序、纯理智能够把握的内在美。正因为简洁和浩瀚都是美的，所以我们优先寻求简洁的事实和浩瀚的事实；所以我们追寻恒星的巨大轨道，用显微镜去探求奇异的细小（这也是一种浩瀚），在地质时代中追踪过去的遗迹（我们所受吸引是因为它遥远），这些活动都给我们带来快乐。"寻求自然的和谐和内在美，导致科学家做出了重大的发现。

追求和谐之美与行星运动三大定律的建立

1543年哥白尼提出了日心说，德国天文学家开普勒（J. Kepler）为哥白尼的宇宙体系的简单、对称之美所震撼。他在整理资料时发现，按设计的正圆轨道计算出来的水星位置与观测数据之间总有偏差，尽管这一偏差很小，只有8弧分，但他并未忽略。他猜想行星的正圆组合轨道可能不符合实际。开普勒先对观测资料最多的火星轨道进行研究，对大量的数据进行数学处理后，求得火星的轨道不是围绕太阳的正圆周，而是椭圆，太阳恰在椭圆的一个焦点上。在确定火星的轨道之后，开普勒又发现，火星和太阳的连线（向径）在相等时间内扫过的面积相等，即火星绕太阳运行的面速度相等。

开普勒继而发现其他行星的运行与火星类似，于是确立了普适的行星运动第一定律：所有行星的运动轨道都是椭圆，太阳位于椭圆的一个焦点之上；第二定律：行星的向径在相等时间里扫过相等的面积。

开普勒

开普勒"行星协奏曲"

开普勒研究了行星与太阳的距离和行星公转周期之间的关系。对大量数字做繁杂的重复运算之后，最终发现行星绕太阳运转的周期 T 的平方（T^2）与行星轨道长半径 a 的立方（a^3）成正比，这就是行星运行第三定律。这奇妙的指数"2"与"3"使开普勒乐不可支：他心灵深处的渴望和自然界固有的结构简单性竟然如此相吻合！

在 1619 年出版的《宇宙的和谐》里，开普勒阐述了行星运动三大定律，在讲到第三定律时，他这样写道："……17 年来我对第谷所做的刻苦研究同我当初认为是梦想的目前研究结果的完全符合，这是超出我最美好的期望的。"

行星运动第三定律被称为"和谐定律"。开普勒在《宇宙的和谐》中用乐谱的形式把六颗行星（水星、金星、地球、火星、土星和木星）在远日点和近日点之间的角速度的变化情况谱写成一首"行星协奏曲"，他对宇宙结构具有和谐美的追求，使得音乐成为开普勒探索世界的方式！

相信哥白尼体系充满和谐美的坚定信念，为开普勒进行理论思维指明了方向，成功地抽象和概括出了行星三大运动的公式，他被誉为是"天空立法者"载入科学史册。

探索数学之美与正电子的发现

20 世纪 20 年代，英国物理学家狄拉克（P. A. M. Dirac）致力于研究相对论量子力学，以揭示高速运动的微观粒子的运动规律。他建立一种相对论性的电子波动方程（狄拉克方程），这个方程具有 4 行 4 列的矩阵形式，在研究氢原子能级分布时，能给出能级的精细结构；它还可以自由导出电子的自旋为 1/2；利用这个方程推出的粒子高速运动的许多性质，都在实验中得到了证实；它把量子力学中原先是各自独立的重要实验事实统一起来了。

但是这个方程也存在问题，它描述电子内部运动的矩阵有 4 行 4 列，但是只要用 2 行 2 列的矩阵来描述被观察的电子的两个自旋态，即方程给出的态比描述实验情况所需的态多一倍，进而发现有一半的态为电子的负能态（电子的能量为负值的状态），况且这个负能值没有下限，即可以无限地释放能量，狄拉克方程遇到了所谓的"负能灾难"。

狄拉克力图保持方程的完美性，他对负能态的物理图景进行了大胆的设想。首先，他提出了真空是被填满的"负能电子海"的假说，在整个电子海中所有能观测到的量，如电荷、质量、动量都不能为零。接着，他做了进一步的思考，既然全部填满的负能电子海相当于真空，那么从电子海中跃出一个电子后，就会出现一个正能态电子和一个负能态的空穴。跃出的电子带一个单位的负电荷，而在电子海留下的这个空穴，少了一个负值能量，带一个正值能量。他起初认为这就是"质子"，不过这个奇怪的"质子"，其质量要小得多，这是难以想象的！狄拉克从对称美的思想出发，指出从数学上来看，这个带正值能量的奇怪的"质子"，其质量必须与电子质量相同，它是真空中的"反电子"，即正电子。

狄拉克从理论上预言了自然界中存在正电子，他指出，正负电子能够由光子在真

狄拉克　　　　　　　　　　　安德森

空中产生出来；当正电子和负电子碰撞时，就会湮灭变成光子。1932 年美国物理学家安德森（C. D. Anderson）在研究宇宙射线时果然发现了正电子！这启发人们去寻找其他粒子的反粒子。人们逐步认识到，各类基本粒子都有相应的反粒子存在，这是自然界的一条普遍规律，自然界在电荷符号上的分配也是对称的，对称性使自然界存在数学美的观念日益深入人心。

狄拉克坚信，数学美是对物理理论取舍的一个准则，他在回顾自己的发现时指出："这个工作完全得自于对美妙数学的探索，一开始丝毫也没有想过要给出电子的这种物理性质。"1933 年，狄拉克因"发现了在原子理论里的新形式（狄拉克方程）"获得诺贝尔物理学奖。

崇尚对称之美与夸克模型的提出

美国物理学家盖尔曼（M. Gell-Mann）长期致力于高能物理前沿问题的研究。在 20 世纪 50 年代，已发现基本粒子有数百种，对这些粒子进行分类，找出它们性质之间的内在联系，研究这些基本粒子的性质和结构，寻找更"基本"的组元，是高能物理学研究的热点。

盖尔曼深信物理规律的对称性是自然界的最普遍法则之一，所有的基本粒子都可以根据它们所具有的不同对称性来进行分类。1961 年，盖尔曼根据对称性思想，提出了"八重法：一个强作用对称性的理论"。他指出，强相互作用的粒子应满足 SU(3) 对称性，在数学上对应的是 SU(3) 群。SU(3) 群中有一个 8 维表示。八重法就是指每 8 个有类似性质的粒子能填入 SU(3) 群的 8 维表示中。他把有相近性质的强作用基本粒子分成一个个族，并认为每个族成员应有 8 个。

根据当时的实验结果，有一个族的基本粒子成员只有 7 个，盖尔曼据此大胆预言了还存在一个未被发现的新粒子，第二年（1962 年）果然在实验中找到了这个新的基本粒子——η° 介子。类似地，他预言了另一个被称为沃米格负的新粒子（写作 Ω⁻）的存在。1964 年 1 月，美国布鲁克海文实验室的一个小组在气泡室的成千上万张的照片上找到了 Ω⁻ 粒子衰变时留下的痕迹。盖尔曼的预言终于实现了！η° 介子和 Ω⁻ 粒子的相继发现，证实了盖尔曼理论的正确性，以及对称方法在基本粒子研究中的重要地位。

八重法对称方案中应该有一个最基础的族（根据 SU(3) 对称理论，存在一个 3 维的基础表示），在这个族里应该有 3 个粒子，只能带有分数电荷，即 2/3、−1/3、−1/3 的单位电荷，然而分数电荷却从来没有被观测到，盖尔曼起初放弃了这个三粒子的族。

盖尔曼经过深入思考，最终承认了它们，他给这 3 个粒子命名为"夸克"，并用 3 个夸克来结合成质子、中子等强子，这就是夸克模型。大多数物理学家都相信夸克是存在的，是组成其他一些基本粒子的更基础的粒子，因为夸克模型的结果与一系列实验事实符合得很好。夸克模型在以后有了发展，它的成员已从 3 个扩充到了现在的 6 个。

1969 年，盖尔曼因"在基本粒子的分类及相互作用方面的贡献"获诺贝尔物理学奖。他在颁奖庆典上致词说："对于我，研究那些法则是与对表现千差万别的自然界的热爱不可分的。自然科学基本法则的美，正如粒子和宇宙的研究所揭示的，在我看来，是与跳到纯净的瑞典湖泊中的野鸭的柔软性相关的……"

盖尔曼

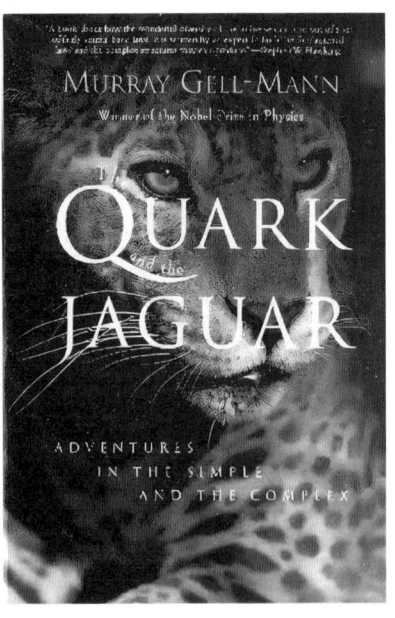

盖尔曼的名著《夸克与美洲豹——简单性和复杂性的奇遇》

善于从自然界宽广的审美领域中得到启示

追求对世界的秩序性、规律性、和谐性和统一性的理解,是科学探索的崇高目标。科学的一系列重要活动,包括科学事实的发现、科学原理的建立、科学理论的评价等,都表现为一种审美活动,体现了科学臻美精神。

有成就的科学家善于从自然界提供的无限宽广的审美领域中得到启示。千姿百态、绚丽多彩的自然界,不仅是艺术家获得灵感的源泉,也是科学家深受启发的媒介。大自然对于那些勇于探索、敢于创新的科学家,慈母般慷慨地敞开自己深处的奥妙,展现自己巧妙的匀称、和谐与一致,呈现无与伦比的瑰丽画面。

科学家从繁杂的自然现象中洞察到世界内在的祥和、秩序与统一,体会到敬畏,感受到无所不在的客观规律的强大力量,体验到世界上最深奥的理性和最灿烂的美,并把揭示这种普遍规律即科学真理看作自己的神圣任务。科学臻美精神使他们的思维犹如振翅高飞的雄鹰,搏动着逻辑意识和审美意识的双翼,扶摇直上去领略自然界理性高峰的无限风光。

(陈敬全)

受自然的启示做出的重大科学发现

日本化学家福井谦一说"大自然深不可测,在科学的自然认识中,对科学创新最有影响的,就是直接地、如实地认识自然。整天和复杂而单纯的大自然打交道的科学工作者,若不靠这种认识方法,就不可能创造出推进科学前进的理论和新的科学法则。"在科学史上,一些科学家"直接、如实地认识自然",受到自然现象的启发,做出了重大的科学发现。

模拟云雾形成与云雾室的发明

英国物理学家威尔逊(C. T. R. Wilson)曾在苏格兰群山的最高峰尼维斯峰天文观察站工作,太阳照射在山上的云雾时,呈现出的奇妙的光学现象使他着迷。他想在实验室里模拟这些现象。1895年,威尔逊设计了一套设备,使水蒸气冷凝来形成云雾。他用伦琴(W. C. Rontgen)刚发现不久的X射线照射云室,出现了云雾;他又用铀射线、紫外线照射,也出现了云雾。这证明了自己的设想:雾珠凝结是能以离子为核心形成的。

1911年他研制出了云雾室:利用蒸气绝热膨胀,温度降低,达到饱和状态,当带电粒子通过时,蒸气沿粒子轨道凝结,从而显示粒子径迹。利用其电离密度还可以测量粒子的能量和速度。1912年,他为云雾室增设了拍摄装置,以拍得清晰显示带电粒子径迹的照片。

威尔逊用云雾室拍摄到了α射线径迹的照片。他把照片给物理学家布拉格(W. H. Bragg)看,布拉格格外惊讶:照片上α射线的径迹与自己先前按想象绘制的径迹竟然

威尔逊

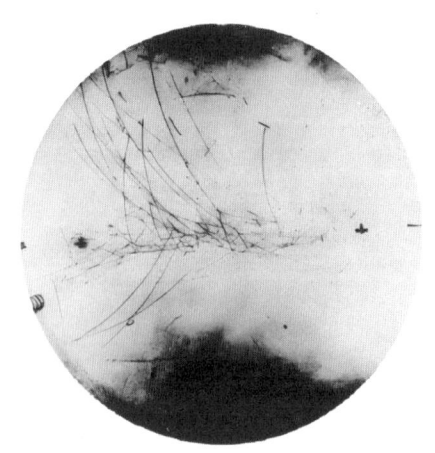

云雾室显示带电粒子径迹

十分吻合！1923年，威尔逊用云雾室证明了反冲电子的存在并显示了其径迹，有力地证实了康普顿效应：短波长的电磁辐射（X光）射入物质被散射后，在散射波中除了原波长的波以外，还出现了波长增大的波。云雾室所具有的科学意义再清楚不过。

威尔逊云雾室对粒子物理学的发展起了重大作用，除正电子外，μ介子（μ+、μ−）、K^0、Λ、$Ξ^-$等粒子都是通过拍摄它们在云雾室中的径迹而发现的。1927年，威尔逊与康普顿（A. H. Compton）分享了该年度的诺贝尔物理学奖。

大海的蔚蓝色和拉曼散射的发现

1921年，拉曼（C. V. Raman）访问英国后搭船回国，途经地中海，蔚蓝色的海水使他赏心悦目，他突然对"海水为什么是蓝的？"这个问题产生了强烈的兴趣。他返回加尔各答后，立刻开始了这个问题的研究，实验表明：海水呈现蓝色也是水分子将太阳光散射的缘故。

拉曼和他的助手对光线的散射现象进行深入的研究，他们观察可见光被多种物质特别是一些液体散射的情况，意外地观察到一种较通常的散射光的波长有微弱变化的"二次射线"，他们把这种微弱的射线归结为某种"荧光"现象。

拉曼

拉曼和他的助手想方设法把这种微弱的"二次射线"分离出来。经过长期的努力，他们终于找到了分离的方法。用这种方法在对几十种不同样品的测试后，他们发现，原来以为是荧光的射线实际上是一种特殊的二次辐射，并且这是一种普遍的效应。拉曼他们把它称为"分子散射"。1928年3月，拉曼报告了自己的发现，他利用光量子论对"分子散射"做了解释：入射光量子与散射物质的分子发生碰撞，如果是弹性碰撞，光量子的能量和动量不变，散射光的频率与入射光一致。如是非弹性碰撞，就能观察到"二次射线"：分子若吸收了光量子的能量，则散射光的频率变小、波长变长；分子若把能量转移给光量子，则散射光频率增大、波长变短。

拉曼发现的"分子散射"被称为"拉曼效应"，其产生的新谱线称为"拉曼光谱"。拉曼是用简单的仪器做出惊人发现的，他用自然光作光源，以人眼作检波器，分光计和滤色镜都是老式的，所有的设备加起来，也不过数十美元。就凭这些简陋和廉价的设备发现了微弱的拉曼效应，这不能不说是一个奇迹。

拉曼的发现是对光量子论的又一个有力的实验证明。它在研究物质的化学成分和分子结构方面有重要的应用,利用拉曼的新发现和简单廉价的设备,可以把红外区的分子能谱移到可见光区来进行观测,节省了高昂的经费,从而使一般的实验室都可以进行分子能谱方面的研究,这当然受到了光谱学家们的欢迎。

"自组织现象"与耗散结构理论的建立

众所周知,事物的运动变化是有方向的。世界是退化的:根据热力学第二定律,宇宙中的各种能量相互转化,一切运动都将转化为热运动,朝熵增、无序的方向发展,最后达到热平衡而归于死寂;然而我们又看到了相反的图景:在自然界中,生物的演化是从无序向有序、简单到复杂、低级到高级的方向进行的;人类社会也是从原始社会到奴隶社会再向更高级、更有序的形态发展的。

比利时科学家普里高津注意到物理世界和生命世界在演化方面存在的悖论,他思考,能不能消除这一悖论,在两个不同的世界的演化方面找到统一的规律?

普里高津从自然界生物的"自组织现象"得到了启示。白蚁群体表现出的社会行为就是一种自组织现象。一个白蚁群体有百万之众,各白蚁做杂乱的随机运动,但整个蚁群的编排队形规则整齐。蜂群的自组织现象也十分显著,千万只蜜蜂在看似无序的飞行中却能相互协同,建造出一个个完美无缺的正六边形蜂巢。这些自组织现象表明,生物系统可以不受热力学第二定律的制约,朝熵减、有序的方向发展。

普里高津努力寻找在物理、化学等无生命世界是否也存在这种自组织现象?他在物理学领域内找到了自组织现象。激光的产生就是典型的事例。半导体激光器在光泵还没工作的时候,介质中的各个活性原子彼此独立地发出光波,光的频率、相位等都是无规则的,这种光被称为自然光;但当用光泵向系统输送能量并超过临界值时,各个活性原子被组织起来,以统一的频率和相位协同发出单色性、方向性和相干性极好的高强度激光。他在化学反应系统中也找到了例证:在所谓的"化学振荡反应"中,某几个组分或

普里高津

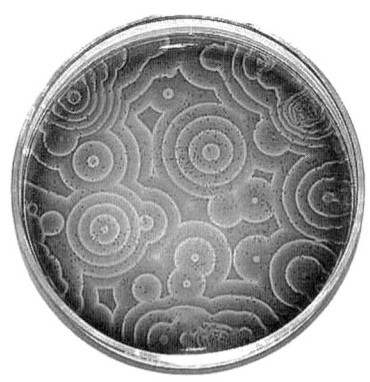

化学振荡反应中产生的振荡波纹

中间产物的浓度会发生周期性的变化，产生振荡波纹，类似于钟表的周期性，这类反应又叫"化学钟"。

普里高津认为，激光、化学振荡等是物理、化学无生命世界中的自组织现象，它们揭示了一个新的高级组织是怎样从原来是相对无序、低组织程度的世界中自发地产生出来的。他指出，要维持自组织的稳定存在，必须不断地对系统做功，即不断地耗散能量，他提出了"耗散结构"的概念和耗散结构理论，明确了一个系统要形成有序结构必须符合的要求。

普里高津的耗散结构理论消除了宇宙在演化方面存在的悖论。这一理论的研究对象是开放系统中的自组织现象，而宇宙中各种物质系统，不论是有生命的还是无生命的，甚至是人类社会，无一不是跟周围环境相互依存和相互作用的开放系统，所以也适用于自然科学的其他领域，适用于研究社会现象。这一理论不仅是改变科学本身的一个杠杆，而且也是迫使我们重新考察科学的目标、认识论和世界观的一个杠杆。1977 年，普里高津由于在建立耗散结构理论上的杰出成就获得诺贝尔化学奖。

深切感受大自然的无比深奥和美妙

受自然的启示做出重大发现的事例还真不少。伽利略悟出了"大自然这本书是用数学写的"，用数学和实验的方法得出了自由落体定律。牛顿从苹果掉地联想起月亮为什么不掉地的问题，发现了万有引力定律。又如，自然界普遍存在的对称现象启发科学家做出了奇妙的发现：麦克斯韦（J. C. Maxwell）相信电和磁具有对称性，预言电磁波的存在；克里克（F. H. C. Crick）用对称方法破解了生物大分子的双螺旋结构；等等。福井谦一说，是大自然把他引向了化学王国，化学的复杂性是大自然的一种奥妙。他孜孜不倦地探索化学理论，建立起化学反应的前线轨道理论，荣获 1981 年诺贝尔化学奖。

我们要向这些卓有成就的科学家学习，贴近大自然，投身到大自然的怀抱中去，与大自然亲密接触和自由交往，亲身体验并感受到大自然的无比深奥和美妙，从自然的启示中享受到无穷的情趣，从而激发起对自然现象的浓厚兴趣，迈出探索自然奥秘的步伐，树立起攀登自然科学高峰的信心。

仔细观察自然是发现的开端，是认识事物奥秘的向导，我们要注意观察自然界的各种事物、各种现象，注意大自然偶然疏忽留下的破绽，通过对这些蛛丝马迹的观察，追根寻源，让大自然袒露出各种深藏的秘密。我们要以大自然为师，以自然之道来认识自然、适应自然、调节自然、改造和利用自然，推动人类社会日新月异、不断向前发展。

（陈敬全）

谈生活的情趣和生活的启示

颜宁

女科学家颜宁是"网红"人物,她在膜转运蛋白的结构与功能机理的研究上取得了令人瞩目的成就,并颠覆了许多人对女科学家的刻板认知:如此贡献卓著的女科学家应该是严肃沉稳、不苟言笑,两耳不闻窗外事的高冷知识分子,出人意料的是,颜宁却是一个充满生活情趣的人,她把科研工作做到极致,玩乐时又怡然自得。她喜欢看武侠小说,玩网络游戏,着迷于各种明星八卦,追剧又追星。她是活跃的"娱乐博主",在网上频繁分享刷剧读小说的感受,不时表达对公共事件的观点,让大家吃了一惊又一惊。

富有生活情趣的科学家

法国昆虫学家法布尔(J. C. Faber)业余时间钟情于千姿百态的仙人掌和仙人球的栽培。

爱因斯坦喜欢拉小提琴,人们可以欣赏到他拉莫扎特的奏鸣曲的优美旋律。

德国物理学家普朗克、哈恩(O. Hahn)喜爱音乐,他们曾组成一支高水平室内音乐演奏小组:普朗克弹钢琴,哈恩伴唱。

美国物理学家费曼(R. P. Feynman)热爱科学,酷爱生活。他的生活充满了离奇有趣的经历;他在巴西参加过桑巴乐队;他会击拍印第安人的邦戈鼓,为芭蕾舞剧团的表演伴奏;他喜欢绘画,举办过个人画展,他还是开保险柜的能工巧匠,等等,他乐于在生活中找一些实用的例子,给自己出数学和物理学难题。

我国"两弹一星"元勋钱学森兴趣广泛。他在童年时学画花鸟,颇有绘画的功底。他和夫人蒋英一样热爱音乐,通晓西方音乐史,会吹小号。留学美国时钱学森还爱好摄影,这在当时是很时尚的。他曾拍过自拍像,很恰当地运用了灯光,轮廓线勾勒得非常好。

英国物理学家霍金爱好旅行,他去过南极洲、乘过潜水艇,并预定了维珍航空的太空游览。他喜欢在电影和电视剧中客串角色。1992年,霍金首次"触电",在电影《星际迷航:下一代》中本色出演,在片中与牛顿、爱因斯坦打牌的一出戏。1999年,霍金首次出现在美国动画片《辛普森一家》中。2012年,霍金受邀在美国情景喜剧《生活大爆炸》中演出，与剧中的主角谢尔顿交谈，并批改他的论文。有导演对霍金的表演评价道："虽然短暂，但却精彩，每个镜头都有黑洞般的容量。"

受生活的启发做出的科学发现

富有生活情趣的人热爱生活，从生活中吸取知识，获得启示，为做出科学发现提供契机。英国进化论者赫胥黎（T. H. Huxley）认为，生活常识与科学并不对立，他说："完整化了的常识就是科学。"在日常生活中处处有科学道理，积累起来的生活经验是科学认识的重要源泉。

费曼由于在量子电动力学方面的基础性工作，与朝永振一郎、施温格（J. S. Schwinger）分享了1965年的诺贝尔物理学奖。费曼的最大贡献是提出了费曼图解法、费曼规则和路径积分法。费曼图是一种符号化的物理语言，如费曼图可以形象地反映物理学中康普顿效应：图中的直线代表电子，波纹线代表光子，一线与另一线的连接点称为顶点，顶点表示电子与光子作用，此图的物理含义是：光子与原子中的电子发生弹性碰撞，碰撞后光子损失能量，改变其运动方向，而电子获得能量从原子中飞出。

费曼说自己在这方面的工作是受到了生活中一个转盘子游戏的启发。一天，他在食堂旁边看见一个小伙子把一个盘子抛到空中，盘子在空中上升时震荡起来，他注意到

费曼

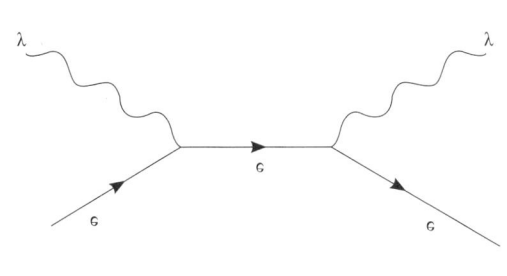

费曼图表示的康普顿效应

费曼著《量子电动力学讲义》

盘上的康奈尔大学徽章图案随之旋转，且明显地转动比震荡速度快。他好奇地计算旋转盘子的运动，发现当角度很小时，徽章的转动是震动速度的两倍——2∶1。这产生出一个复杂的方程！他最终解出了带质量的粒子的振动方程，他说，"然后我考虑在相对论中电子如何开始进入轨道运动，接着就有电动力学中的狄拉克方程，而后是量子电动力学。"

在费曼的一生中，这不是唯一的例子。他相信，艰难深奥的理论物理学并不远离生活，生活中处处有"好玩"的物理学，人们可以从玩中得到启发，科学与生活一样，处处充满"玩"的乐趣。

受生活的启发做出的科学发现还真不少。法国学者帕斯卡（B. Pascal）听见盘子叮当响，激发起他的兴趣，他用手一按盘子边，就不再发出声音，由此发现了声音的振动原理。瑞士数学家欧拉（L. Euler），为解决哥尼斯堡城居民在散步中遇到的"七桥难题"，创立了拓扑学。美籍意大利生物学家卢里亚（S. E. Luria）从日常生活中极不起眼的赌博游戏——吃角子老虎机的大奖中得到启发，解开了抗噬菌体细菌的突变之谜。美国化学家斯莫利（R. E. Smalley）看孩子用积木搭造圆形拱顶建筑模型的游戏中得到灵感，成功地构建了 ^{60}C 分子的球形结构模型。

感受生活中保存着的奇迹

俄国文学家别林斯基（V. G. Belinsky）说："人的生活像广阔的海洋一样深，在它未经测量的深度中，保存着无数的奇迹。"深入到生活中去，仔细观察生活，我们能发现生活中保存着的奇迹，碰撞出智慧的火花。达尔文的儿子在谈到他父亲时说："他有一种捕捉例外情况的特殊天性。多数人在遇到表面上微不足道又与当前研究没有关系的事情时，几乎不自觉地以一种未经认真考虑的解释将它忽略过去……他抓住了的恰恰是这些情况，并以此作为研究的起点。"留心观察生活培养了达尔文敏锐的洞察力和形象思维的能力，他从同一物种细微的区别中接受了物种发生变异的事实，追究物种发生变异的原因导致他创立了生物进化论。

达尔文说："不要因为长期埋头科学而失去对生活、对美、对诗意的感受能力。"要从生活中得到启发，必须提高感受生活的能力。一些有伟大创造成就的人，善于感受生活，他们对于生活中的新鲜事，充满了好奇心。爱因斯坦在孩提时代，对父亲给他买的一件特殊的玩具——指南针感到惊奇，多么神奇的自然力在起作用啊！在 30 年后，对神奇自然力的追究导致他对统一场的执着追求。爱因斯坦在晚年看到会发出悦耳叫声的玩具鸟，还像顽童一样爱不释手，要弄清楚它的奥妙。好奇心是最好的向导和老师，引导许多人在科学研究和技术发明上做出了杰出的贡献。而他们具有的丰富的生活情趣，又陶冶了他们的情操，振奋了他们的精神，给他们以新的活力，推动了科学研究事业的进步。

（陈敬全　史晓雷）

看似无关紧要的研究获得的重大技术应用

2019年10月29—31日，第二届世界顶尖科学家论坛在上海临港举办。诺贝尔奖获得者们畅所欲言，他们十分重视基础研究的意义，坦言没有基础研究，许多新技术就不可能产生。2012年诺贝尔物理学奖获得者阿罗什（S. Haroche）被问到量子力学有什么用，他说："我也没法回答这个问题。"但他指出，一些重大的应用往往是在一些看似无关紧要的研究中所获得的。

阿罗什所言很在理，在科学史上不乏这方面的事例。例如电力、X射线、原子能和激光等的应用都得益于基础研究。

1820年，丹麦的奥斯特发现了电流的磁效应，激起了英国的法拉第对电磁现象的极大兴趣。他认为既然电能够产生磁，反过来，磁也应该能产生电。他自1821年起企图以磁力对静止的导线或线圈的作用而产生电流，但都失败了。经过近10年的不断实验，到1831年法拉第发现，当缠在磁铁环上的通电线圈的电流刚接通或中断的时候，另一个线圈中连接的电流计指针有微小偏转。经过反复实验，证实了当磁作用力发生变化时，另一个线圈中就有电流产生。法拉第终于发现了电磁感应定律，从而开通了大量产生电流的新途径。法拉第继而发明了史上第一个发电机——圆盘发电机，拉开了大规模生产和利用电力的序幕。

1895年11月，德国物理学家伦琴（W. C. Rontgen）在研究阴极射线管中气体的放电过程中，发现了一个意外现象。为防止管内的可见光漏出管外，用黑色硬纸板把放电管严密封起来，管子接上高压电流后，他看到1米以外的一个荧光屏发出微弱的闪光，把荧光屏移远至2米左右，屏上仍有荧光出现。这一新奇的现象不可能是阴极射线引起的：阴极射线只能在空气中行进几厘米。伦琴经过反复试验，确认这是一种新的射线，因其性质不明，暂名为"X射线"。X射线具有比阴极射线强得多的穿透能力，只有铅等少数物质对它有较强的吸收能力。伦琴用X射线给自己的夫人照了一张手骨像，公之于众后，引起了轰动。很快，X射线在探究晶体结构，在医疗诊断、工业探伤和安检等方面得到了广泛的应用。

1905年爱因斯坦在狭义相对论里提出著名的质能转换公式 $E=mc^2$，为原子能的利用奠定了理论基础。在以后尽管原子物理学有了很大的发展，但是连爱因

伦琴

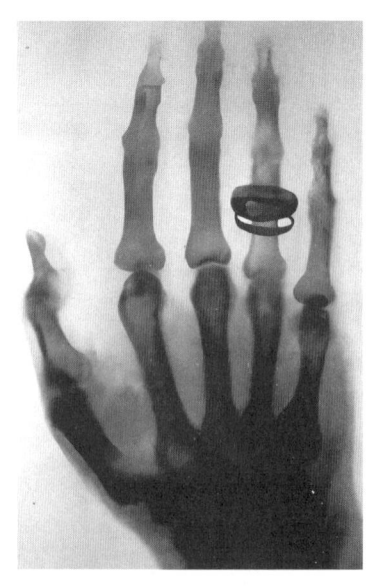

X射线拍摄的伦琴夫人手骨像

费米

斯坦在内的许多科学家都没看到实际利用原子能的可能性。1938年德国放射化学家和物理学家哈恩用中子轰击铀原子核,发现了核裂变现象,意大利物理学家费米(E. Fermi)提出了链式反应的概念,很快得到了实验证实,科学家们认识到,链式反应一开始,无比巨大的能量就会在短时间爆发出来。1942年12月美国芝加哥大学成功启动了世界上第一座核反应堆。1945年8月6日和9日美国把两颗原子弹先后投在了日本的广岛和长崎。1954年苏联建成了世界上第一座商用核电站——奥布宁斯克核电站。人类开启了原子能时代,将核能广泛运用于军事、能源、工业、航天等领域。

爱因斯坦1916年指出,场和物质的相互作用除了吸收和自发辐射外,还存在受激辐射。他预言了辐射光量子和受激光量子的绝对一致性,即相干性。20世纪30年代光学家试图能利用受激辐射来放大光,未能成功。

1953年,美国的汤斯(C. H. Townes)利用氨分子的受激辐射实现微波的放大,制成世界上第一台微波激射器——氨分子钟,它在几千年里走时误差不超过1秒,是当时最精确的时间标准。1958年,汤斯和其他人指出,可以把微波激射器的原理推广到光波段,制造成光激射器(即激光器)。

1960年,美国的梅曼(T. H. Maiman)利用红宝石制得了世界上第一台激光器。他用强光使红宝石中的铬离子发生受激辐射,发现红宝石一端发出的光增强,方向性和相干性变好,经过反复验证,这是一种新的光源——激光。在梅曼成功以后,不同类型、不同性能的激光器不断问世。激光与多个学科相结合形成多个应用技术领域,如激光医疗与光子生物学、激光加工技术、激光检测与计量技术、激光制导、激光分离同位素、激光可控核聚变、激光武器等。

阿罗什说不知道量子力学有什么用,他是很谦虚的。其实,现代物理学家都了解量子力学的建立过程及其应用。1900年,德国物理学家普朗克研究黑体辐射,提出辐射量子假说,假定电磁场和物质交换能量是以间断的形式(能量子)进行的,正确地给出了黑体辐射的能量分布公式。1905年,爱因斯坦用量子说解释了光电效应。1913年玻尔

奥布宁斯克核电站

在有核原子模型的基础上建立起原子的量子理论。20世纪20年代,描述微观粒子的波动力学和矩阵力学建立,标志着研究微观领域的新学科——量子力学的诞生。量子力学为核技术、半导体技术、信息技术、生物技术等提供理论依据。激光、电子显微镜、原子钟和核磁共振的医学图像显示装置,都用到了量子力学的原理。人们正在研制量子计算机,利用量子密码安全地传输信息。

汤斯和世界上第一台微波激射器

基础研究是科学工作者对自然规律的探索,他们发现的自然规律一旦得到应用,对于经济社会的发展将起到不可估量的作用和影响,基础科学因此具有强大的推动力,是社会变革性的源泉,为解决人类社会面临的各类问题提供支撑。

然而自然规律的发现和利用是艰难曲折的过程,基础研究价值的体现并不是一蹴而就的,有些研究的未来价值甚至是难以预测的,具有风险性。社会公众不应以急功近利的价值观去苛求基础研究,对于研究人员为满足自己的好奇心和兴趣去追求那些看似无用的知识，应该理解和宽容，对于有风险但具有创新性的基础研究项目给予足够的支持。

在第二届世界顶尖科学家论坛闭幕式上发布的《上海倡议》强调，对基础科学给以更多的关注，投入更多的资源以保证这种具有强大策源力的科学创新活动得以不断推进，以面对人类的共同挑战。在新时代，我国的基础研究得到了越来越多的关注。党的十九大报告提出，基础研究是国家未来科技发展的基石，要强化基础研究，加大投入、重视对基础研究人才的培养，提高基础研究水平，实现前瞻性基础研究、引领原创性成果取得重大突破。

（陈敬全）

从尼龙的发明看技术创新的艰难曲折

我们对尼龙并不陌生,在日常生活中尼龙制品比比皆是。尼龙制品投放市场(1939年首次投放市场)已经有80多年。尼龙从发明到进入市场,是技术创新的一个成功案例,然而走过的创新之路颇为艰难。

研制合成纤维尼龙的曲折路径

大自然似乎十分吝啬。据统计,10只蚕一生只能吐出5克丝,每头绵羊1年只能提供5千克羊毛,每亩棉田每年也只能提供50千克棉花。为了彻底解决穿衣问题,人们不能满足于自然界的恩赐,应另辟蹊径,用人工方法制造出纤维。

最早进行合成纤维尝试的是德国化学家克拉特(F. Klatte),他把聚氯乙烯溶解在氯苯中,蒸发后成糊状,放到针筒中挤压到热水中,一条条细丝就出来了,但这种细丝相当脆弱,稍微加热就变成烂泥状,克拉特的尝试未能成功。美国杜邦公司很早就重视基础科学研究,1928年成立了基础化学研究所,请来了哈佛大学的化学教师卡罗瑟斯(W. H. Carothers)担任负责人。卡罗瑟斯不负众望,合成了氯丁橡胶,其成本低、质量好。1932年,杜邦公司实现了氯丁橡胶的工业化生产,获得了丰厚的利润。

卡罗瑟斯接着致力于人工合成纤维。他从克拉特的失败中得到启示:只要找到合适的基础材料,合成纤维是有可能获得成功的。卡罗瑟斯的实验室热火朝天,工作人员辛勤地做着各种实验。几千种化学药品从世界各地源源不断地运来,新的实验方案不断推出。但是工作并不顺利,几百次实验都失败了,耗费了数十万美元的研究经费,但杜邦公司的老板坚决支持卡罗瑟斯,他表示:"卡罗瑟斯要多少钱,就给他多少钱。"

杜邦公司的大力支持,使卡罗瑟斯底气十足,他毫不气馁地做了一个又一个的实验。在1930年夏天终于取得了进展,卡罗瑟斯的助手希尔(J. Hill)博士用乙二醇和癸二酸在催化剂的作用下进行缩合反应来制取聚酯。他们发现这种熔融聚合物能拉伸成长纤维状的细丝,具有可纺性。在冷却后还能继续拉伸,其拉伸长度可达最初长度的数倍。

然而这种熔融聚合物存在熔点低(70~80℃)、易水解等缺点,还不能实际应用,卡罗瑟斯转向对另

卡罗瑟斯

美国杜邦公司

一种高聚物聚酰胺的研究。1934年,卡罗瑟斯用二元胺代替二元醇制成了聚酰胺。聚酰胺在熔融状态下也能拉成丝,在室温下可以拉伸到原来长度的三至四倍,不规则的长链分子在冷拉后分子链沿纤维平行排列,因此大大增加纤维的强度和弹性。

卡罗瑟斯他们合成了上百种聚酰胺,1935年2月选中了由己二胺和己二酸反应所生成的聚合物,并把它命名为尼龙(Nylon-66,聚酰-66,第一个6代表二元胺中的碳原子数,第二个6代表二元酸中的碳原子数)。这是一种有商业价值的合成纤维,其熔点为263℃,超过了熨烫温度,可以用作纺织品;并具有高强度,与截面积相同的钢丝的强度一样。

尼龙投入到工业化生产的艰难历程

要使在实验室里合成的尼龙投入到工业化生产,必须实现原料己二酸、己二胺的大批量生产,还要解决熔体纺丝过程中的输送、计量、卷绕等问题。杜邦公司采用新催化技术,用廉价的苯酚大量生产出己二酸,随后又发明了用己二酸生产己二胺的新工艺。设计出新的特殊机械设备、耐熔融聚合物高温作用的新合金材料,首创了熔体纺丝和成纤新技术、工业缩聚反应工艺,对纤维生产工艺进行自动控制等。经过不懈努力,解决了一个又一个难题,杜邦公司在1938年10月宣布尼龙实验工厂正式投产。

用尼龙织成的新品很快投入市场,1939年夏季纽约世界商品交易会展出了尼龙丝袜,它既薄又轻还结实,广受欢迎。尼龙丝袜成为女士抢购的商品。杜邦公司的广告语

"我们生产和钢丝一样结实、像蜘蛛丝那样细的具有美丽光泽的尼龙丝"传遍全美国,风靡全世界。1940年第一个尼龙纤维工厂正式投产,起初设计年产300万磅,后来扩大到800万磅。尼龙的生产规模发展飞快,许多国家都纷纷引进专利建厂。

卡罗瑟斯开创的合成纤维事业方兴未艾。令人扼腕的是,在1937年秋他不幸去世,时年41周岁。他一生发表了有关合成纤维和合成橡胶的科学论文54篇,获得52项专利。他的助手弗洛里(P. J. Flory)继往开来,深入研究了一系列缩聚反应,提出缩聚反应中的基本原理,建立起高分子溶液、高分子构型和构象的统计力学,为此荣获1974年诺贝尔化学奖。

弗洛里

尼龙的发明对技术创新的启示

杜邦公司从高聚物的基础研究到人工合成纤维尼龙的投产,前后历时11年,耗资2 200万美元,期间有230名专家参加有关的研究工作,可以说是历尽艰难曲折。我们从中能得到若干有益的启示。

首先,技术创新使企业获得丰厚的经济收益。杜邦公司要求每投资一美元,起码要有数十甚至数百美元的收获。赚钱的秘诀就是不断地推出新产品,从而求得巨额利润。其次,基础研究、技术发明对于新产品的开发所起的作用是巨大的。再者,技术创新具有风险性和不确定性,在每一个环节都可能遭遇挫折和失败。企业家作为创新者,既要具有开拓和冒险勇气,也要具有利用和化解风险的智慧,实现超前进取的锐意与克服困难的韧性相结合。最后,技术创新是不断探索的过程,起决定作用的是人和人的创造性劳动,要始终把人放在第一位。杜邦公司在卡罗瑟斯他们处境困难时坚定地从精神上和物质上给以支持,表现在用人上卓越的远见和过人的胆识,鼓舞了卡罗瑟斯树立起必胜的信念和不畏艰险的勇气,焕发了不懈的创新积极性,这正是尼龙研制成功的关键所在。

中国的科技工作者和企业家要努力学习杜邦公司的经验,我们期盼涌现出越来越多的创新者,带来一项又一项十分了不起的技术创新产品。

(陈敬全)

"意外之举"和"神光"的获得

2018年度的诺贝尔物理学奖花落激光物理学领域,美国的阿什金(A. Ashkin)、法国的莫罗(G. Mourou)和加拿大的斯特里克兰(D. Stricland)因为在激光物理学研究领域的突破性发明获得当年的物理学奖。

自1960年激光器发明以来,在诺贝尔奖获得者中,有十几位是与在激光方面的研究和应用有关的。在今天激光成为人类探索和改造世界的利器,然而人类认识和利用激光经历了颇为曲折的道路,在激光器的发明过程中有颇多的"意外之举"。

微波激射器——氨分子钟的发明

爱因斯坦1916年在《关于辐射的量子理论》里指出,场和物质的相互作用除了吸收和自发辐射外,还存在着第三种作用——受激辐射(激发态的发光原子在外来辐射场的作用下,向低能态或基态跃迁并辐射光子)。他预言了辐射光量子和受激光量子的绝对一致性,即相干性。

光学家们对受激辐射理论进行了探索,在20世纪20年代,有人提出以受激辐射来实现光的放大。30年代末,有人指出了只有实现粒子数反转(即高能级的粒子比低能级的粒子多),才能利用受激辐射来放大光。然而光学家们却未能找到有效手段来实现粒子数反转。

出乎意料的,最先成功利用受激辐射的不是光学家们,而是研究微波波谱学的专家们。1953年,美国的汤斯试制成功第一台微波激射器——氨分子钟。他设法在氨分子束中分离出高能级的氨分子,把它们引入谐振腔,在腔内由于发生受激辐射而引起振荡,产生较短波长的电磁波(厘米波)。由于振荡频率只取决于氨分子的能级间隔,所产生的电磁波具有极高的频率稳定度,其值为10^{-11},相当于在几千年时间里走时误差不超过1秒,氨分子钟提供了当时最精确的时间标准。

二战期间,汤斯致力于缩短雷达波的波长以提高灵敏度。利用传统的电真空元件缩短电磁波是困难的,他从微波波谱学的研究中受益匪浅,熟悉了微波与分子之间的相互作用,了解到受激辐射、粒子数反转等概念,屡经挫折后,他最终想到利用氨分子体系制造新的振荡器,试制成功,得到了厘米波。

把微波激射器的原理推广到光波段的尝试

微波激射器出现,表明有了新的方法以产生更短的波长,汤斯设想"一步步地缩短波长,例如由毫米波进入到亚毫米波范围"。然而这个想法遇到了极大的困难,当波长比1厘米短得多时,要制造合适的谐振腔是非常困难的,对于更短的波长,谐振腔必定会过大,由此会产生许多复杂的和不希望的振荡模式。

谐振腔的困难迫使汤斯放弃逐步缩短波长的想法,不得已,他采取了意外之举——"直接跳过去跃入光波段"。1957年9月,他草拟了第一台在光波段工作的激射器的方案,但并不理想,主要问题还是谐振腔的振荡模式。在汤斯深感困惑的时候,贝尔实验室的肖洛(A. Schawlow)取得了突破,他提出把谐振腔的大部分壁去掉,只剩下相对两个壁的一小部分,就可以解决振荡模式的难题,即以光学中的F-P仪作为谐振腔,汤斯认为这是"关键性的建议"。

1958年12月,汤斯和肖洛在《物理学评论》上发表了《红外与光激射器》一文,指出把微波激射器的原理推广到光波段,制造成光激射器(即激光器)是完全有可能的,他们讨论了F-P仪与微波共振腔的关系等问题,并提出了钾蒸气为工作物质的激光器的设计方案。

一种新光源——激光的诞生

汤斯和肖洛把许多人吸引到激光器的试制上来,不同国籍的专家们先后提出了数十个设计方案,人人加紧了试验的步伐,都想成为世界上第一台激光器的发明者。

人们始料未及的是,最先取得成功的是美国加州休斯公司的梅曼。1960年8月,他在英国《自然》杂志上宣告红宝石激光器试制成功。

同行们对梅曼普遍持怀疑态度。许多人预料气体激光器将最先出现,微波激射器就

梅曼

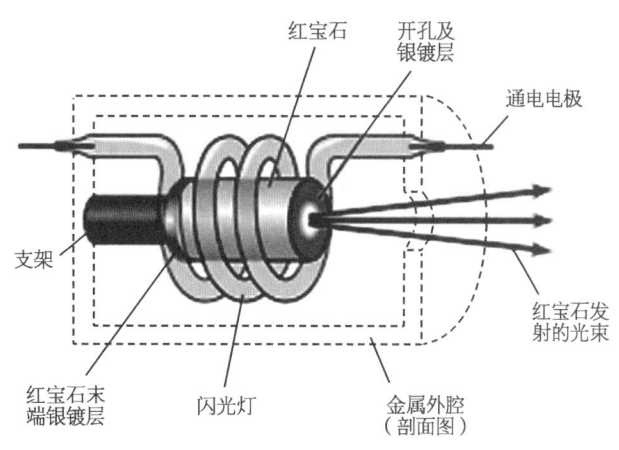

红宝石激光器示意

是利用气体试制成功的，而汤斯提出的设计方案也是以钾蒸气为工作物质的。他们对于固体激光器并不看好：固体介质由于谱线较宽，选模困难；对于可利用的频率，合适的抽运辐射又很有限，所以不适用。也有人研究过红宝石，认为红宝石的低能态上原子较多，并不适于产生激光，又红宝石的量子效应只有1%左右，这根本不能用！

肖洛等重复了梅曼的实验，证实了在红宝石中得到的光具有激光的基本特性——高强度、极好的方向性和相干性。梅曼的成功不容置疑！

梅曼能捷足先登并非偶然。他不盲从，相信"只要做简单的分析，就能真正把握其内在的过程"，他对于气体独具慧眼，认为"要考虑的因素太多了，不大可能用它来做第一台激光器"。他决定利用固体物质来制造激光器，在旁人看来，这或许是希望渺茫的意外之举。他对不被看好的红宝石做更深入的研究。他以强光射含铬量0.05%的红宝石，发现铬离子发生受激辐射，测得发光时量子效应高达70%！梅曼为此深受鼓舞，设计了第一台红宝石激光器。他把长1.90厘米、半径0.95厘米的红宝石圆柱体两端面磨平后镀上银，置于螺旋形氙闪光灯中心，然后逐渐增强其闪光强度，发现红宝石一端发出的光增强，方向性和相干性变好。梅曼确信他得到了一种新的光源——激光。

似有"神助"的意外发明

从基础的物理学概念"受激辐射"的提出，到激光器的出现，经历了将近半个世纪，基本概念最初是针对光波段提出的，人们却是先在微波波段利用它制成了微波激射器，而后才发展出了激光器，也即走过了光波—微波—光波这样的曲折道路。多次"意外之举"，实现了在艰苦探索之路上的不断突破，汤斯把激光器说成是"意外发明"，并不过分；激光的获得，似有"神助"，激光犹如"神光"。

或许有人会感叹，很早就有人应用受激辐射概念研究光学，顺着这个方向应该很容易制成激光器，但历史进程并非如此。其实，人们寻找和利用自然规律是一个十分艰难和复杂的过程，基础研究的成果要得到实际应用是一个不确定的过程，不可能完全遵循某一条预定的、意料之中的道路达到预期的目的。科学发现、技术发明的一个显著特点就是探索性，人们只能试探着通过各种不同的途径去发现去发明，发现和发明之路因此具有曲折性和意外性。"意外之举"其实是在沿惯常的、已有的途径走不通的时候另辟蹊径之举，它看似有偶然性，实际上也有必然性：汤斯和梅曼在遇到困难时，敢于跳出思维定势，不步人脚，在独自开辟的新方向上艰苦跋涉，终于达到光辉的顶点。我们在感叹之余，更多的应从科学技术的曲折进程中得到启示和借鉴，登高望远，向更高的顶点攀登。

（陈敬全）

排除归纳法在追踪排查新冠病毒隐形传播感染链条的作用

自 2020 年初,新冠病毒疫情暴发以来,仅过了半年,全球已有感染病例超过千万。我国疫情在伴随武汉市针对全体市民展开核酸检测以来,基本上接近本土病例清零的状况。但随着 2020 年 6 月 11 日北京新增报告本土确诊病例 1 例后,北京在出现 56 天本土病例清零后又产生了新的本土病例。天津也在 110 天无本土病例的情况下,于 2020 年 6 月 17 日新增 1 例本土病例。北京新增本土病例与北京新发地海鲜市场有关,天津新增病例是否也与其有关呢?

新增本土病例的出现,为我国疫情防控工作带来了新的挑战。如果在追踪导致新发病例原因的过程中,应用有效的科学方法,则能大大提高溯源效率,为精准防控发挥重要作用。对于天津新增本土病例,应用排除归纳法进行追踪排查就是一个明显的例子。

弗兰西斯·培根的排除归纳法

实验归纳法的创始人,17 世纪英国经验论者弗兰西斯·培根(F. Bacon)认为,科学研究的直接目的是,找出一种性质与另一种性质的本质联系,也就是要寻找一种性质,"这种性质总是和给定的性质同时存在或者同时不存在,也总是和它同时增加或减少"。这就是排除归纳法的最初样貌。后来经过一些逻辑学家的承继与发展,特别是穆勒(J. S. Mill)在培根"三表法"的基础上进一步完善排除法,为科学研究奠定理性基础,于是便有了闻名世界的探求因果联系的五种方法,即求同法、差异法、共变法、剩余法和求同差异并用法。

穆勒

一般地,求同法是对培根的具有表的精确表达,差异法是对培根的差异表的精确表达,共变法是对培根的程度表的精确表达,剩余法则是根据培根的排除法的基本原则直接引申出来的。这五种方法的共同本质,就是通过对不同情况进行分析比较,把那些没有恒常一致地与被研究现象相联系的先行情况排除掉,最后留下那个被确定为原因的先行情况。到了现代,排除归纳法作为一种科学研究方法,往往是根据对所研究对象,有选择地安排某些事例或实验,然后对其所假设的各种条件(如求同法、差异法中的各种先行情况)进行分析、比较,排除其中某些条件,以得到较可靠结论的归纳方法。

排除归纳法在追寻感染新冠病毒原因上的应用

应用排除归纳法一般分为：第一步，通过细微的观察全面搜集那些与所研究性质相关的实例。以天津新增的第137位病例为例，首先列出该患者发病前14天的行动轨迹、有无与疑似病例和确诊病例接触的情况。其次，列出与上述所列出的情况相似却不是新冠病毒感染者，比如，普通感冒、普通肺炎引起的发烧发热。此外，还要搜集在不同程度上具有与新冠病毒感染相似的发烧等多种现象。依据培根的"三表法"，则需要将上述三种情况分别列入到具有表、差异表以及程度表中。

第二步，在以"三表法"提供的大量例证的基础上，通过分析比较，拒绝或排斥一些现象。这些现象是在给定的性质存在的例证中找不到的，或者在给定的不存在的例证中找到的，这样就能将一些无关的现象/原因排除，留下真实的现象/原因。在此，应当注意，当由排除法抛弃一些性质的时候，相当于抛弃一些与这些性质有关的假说。例如，初步判断一个人是否感染了新冠病毒，首先是测量体温，但是发热就是感染新冠病毒了吗？当然不是。普通感冒、一般的肺炎等也会引起发热的症状。因此，首先要把导致这类发热的因素以及人群排除。其次，通过核酸检测确定剩余发热的人是否感染新冠病毒，如果核酸检测结果呈阳性，通常可以列为新冠病毒感染者，接着要根据流行病学调查，追踪其发病前14天的活动轨迹以探寻感染的原因。就天津新增本土病例而言，还要尤其注意其否去过北京以及与疑似和确诊病例是否有过密切接触。调查发现，天津第137位病例在发病前14天没有去过北京，也没有与疑似病例和确诊病例有过密切接触，那么该患者是如何被感染的呢？继续探寻原因体现了排除归纳法的两个主要特征，即注重实验证据的性质和对错误假说的排除。

天津疾控中心副主任张颖在《新闻1+1》中指出，第137位病例还有三种可能感染病毒：第一，被入境人员、疫情中高风险区人员（尤其是北京）感染；第二，污染的肉类与水产品；第三，被污染的环境，包括厨房、冷链、污水沟、工具等。这时再将这些因素列入具有表中。但是通过检测也排除了上述三种感染的可能性。接下来需要考虑的是，还有哪些因素/检测方法是被忽略了的，而这些因素/方法恰是导致天津出现第137位确诊病例的原因呢？经过排除，"基因测序"还未被采用，因此"基因测序"为找到真正的原因带来了新的希望。天津疾控中心迅速将从该病例采集到的标本进行了全基因测序，并且送至中国疾控中心进行复核，最终明确该患者的病毒与北京新发地相关病例的病毒序列完全相同。这一结果为进一步探寻感染病毒的真实原因缩小了考察范围。接下来围绕"基因测序"，工作人员锁定了血清学抗体为阳性的厨师X，他恰好是与第137例确诊患者在同一家酒店工作。这提示有必要对厨师X进行流行病学的细致排查，这很可能发现第137位确诊病例被感染的原因。

据以上论述，一方面排除归纳法在寻找感染新冠病毒原因上发挥了重要作用，另一方面也体现其在采用检测手段方法上的作用。例如，为什么要借助血清学检测手段呢？在现有的检测方法中，最常用的是核酸检测。但为什么核酸检测在上述情况中没有体现出重要作用，还要采用血清学检测呢？通常核酸检测已经排除了很多先行情况，但是面对复杂的病毒感染链条时，有时仅凭核酸检测不够，还需要血清学检测这一辅助诊断。上述提及的厨师X，他的身体一直没有出现任何症状，说明既往的感染时间较长，核酸检测又是阴性，因此只能借助血清学抗体辅助诊断。这个排查的案例说明，排除归纳法的检验多样性要求或者事例多样性原则。只有那些能够证伪和排除某些假说的检验，或那些不同于以往实验证据的新事例才能支持被检验的理论，排除归纳法注重证据的质量。

排除归纳法与波普尔的证伪主义

排除归纳法的特征"否定"和"排除"，在培根式的归纳思想中已有体现。它通过排除反例，留下正例的方式确立或证实全称命题，发挥"排他证己"的作用。这与奥地利哲学家波普尔（K. Popper）的证伪主义思想上是一致的。这里的排除，是把所有相关的证据/原因列举出来，就如一个很长的析取式，尔后逐项排除，相当于证伪。以上述例子而言，借助核酸检测、流行病学调查以及血清学抗体等方式，排除（证伪）不相关的因素/原因，而把真正的原因保留下来。虽然波普尔开始对归纳主义者所提倡的"排除法的唯一宗旨就是尽可能牢固地建立那个幸存的理论"持反对意见。他认为："我们所做的或者应当做的事情，是抓住那个最不可能为真的幸存理论，也就是那个能够加以最严峻检验的理论。"但是后来，他意识到暂时接受一个较好的假理论这种提法不妥，

培根

波普尔

并提出逼真性（verisimilitude）概念，以表明对真理的追求是科学目的之一，波普尔的证伪主义与排除归纳法思想是一致的。培根强调证伪以及证伪的过程是构成他归纳方法的一个基本部分。他把从成千上万只天鹅是白色的，可以推知所有的天鹅都是白色的，或者下一只天鹅是白色的，这个经典的简单枚举案例，说成是一种"幼稚的"/"不成熟"的归纳。在培根看来这一类型的归纳是以"排除和拒斥"为基础，相当于波普尔的证伪和反驳。

出现在西方近代的归纳方法，实际上在我国古代就有了这种思想萌芽。墨辩逻辑中止式推论的"止"所起的作用是建立在全称肯定命题不能滥用的基础之上的。由此可见，排除归纳法和止式推论两者相互映射、相互贯通。中西两大逻辑体系体现出共同的思维特征。就探寻天津第137位本土确诊病例感染原因而言，正是在对上述提及的各种先行情况，经过核算检测、基因测序以及血清学抗体等方式，不断地进行否证，最后才找到他感染病毒的原因，也就是与厨师X的密切接触是真正使他患病的原因，就是一个很好的范例。

综上所述，新冠病毒神秘诡异，人类与它斗争的过程，就是一个不断寻求科学真理（找到解决它的办法）的过程。科学方法是科学家和医务工作者用于寻找、防护、诊断和救治患者的利器。排除归纳法作为科学方法，在寻找新冠病毒隐形传播感染链条时，发挥了重要作用。就如培根在《新工具》中就曾指出："那种以简单的枚举来进行的归纳法是幼稚的，其结论是不稳定的，大有从相反事例遭到攻击的危险……对于发现和论证科学技术真能应用的归纳法，必须以正当的排拒法和排除法来分析自然，有了足够数量的反例事例，然后在得出根据正面事例的结论。"

（曹青春）

曹青春　1978年生。现任上海大学马克思主义学院哲学系副教授。美国芝加哥大学哲学系访问学者，澳大利亚斯威本科技大学访问学者。曾在《哲学研究》《自然辩证法通讯》等刊物发表论文多篇。主持或完成包括上海市哲学社会科学规划一般项目在内的项目3项，参加国家社会科学基金重大项目和教育部哲学社会科学研究重大课题攻关项目、国家社会科学基金项目以及教育部人文社会科学项目等6项。

个人感悟　认真生活，努力工作。

科学精神篇

　　科学成就离不开精神支撑。科学家精神是科技工作者在长期科学实践中积累的宝贵精神财富。新中国成立以来,广大科技工作者在祖国大地上树立起一座座科技创新的丰碑,也铸就了独特的精神气质。去年5月,党中央专门出台了《关于进一步弘扬科学家精神加强作风和学风建设的意见》,要求大力弘扬胸怀祖国、服务人民的爱国精神,勇攀高峰、敢为人先的创新精神,追求真理、严谨治学的求实精神,淡泊名利、潜心研究的奉献精神,集智攻关、团结协作的协同精神,甘为人梯、奖掖后学的育人精神。

——摘自习近平总书记 2020 年 9 月 11 日
在科学家座谈会上的讲话

拒绝愚昧：科学精神向非科学人群的扩散

16—17世纪的科学革命，确立了新的自然图景，而与之同时发展的，是获取这一图景的科学方法。从自然现象出发，分析其可能的联系，提出一种合于理性的假设性解释，进一步利用推理或数学方法，提出可供观察或测量的推论，再将其付诸实验，以求验证。这一整套做法、观察、假说、推理、验证，环环相扣，构成了方法论上的一种程式，即"科学方法"，后来成为探究未知事物的操作规范。这种探究模式的基础则是一种更深刻的哲学信念，即自然界中存在合于理性的规律，而这种规律是可以为人所认识的。

到了牛顿时代，科学方法及其哲学基础在自然研究者的圈子里已是共同的做法和不争的信念。但如果从更加阔大的历史的角度看，科学革命上承文艺复兴余绪，下开启蒙运动先河，由此而来的方法和信念，影响所及，绝非仅限于自然研究者这么一个小群体，也绝非仅在于自然研究这么一种特定的活动，而是全盘重塑了整个人类思维和判断的模式。我们于是有理由问，这一切是如何发生的呢？科学精神是如何扩散，没有受过专业教育的人是如何获取科学文化的精髓的呢？

百科全书与"真知识"的传播

最先尝试把科学推向普通民众的大概是苏格兰人钱伯斯（E. Chambers）。1728年，他的百科全书在伦敦出版，距牛顿去世刚刚一年。在"哥白尼"条下，编者虽然也提到了偏心匀速点之类的概念，但介绍的重点却在常人可理解的观念上，强调哥白尼的理论"建立在观察、比较和计算上"，解释了"所有行星的现象和运动"，避免了"混乱"，进而推出日心图景。钱氏百科的撰稿人显然是有相当专业训练的天文学家，但他所预设的读者却不是以科学为专业的人。他所注重的，不是哥白尼体系的技术细节，而是这一新图景的构造，以及这一构造背后科学家出于理性的考量。

钱氏百科的重要的文化意义很快为人所瞩目。在其出版后的10年中，至少有4套类似的百科问世，而1751—1772年法国人狄德罗（D. Diderot）主持编纂的《百科全书》呈现在世人面前的，是企图囊括"地球上所有知识"的、由当时法国最著名的学者合力撰写的巨著：17卷文字，11卷图片，18 000页，75 000个条目，洋洋洒洒2 000万［法文］字。狄德罗写道："积年的幼稚必须扫荡，非理性的障碍必须被推翻，一直以来我们需要一个理性的时代。"他希望传达给后代的，是由科学构造的"真知识"，以及获取这种真知识的、以理性为基础和标杆的科学方法。他要由此倡导一种"独立的精神"，而《百科全书》所致力传播的"真知识"，扩大了民众的眼界，本身就是战胜无知和迷信，扫荡愚昧和偏执的最必要的保证。

狄德罗

狄德罗主持编纂的《百科全书》

科学讲座与科学知识科学方法的普及

1799年，同样以"传播知识"为主要目的的英国皇家科学院成立。学院的一项工作是开设面向公众的科学讲座。得益于一幅1802年的速写画，我们几乎能直接看见会场当时生动的情景：衣冠楚楚的绅士，浓妆艳抹的女眷，乱糟糟地围坐在讲台周围，主讲人正用力捏着一个人的鼻子，似乎是在这个热衷的志愿者配合下讲解呼吸作用。学院的创始人汤普森（B. Thompson）在讲台的一侧一本正经地看着这个伟大的演示，他的助手戴维（H. Davy）则站在主讲人的身后，戴维这时刚应聘为化学教授不久，但不久则注定要成为这一讲座的明星。戴维后来展示给世人的，有最新的电学实验，有心肺的作用，呼吸与笑气。每次听他报告的听众都超过500人，而且"掌声不绝"。

这样的场面和5年以后他关于碱金属和碱土金属的演示相比，真是算不了什么。他先是请出了他发现的"双胞胎"钾和钠。闪闪发光的液态金属，像是两颗小水滴，在水面上回旋奔突，咝咝作响，然后爆出一缕火光，转瞬间消失无形，变成了大众熟知的苛性碱。化学的神奇令听众倾倒，不少人因此迷上了科学，其中最著名的，是后来被戴维聘为助手的法拉第（M. Faraday）。

和戴维一脉相承，法拉第的通俗演讲也是大受欢迎。1816—1818年间他在伦敦哲学会的化学讲座，竟成了伦敦名流趋之若鹜的时尚。从1827年一直到1867年他去世的前一年，法拉第不断地为公众做讲座，内容甚至包含他正在进行的电磁学实验。另外专为青少年开设的圣诞节讲座，前后19场，演示和讲解相得益彰，在当时就成了经典。他

科学精神篇

戴维

法拉第

法拉第为公众做化学讲座

以"蜡烛的故事"为题的报告，从蜡烛燃烧发光讲起，详细地解释了化合和分解，氧化和还原，更是成了圣诞节伦敦的一道靓丽风景。他最后要他的小听众们，"像蜡烛那样，有一分热，发一分光，忠诚而踏实地为人类服务"。法拉第，以皇家学会会长之尊，在谈到这些为青年朋友而设的讲座时说，"［求知的］火焰应该从一开始就点燃，并且照耀始终。"至此，科学讲座不仅介绍科学成果，讲解科学方法，而且成了一种向公众传递科学精神和社会责任的文化活动。

推理小说与科学方法的应用

1887年11月,《血字的研究》在英格兰一份不太热销的杂志上刊出。这是一个署名柯南道尔（A. Conan Doyle）的苏格兰医生写的一部推理侦探小说。次年7月，单行本出版。一年后再版。再一年，在美国再版，一时脍炙。福尔摩斯从他所谓的"演绎法"开始，滔滔不绝，解释如何从对最平常的小事的细致观察，借助推理，发掘出深藏的事实真相，令他的友人华生医生目瞪口呆。

柯南道尔

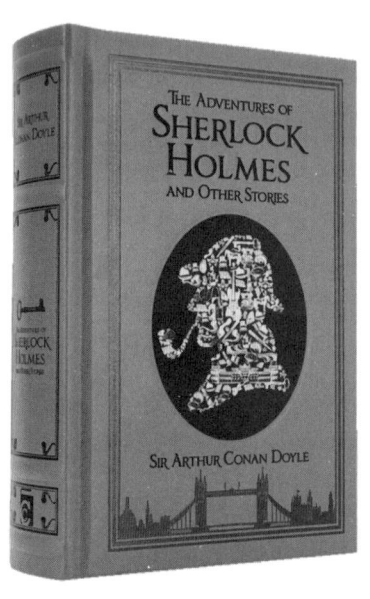

《福尔摩斯侦探集》

三年后出版的《银鬃马》说的是一个驯马师的离奇死亡。福尔摩斯推断，此人并非死于他杀，而是因为他忘恩负义，为了骗取钱财，在月黑风高之夜把他所驯养的名驹带到野外，想用一种精细得令人无法察觉的切口伤害马的后蹄，以便在赌马时取得他所期望的结果，不料被马踢死。福尔摩斯进一步推测，要完成这么一个精细的手术，罪犯必须要有适当的照明，为此必须点燃小支蜡烛。如果此一推理成立，在犯罪现场应当有痕迹留下。经过有目的的搜寻，他果然找到了点蜡烛遗下的火柴，从而锁定了罪犯。

故事到此展示了一个完整的观察—推理—假说—验证的方法论范例。福尔摩斯强调的，不是盲目地搜集尽可能多的物事，不是漫无边际地看，而是由理性带领着，寻找他想象中必定存在的东西，从而验证他的猜想。他说苏格兰场（英国警察局）的警察不是不勤奋，而是缺乏想象力；他们手里不是线索太少，而是没有能力主动去寻找有用的线索。他向拳拳膺服的警员夸示的，正是他倡导的"演绎法"，一试再试，一如他后来在

《跳舞的人》和好多别的故事里所做的那样，屡战屡胜，屡试不爽。

细看福尔摩斯侦探集，科学方法的运用绝非仅见于上述一两个故事中。洋洋洒洒56个短篇和若干个中篇，构成了一种科学方法论的教科书。这些故事并不以学有专精的受众为目标，凡受过基础教育的人，都可以在这看似休闲的阅读中，感受科学。纵观西洋文学史，柯南道尔也绝非一枝独秀。推理小说，从稍早的爱伦坡（E. Allen Poe）、科林斯（W. Collins），约略同时的斯蒂文森（R. Stevenson），稍后的波瑞（A. Perry）、威尔斯（H. G. Wells），直至更晚的克里斯蒂（A. Christie），蔚然一宗。我们当然很难坐实这些作者都是在自觉地有计划地向读者灌输科学精神，但其受欢迎的程度本身就清楚地表明，到19世纪末，一种与"科学精神"相匹配的文化，在西洋读者群里已是浩浩荡荡。

"科学精神"的主要内涵与精髓

科学之于人类的福祉，既在成果，更在蕴含其中的科学精神。这种精神当然不能仅为科学研究的专门家所独享，而必须向非科学人群，即不以自然研究为专业或谋生手段的"普通人"扩散，成为主流文化的一个部分。对于自然界规律的尊重和认识，对于科学方法的信赖，以及对理性的至高无上的地位的确认，是我们所说的"科学精神"的主要内涵。传播扩散的方式当然是多种多样的，而其意在"拒绝愚昧"的精髓则一。百科全书也好，科学讲座也好，推理小说也好，或者其他我们在此尚无力做细致讨论的方式也好，它们的社会功用，常在于把被技术细节所遮蔽的科学方法和理性精神阐发出来，扩散出去，成为大众思考和行为的准则，成为一种统治的文化。当这种精神在一个文明中占据主导的和主流的地位时，这一文明的观念现代化也就完成了。

（吴以义）

吴以义 1948年生。复旦大学历史系客座教授。华东师范大学哲学硕士、普林斯顿大学历史学博士、宾夕法尼亚大学科学史及科学社会学博士后。先后在美国教育部和纽约市教育局任职。在纽约大学、纽约州立大学兼任教授，讲授世界文明史、科技史课程。著有《库恩》《牛顿及其时代》《海客述奇——中国人眼中的维多利亚科学》等书，发表学术论文多篇，收集在论文集《溪河溯源》。

个人感悟 躬自厚而薄责于人则远怨矣。

谈学术造假与科学精神之缺失

2017年4月20日，国际期刊《肿瘤生物学》将107篇中国作者论文集中撤稿，引起了社会哗然。7月27日，科技部、教育部等五部门公布了论文集中被撤事件的调查处理结果，查明其中101篇存在提供虚假同行评议专家或虚假同行评议意见的问题。提供虚假的同行评议，以及其他的学术不端行为，如杜撰、篡改和抄袭等，都属于学术造假。2020年8月，意大利SCI杂志《欧洲医学与药理学评论》批量撤回中国学者26篇研究文章，绝大部分都涉及非编码RNA领域，主要原因是套路及批量类似的研究，涉嫌学术不端；同时批量撤下中国学者总共88篇论文。学术造假屡屡发生，深刻地反映了一部分学者科学精神之缺失。

科学精神及其内涵

科学精神是近代以来科学发展所积淀形成的独特的理念、气质、规范和传统。科学精神蕴涵在科学思想、科学方法和科学的精神气质之中，具体体现：一是求真精神。科学是求真之学，自然界运动变化的规律即为真理，科学家对真理满怀渴求、执着和热爱，具有探索规律、追求真理的志向和献身精神。二是实证精神。实证原则是科学的一个重要原则，实证原则所蕴含的实证精神，就是人们在追求真理时必须坚持一种实事求是的理性态度和求实精神。三是怀疑和批判精神。怀疑意识使科学家独立地判断和思考，排除轻信和盲从，体现科学的理性。科学批判的理性，在本质上是一种反思和超越，而不是简单或彻底的否定。四是创新精神。科学研究始于怀疑和批判，但怀疑和批判本身不是目的，而是为了超越和创新，提出独创性的思想。创新精神是科学得以不断进步的基础。五是宽容精神。科学是弘扬宽容精神的，它允许"出错"，倡导"失败是成功之母"，宽容精神也是一种民主和自由精神。六是社会关怀精神。科学在本质上是至善的，科学家应该自觉地关怀社会、服务社会，对科学发展及其应用可能导致的各种后果承担社会责任，接受社会对科学活动的评价和选择。

学术造假与科学精神背道而驰

学术造假违背了求真精神。求真，是科学精神的核心内涵和根本要义，是科学探索、科学创新和科学发展中的本源性、内禀性的推动力量，学术造假者追求的不是真理，而是私利；学术不端行为不求真，而是费尽心机弄虚作假。

学术造假违背了科学实证精神。学术造假者缺乏实事求是的理性态度和求实气质，学术不端行为千方百计逃避理性的审视，杜撰、篡改和捏造出来的东西经不起实验的检验。

学术造假违背了科学的创新精神。科学活动自身的最高价值取向是提出独创性的思想和取得原创性的科学成果。每一时代的科学家都力图超越前一代，又期望为后一代所超越，创新精神是科学得以不断进步的基础。抄袭和剽窃是把他人的研究成果窃为己有，是对他人研究成果的扭曲性重复，丝毫没有原创性和独创性可言，背离了科学求新的最高价值取向。

学术造假违背了社会关怀精神。学术造假者不择手段骗取国家的科研经费，炮制出来的却是学术垃圾和学术泡沫，造成了社会有限的学术资源极大的浪费。学术不端行为贬低了学术界的社会公信力，损害学术界在社会公众心目中的良好形象，挑战社会的道德良知底线，给社会的精神文明建设造成了负面影响。

科学精神缺失的原因探究

学术研究初心的缺失。科学研究的目标是探究未知，为人类增进知识。然而，受市场经济环境下追求利益最大化的社会思潮的冲击，以及社会转型过程中经济、政治、社会领域诚信失范的影响，有些学者的价值观发生了变化，他们依靠研究课题的取得或论文发表得到身份认可，进而提升学术地位，获得物质利益；他们或为金钱而"学术"，或为声望、为地位而"学术"，缺失了为学术而学术的崇高目标。

学术研究敬业精神的缺失。学术研究，从科学问题的提出，到科学理论的最终建立，是一个漫长的过程，充满了艰辛和困苦。要做出科学发现必须付出长期艰苦的努力，科学探索没有平坦的大路可走，只有在崎岖的小路攀登科学的高峰，这需要敬业精神和吃苦耐劳的精神。学术造假者学风浮躁，追慕虚名、急功近利，缺乏理智、沉稳、严谨、求实的风尚。他们不安心从事系统、扎实、深入的学术研究，而是浮光掠影，浅尝辄止，粗制滥造，只求数量、不顾质量，企图不付出艰苦的努力就获得高额的学术回报。

学术研究敬畏感的缺失。敬畏感是在面对庄严、崇高事物时带有恐惧、尊敬及惊奇的感受。敬畏是自在的，因信仰而敬畏，因敬畏而诚实，因诚实而讲道德，由此促成学术界治学的秩序和制度。康德说："有两样东西，人们越是长久地对之凝神思索，它们就越会让内心充满常新而日增的惊奇和敬畏：我头顶上的星空和心中的道德律。"学术研究必须充满对自然（自然规律）、对科学共同体道德准则和通行的学术制度的敬畏。学术期刊通行的同行评审制度在国外鲜有学者造假，他们会提交真实的专家姓名和专家真实的联系方式，让期刊编辑去联系专家，由专家自主提出意见。但在我国，学术造假者利用制度的漏洞，告诉期刊一个真实的专家姓名，却提供错误的专家联系方式，结果变为作者自己提交评审意见，以自己对论文的虚高评价，达到发表的目的。

学术人格和学术尊严的缺失。学术研究是一项神圣的事业，它自身蕴含着一种不容亵渎、不容诋毁的尊严。有志气的学者把学术人格和学术尊严视为学术生命和学者的立人之本。学术人格和学术尊严保证了道德准则和学术制度的自觉执行。国外学者绝大多数不会去钻同行评审制度的空子，他们不认为这一制度有漏洞，因为整个学术界以学术人格和学术尊严堵住了漏洞，他们认为，一个严肃的学者做这种事，是有失体面，有失人格和尊严的，真有学者这么干，一旦被发现之后，是严重的学术丑闻，他会颜面扫地而身败名裂。我国的一些学术造假者却无所顾忌，铤而走险。甚至有人通过第三方机构购买论文发表，他们以为投机取巧和花金钱能换来学术成果，这是对学术研究的亵渎，对科学事业圣洁性的玷污！他们自甘堕落，贬低了自己的人格和丢失了作为一个学者的尊严！

遏制学术不端行为与重塑科学精神

诚然，导致一些学者缺失科学精神还有其他原因，如学校、医院和科研机构现行对人员的评价制度，在评职称时，都有发表论文的要求，不是看论文本身有多少创新价值，而是看论文是否发表、发表在什么期刊上。对人员的评价重视的是论文发表的数量和期刊档次，并不关注人员的真才实学与学术贡献。这种评价制度，其实是学术行政化和学术功利化的表现：评职称是行政管理评价人才的一种行政手段，而评职称的指标都是行政化指标；看重论文发表的数量和刊物的档次，是为了标榜机构的学术政绩。"唯论文论"的评价制度，使教师和科研人员把精力放在炮制论文中，致使弄虚作假、抄袭剽窃等学术不端行为屡有发生。

科学精神的缺失不是孤立的，比如在大学，其与大学理念、大学独立性、大学制度、大学特色的缺失和大学功能在某种程度上的缺失，以及教授话语权和教师理想在一定程度上的丧失都不无关系。

显然，把个人学术造假和科学精神的缺失全部归罪于评价制度和其他原因是不合理的。个人学术不端，说到底，还是心术不正。个体的不端行为不能被纵容，科技部、教育部等五部门在公布调查处理结果时指出：对撤稿论文要始终坚持眼睛向内，从自身查找原因，形成"零容忍"的态势，坚决遏制学术不端行为滋生蔓延的势头。要制定更加严厉的处理规则，把治理学术造假纳入法治轨道。推动大学、科研机构等建立完善的学术管理制度，对科研人员学术成长轨迹和学术水平进行跟踪评价，对重要的学术成果发表加强审核和学术把关。

人们期待着学术界和有关部门从这次论文集中被撤事件中吸取深刻教训，痛定思痛，采取切实有效的举措，有力抵制和严厉惩处学术造假，重塑科学精神，力保科学殿堂的圣洁。

（陈敬全　苏　祺）

由诚信导致的重大科学发现

1978年，美国贝尔电话公司实验室的两位工程师彭齐亚斯（A. Penzias）和威尔逊（R. Wilson）被授予诺贝尔物理学奖，以表彰他们在发现宇宙微波背景辐射方面做出的杰出贡献。他们因诚信而导致了重大的科学发现，在科学史上传为佳话。

来历不明的微波射电噪声

1964年，美国贝尔电话公司实验室在新泽西州的一座山上建立了一架巨大的微波探测天线，用于接收"回声"卫星的信号。彭齐亚斯和威尔逊调试这架天线，以测量银晕气体射电强度，他们意外地接收到了波长为7.35厘米的噪声信号，类似于雷雨天从收音机里听到的天电干扰声。噪声是稳定的、各向同性的（即不随方向变化）；又不因昼夜、不因季节而变化，可判定它与地球的公转和自转无关。

难道这是天线自身产生的电噪声？为此，他们将天线拆卸，进行了彻底的检查，并改进了天线内部的一些部件，同时还驱赶了天线附近的鸽子，清除了天线上的鸽子窝和鸟粪。然而在排除了对天线产生噪声干扰的种种可能后，噪声仍然存在。

彭齐亚斯和威尔逊诚实地向外公布了与当时人们预测完全不同的，甚至是令人失望的结论：噪声无法消除，噪声不是来自天线本身，而是来自整个天空的微波射电噪声，与绝对温标3.5K的黑体辐射相当，以后又订正为2.7K，简称3K微波背景辐射。

怎么解释微波背景辐射的现象呢？他们苦苦思索，百思而不得其解。

彭齐亚斯（右）与威尔逊（左）

彭齐亚斯与威尔逊的微波探测天线

宇宙背景辐射的意外发现

富于戏剧性的是，普林斯顿大学的一个研究小组给出了问题的答案。该小组在天体物理学家迪克（R. H. Dicke）的领导下致力于大爆炸宇宙论的研究。早在1946年，美籍俄国物理学家伽莫夫提出了大爆炸宇宙模型：宇宙始于高温高密的"原始火球"，经历了由密到稀、由热到冷的演化史，形成了现在的星系等天体。这个演化过程伴随着宇宙的膨胀，开始时十分迅猛，如同一次规模巨大的爆炸。一个最初几乎由热辐射充满的宇宙，开始时辐射远远超过物质，但随着宇宙的膨胀，物质渐渐超过了辐射，伽莫夫预言了作为大爆炸遗迹的电磁辐射背景存在的可能性，指出大爆炸后宇宙变得异常寒冷，残存的辐射温度可能只有5K。

迪克

研究小组努力寻找大爆炸宇宙论的依据。为探测大爆炸后的宇宙余热，他们设计了一种辐射计以接收天空的辐射，但装置简陋，要探测到宇宙残余辐射，其可能性是微乎其微的。正当他们一筹莫展之时，接到了彭齐亚斯和威尔逊的通报。他经过认真的讨论断定，这意外发现的微波辐射正是自己苦苦寻找的宇宙背景辐射！

1965年，在美国《天体物理学报》第142卷上，刊登了彭齐亚斯和威尔逊的短文《4 080兆赫的过剩天线温度测量》以及迪克小组写的《宇宙黑体辐射》。前者用了约600个字报道了他们的观测发现及测算方法；后者则用宇宙模型理论对前者的发现做诠释，明确指出：3K微波背景辐射的发现，是对大爆炸宇宙论的最有力的支持。

对现代宇宙学界来说，继1929年哈伯发现河外星系红移即宇宙膨胀现象以来，迎来了又一次发展高潮。瑞典皇家科学院在1978年度诺贝尔奖授奖仪式上对3K微波背景辐射的发现做了高度评价："彭齐亚斯和威尔逊的贡献是一项根本性的发现，使人们有可能得到很久以前——在宇宙形成时——所发生的宇宙变化过程的信息。"

诚信导致重大的科学发现

彭齐亚斯和威尔逊做出了杰出的科学贡献。科学工作者在研究开发活动必须遵循诚信准则：实事求是，诚实地提供信息，言而有信；遵守规则，实践成约。具体来说，诚信准则是指科学工作者在项目设计、数据资料采集分析、科研成果公布以及在求职、评审等方面，必须实事求是；对研究成果中的错误和失误，应及时以适当的方式公开和承认；在评议评价他人贡献时，必须坚持客观标准，避免主观随意。

科学研究需要求真求实的精神，求真求实是建立在诚信基础上的。科学的目标在于求真——探究自然界运动变化的规律，所谓"真"，即与事实相符合。科学家探求真理时是通过"从实事出发探究其中规律"的途径实现的，为此必须不断地通过观察实验而获得大量的、确凿的经验事实和数据，并在此基础上提出规律性的说明，否则"巧妇难为无米之炊"，探究自然规律就无从谈起。由此，所获经验事实和数据必须真实可信，不容半点虚假，否则会导致虚假、无效的结论。

诚实是诚信的要义，诚实是科学家在科学研究中必须持有的一种品格。一个诚实的科学家，他不仅没有谎报成果，而且充分报道了不符合自己观点的事实，从长远来看，他是不吃亏的。彭齐亚斯和威尔逊的经历证明了这一点。当初他们发现微波背景辐射时，并没有弄清其理论意义，但是他们诚实地报告了可能不被人看好的观测结果，不料为确认"大爆炸宇宙论"提供了有力的证据。

诚实守信是保障知识可靠性的前提条件和基础。除此之外，彭齐亚斯和威尔逊能做出重大的科学发现，确实有过人之处，他们能摘取诺贝尔奖的桂冠是当之无愧的。他们做出发现带有偶然性，但偶然背后却蕴藏着必然，这同他们的执着追求和具有良好的科学素质是分不开的，这表现为对于意外的事物不掉以轻心，刨根问底，并采取严谨的科学态度和正确的方法来处理，他们采用"逐步筛除法"，逐一区分和消除各种可能的干扰因素，为了追寻天线额外温度辐射源，除了赶走在天线入口处筑巢的一对鸽子外，还轻敲天线金属板的所有接缝，以排除因连接处可能存在的缺陷而造成天线损耗和漏电；又彻底清扫了天线。之后，他们把天线从原来的方位转向各个天区，从 1964 年 7 月至 1965 年 4 月连续不断地进行观测，以考察季节性变化的影响。在做完了这些事情之后，他们才放心地确认这种额外的辐射源于深远的宇宙空间。

迪克小组在这项重大的科学发现中功不可没，他们"画龙点睛"，揭示了不明事物背后的真相。他们高超的科学鉴赏力和深邃的洞察力令人赞叹不已——唯他们有能力欣赏隐藏在混沌噪声之中的那种引人入胜的宇宙奥秘以及和谐之美。

彭齐亚斯和威尔逊做出重大科学发现已经过去快 60 年了，但在今天仍不乏启示作用。党的十九大提出要"瞄准世界科技前沿、强化基础研究"，相信有越来越多的科学工作者奉行诚信原则，具备良好的科学素质、高超的科学鉴赏力和深邃的洞察力，以实现"前瞻性基础研究、引领性原创成果的重大突破"。

（陈敬全）

国际化学元素周期表年：
记住探索者历经的艰难曲折

2019 年，联合国确定该年为国际化学元素周期表年，以纪念俄国化学家门捷列夫元素周期表发表 150 周年。探索元素周期律走过了曲折的道路，探索者曾受到不公正的待遇。

对元素周期律的艰苦探索

1789 年，法国化学家拉瓦锡（A. L. Lavoisier）曾提出一种按照气、非金属、金属和土质共四类对化学元素进行划分的方法。19 世纪以来，众多新元素的发现，使拉瓦锡的这一分类法受到了冲击；但同时也提出了一系列新的问题：自然界里究竟应该有多少种元素？未知元素的寻找有无规律可循？元素之间有无内在的联系？新元素的性质是怎样的？其性质能否预测等。

德国化学家德贝莱纳（J. Dobereiner）1829 年发现三种化学性质相近的元素，如氯、溴、碘等，不仅在颜色、化学活性等方面有规律变化，而且其原子量之间也有一定量的关系，即中间元素的原子量总是另两种元素原子量的算术平均值。他一共找出了 5 组这

门捷列夫

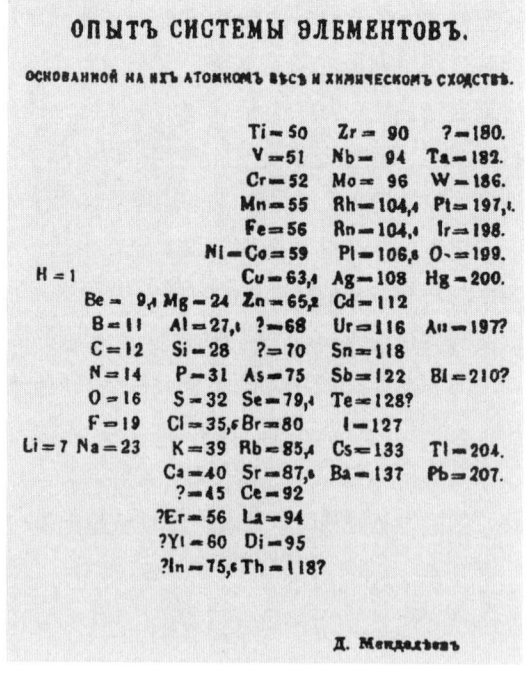

门捷列夫最先发表的元素周期表

种带有规律性的元素组，并将其称为"三元素族"。

此后的四十多年里，陆续有人进行了类似的探索。1857年英国的欧德林（W. Odling）发表了"元素表"；1862年法国人尚古多（B. Chancourtiois）提出了关于元素性质的"螺旋图"；1864年德国人梅耶（J. L. Meyer）发表了"六元素表"；1865年英国人纽兰兹（J. A. Newlands）发表了关于元素性质的"八音律"；等等。

1869年，俄国的门捷列夫（D. I. Mendeleev）指出元素的化学性质随原子量的增加出现周期性的变化，揭开了化学元素规律性的奥秘。他最先发表了元素周期表，并依此预言了未发现的若干新元素。

探索者们受到的不公正待遇

化学元素周期律的探索者们受到了不公正待遇。一些权威们由于认识的局限性，对他们冷嘲热讽，多加责难。

在法国，巴黎科学院对尚古多的"螺旋图"相当冷漠。尚古多曾在1862年和1863年先后两次将有关的三篇论文、图表和模型送交法国科学院，但一直没人搭理；在德国，由于少数科学权威的非难，梅耶的"六元素表"连及时发表的机会都被剥夺；在英国，纽兰兹在化学学会上提到"八音律"时，学会会长福斯德森教授当众奚落他说："是否尝试把元素按字母的顺序排列，这样可能得到更精准的符合！"学会的其他会员也跟着瞎起哄。

门捷列夫在俄国受到的阻力就更大了。他的导师、"俄罗斯化学之父"——沃斯克列森斯基（A. Voskresensky）教授，以及化学权威齐宁（N. N. Zinin）等认为门捷列夫不务正业，甚至告诫他说："到了干正事、在化学方面做些工作的时候了！"还有一些专家则认为门捷列夫的周期律是科学研究中"不能依靠"的"一种离奇分类法"，指责他是在"薄弱"的基础上修改当时公认的原子量，是近乎"鲁莽"的行为。

更有一些专家更是竭尽挖苦、讥讽之能事，说："化学是研究业已存在的物质的，它的研究结果是真实的无可争辩的事实。而门捷列夫却研究鬼怪——世界上不存在的元素，想象出它的性质和特征。这不是化学，而是魔术！"

权威们的傲慢与偏见，使得周期律的探索之路更曲折和险峻。在法国，尚古多的研究成果被推迟了整整20年，直到1889年以后才陆续翻译出版，这不仅影响发现元素周期律的进展，而且使法国科学界失去了发现的优先权。在英国，纽兰兹在科学权威的巨大压力下，不得不放弃对这一重要理论问题的探索，转而研究制糖工艺。

元素周期律的最终公认

但科学的发展并不完全受权威们左右。元素周期律得到了越来越多的科学事实的支持。1875 年，门捷列夫根据周期律对新元素的预言第一次得到了证实，法国人布瓦博德郎（L. Boisbaudran）发现的新元素"镓"正是门捷列夫所预言的"类铝"。1879 年，瑞典化学家尼尔森（L. F. Nilson）发现了新元素"钪"（Sc），又一次证实了门捷列夫预言的"类硼"的存在。

1886 年，当德国科学家文克勒（C. A. Winkler）看到自己发现的"锗"（Ge）正是门捷列夫在 16 年前就已预言过的"类硅"时，十分惊奇，他精辟地指出元素周期律无可争辩的真理性："再没有比'类硅'的发现能更好地证明元素周期律的正确性了，它不仅证明了这个有胆略的理论，还扩大了人们在化学方面的眼界，在认识领域里迈进了一步。"

化学元素周期律终于得到公认，那些持反对意见的权威们也不得不改变态度。历史永远铭记门捷列夫做出的里程碑式的贡献，恩格斯赞誉他"完成了科学上的一个勋业，这个勋业可以和勒维烈计算尚未知道的行星海王星的轨道的勋业相媲美"。

诺贝尔颁奖史上的一大遗憾

1906 年评选诺贝尔化学奖时，门捷列夫是候选人之一，而另一个候选人是法国化学家莫瓦桑（H. Moissan），他在制备元素氟方面做出了贡献。瑞典科学院化学分部投票表决时，10 名委员中有 5 名投莫瓦桑的票，4 票赞成门捷列夫，1 票弃权，莫瓦桑以一票的优势而获奖。门捷列夫在 1907 年去世，失掉了再次被评选的机会，这不能不说是诺贝尔奖历史上的一大遗憾！

莫瓦桑能够得奖，与他在 1893 年宣称利用石墨制得了"人造金刚石"而名声大振不无关系。尽管在诺贝尔奖证书上只字未提"人造金刚石"的事，但莫瓦桑在领奖致答词时，一再强调他合成"人造金刚石"的创举。令人啼笑皆非的是，莫瓦桑的创举是假的，后经查明，他的助手厌烦了反复无休止的实验，在实验中悄悄把一颗天然金刚石冒充"人造金刚石"，莫瓦桑急于求成，未经重复实验就信以为真。这使他的获奖多少蒙上了阴影。

科学探究之路不平坦，而新的发现要得到公认之经历更曲折。我们在国际化学元素周期表年歌颂元素周期律建立的丰功伟绩的同时，也应该赞美探索者们具有的百折不挠的精神、忍辱负重做出的杰出贡献。

（陈敬全）

读百年前爱因斯坦获诺贝尔物理学奖的几个故事

2021年，恰逢伟大的物理学家爱因斯坦荣获诺贝尔物理学奖100周年。关于他在1921年获奖有好几个故事，今天我们读来，还会感到饶有趣味。

折中的诺贝尔奖颁奖方案

1905年，爱因斯坦提出狭义相对论，石破天惊。德国诺贝尔化学奖得主奥斯特瓦尔德（F. W. Ostwald）多次提名爱因斯坦获诺贝尔奖，但由于当时主流物理学界对狭义相对论持怀疑态度，爱因斯坦未被评上。1915年爱因斯坦建立广义相对论，1919年5月，英国科学考察队观测日全食验证了广义相对论的某些内容，其名声大振，他的理论被认为是牛顿之后人类思想史上最高的成就之一。

爱因斯坦

爱因斯坦在物理学界的威望之高，使诺贝尔奖委员会不能忽视他。然而也有人攻击爱因斯坦和他的相对论。德国两位诺贝尔物理学奖得主勒纳德（P. E. A. Lenard）和斯塔克（J. Stark）公开质疑相对论，他们诬蔑相对论是"犹太人的理论伎俩"，并恶狠狠地扬言，如给相对论颁奖，他们就退回诺贝尔奖的奖金。

爱因斯坦的相对论手稿

诺贝尔奖委员会几经考虑，不得已采用了折中方案。1922年，他们决定把1921年的诺贝尔物理学奖补发给爱因斯坦，但颁奖的理由不是他的相对论，而是他发现的光电效应定律。1922年12月，爱因斯坦正在日本讲学，遗憾地错过了颁奖典礼。次年7月，爱因斯坦在瑞典的一次科学会议上发表了获奖演说，他没有谈及光电效应，而是讨论了相对论。

量子学说的教父和旗手

光电效应定律是爱因斯坦在1905年发现的。他提出光量子论，以此圆满地解释了光电效应。但光量子论遭到了前辈物理学家的反对，爱因斯坦坚持不懈地发展量子理论，把量子概念扩展到物体内部的振动上；用量子概念说明光化学现象，建立光化学定律；并提出了辐射的量子理论。

爱因斯坦获奖以后，在20世纪20年代光量子论推动了量子学说的发展。在光量子论揭示了波粒二象性概念的启发下，1923年法国物理学家德布罗意（L. V. de Broglie）提出了物质波理论，这一理论首先得到爱因斯坦的热情支持。1924年印度物理学家玻色（S. N. Bose）建立光量子统计理论，爱因斯坦大力推荐，并把这理论同物质波概念结合起来，提出单原子气体的量子统计理论。1926年奥地利物理学家薛定谔（E. Schrodinger）受爱因斯坦这项工作的启迪，把德布罗意物质波理论推广，建立了波动力学。美国物理学家派斯（A. Pais）认为"爱因斯坦不仅是量子论元老之一，而且是波动力学唯一的教父"。德国物理学家玻恩认为"在征服量子现象这片荒原的斗争中，他是领袖和旗手"。

激烈的爱因斯坦-玻尔论战

1922年爱因斯坦得到了补发的诺贝尔奖。恰好在这一年，丹麦物理学家玻尔获得了该年度的诺贝尔物理学奖，他注定要成为与爱因斯坦进行科学论争的强劲对手。玻尔创立了著名的哥本哈根学派，在量子力学的发展中，取得了多项重大进展。这一学派提出的统计解释、测不准原理和互补原理，被誉为是对量子力学的正统解释，得到了多数人的承认。但是也有人提出了异议，爱因斯坦是反对哥本哈根学派的主要代表，他认为量子力学在说明微观粒子时采用了统计规律，并不说明微观世界的规律本身具有统计性质，只是量子力学本身不完备。他反对测不准原理和互补原理，称其为"绥靖宗教"。他提出了许多思想实验来揭示哥本哈根学派在逻辑上的矛盾，其中最著名的是所谓"光子箱"的思想实验，但都被玻尔一一驳回。爱因斯坦后来承认了测不准原理的逻辑自洽性，但他没认输，继续写论文证实量子力学的非完备性。他与玻尔的争论一直到1955

年逝世为止。打这以后,玻尔在心里还继续着同他的争论。玻尔在 1961 年去世,在去世的前一天,他还在办公室面对光子箱的图案沉思。

孤军奋战的探索者

爱因斯坦在获奖以后,转向了对统一场论的研究。他试图推广广义相对论,使它不仅包括引力场,也包括电磁场。1922 年他完成了第一篇统一场论的论文。在 1925—1955 年这 30 年中,他几乎把全部精力都用于统一场论的探索。1937 年,他从广义相对论的引力场方程推导出运动方程,取得了又一重大成果。可是在统一场论方面,他始终没有成功,他经受过无数次失败,但从不气馁,每次都满怀信心地从头开始。由于他远离了当时物理学研究的主流,在物理学界非常孤立。可是他毫不动摇地走他自己认定的道路去探索真理,在临终前一天,还在病床上继续他的统一场论的数学计算。他在 1948 年就意识到,"我完成不了这项工作;它将被遗忘,但是将来会被重新发现。"果然,在 20 世纪七八十年代一系列实验支持电弱统一理论,统一场论的思想以新的形式显示它的生命力。

伟人的中国情结

1922 年爱因斯坦到日本讲学,两次途经上海。第一次是在 1922 年 11 月 13 日,爱因斯坦在赴日本的途中抵达上海。瑞典驻上海总领事通知他获得了 1921 年度的诺贝尔物理学奖。上海各界知名人士接待了他,他游览了城隍庙、豫园和市中心,下榻浦江饭店。第二次是在 1922 年 12 月 31 日,他在从日本回欧洲的途中路过上海,他应上海犹太青年会和学术研究会邀请,第二天在福州路公共租界工部局礼堂讲演了相对论。

爱因斯坦两次逗留上海总共不足三天时间。但他以犀利的眼光看出了那时中国社会的黑暗,对受苦受难中国劳动者寄予深切同情,他在旅行日记中写道:"在上海,欧洲人形成一个统治阶级,而中国人则是他们的奴仆。……这是地球上最贫困的民族,他们被残酷地虐待着,他们所受

1922 年 11 月 15 日关于爱因斯坦来沪的报道

爱因斯坦在上海社会活动家王一亭私邸"梓园"做客合影

上海福州路公共租界工部局

的待遇比牛马还不如。""九一八"事变后,他一再呼吁各国以经济抵制的方法反对日本对中国的侵略。1936年"七君子"因主张抗日被捕,他热情参与了营救和声援。

在爱因斯坦获诺贝尔奖100周年、访问上海100周年之际,我们缅怀科学伟人,读他的有关故事,了解他的科学成就和科学思想,领悟他进行科学探索历经的艰难曲折,弘扬他为追求科学真理坚持不懈、百折不挠的科学精神,学习他关爱劳苦大众、伸张正义和造福人类的高尚情怀,为推进我国的科学事业贡献力量。

(陈敬全)

百年哥本哈根学派的启示

2021年，恰逢哥本哈根学派创立100周年。1921年3月，丹麦物理学家尼尔斯·玻尔（N. Bohr）在哥本哈根大学创立了理论物理研究所，来自世界各地优秀的年轻物理学家们聚集于此，在玻尔的领导下，志同道合向物理学最前沿的研究领域——量子力学进军，研究所成为哥本哈根学派的发祥地。

哥本哈根学派在量子力学方面的研究中做出了杰出的贡献，尤其对量子力学的物理-哲学诠释，得到大多数物理学家的接受。其主要思想是：可观察量是建立理论的基础和依据；量子跃迁是量子物理学的最基本的概念，微观粒子的运动是不连续的；遵循测不准原理，同时精确测量两个彼此相连的变量不可能；描述微观粒子的波函数是一种概率波，在宏观领域中成立的因果定律和决定论在微观领域不成立等。物理实验大多支持了哥本哈根学派的观点，人们称他们对量子力学的诠释为哥本哈根诠释，或"正统诠释"。

哥本哈根学派培育出了许多杰出的物理学家，其中有十几位获得了诺贝尔物理学奖。玻尔本人由于在原子结构和原子辐射方面的贡献获奖（1922）。获奖的还有量子力学的矩阵力学创始人、德国物理学家海森堡（W. K. Heisenberg，1932），波动力学创

哥本哈根学派

哥本哈根学派在进行学术交流

始人、奥地利物理学薛定谔（E. Schrödinger，1933），把相对论引入量子力学之中、并预言了正电子的存在的英国物理学家狄拉克（1933），发现不相容原理的奥地利物理学家泡利（W. Pauli，1945），提出了波函数的统计性诠释的德国物理学家玻恩（M. Born，1954），建立液氦理论的苏联物理学家郎道（L. D. Landau）（1962），提出原子核集体运动模型的丹麦物理学家奥格·玻尔（A. Bohr）和莫特尔森（B. R. Mottelson）（1975）等。

　　哥本哈根学派不但取得了一批批科学成就，还孕育了卓越的科学精神——"哥本哈根精神"。学派富有锐意进取的探索精神，在洞察原子世界奥秘的征途上迷雾重重，每当出现新问题和新动向时，人们都会在玻尔的倡议下聚集到哥本哈根，听取玻尔的启示，交流看法、分析形势，开展辩论，达成共识，攻克难关，形成新的理论和新的思想。学派尊重青年人的首创精神，玻尔认为，在科学研究中新出现的障碍只能用新颖的思想去克服，青年一代的成长，会使新鲜血液和新鲜思想不断注入到科学研究之中。在哥本哈根学派一代英豪中大多数是年轻人，海森堡、泡利、狄拉克等在当时都是二十出头的青年。他们在玻尔的指引下，不迷信经典物理学权威，在建立量子力学中立下了丰功伟绩。生趣和亲密无间的大家庭，养成了勇敢进取、乐观向上、亲切活泼和无拘无束的治学风气，完全自由的争论和独立的判断为特征的研究风格被人们誉为哥本哈根精神。研究所既是一个严肃认真的研究场所，又是一个轻松活泼的学术乐园，留下了许多脍炙人口的佳话。在数十年间，哥本哈根成为全世界物理学家们心目中的"麦加圣地"。

在科学史上还出现过不少科学学派,古希腊有毕达哥拉斯学派、亚里士多德学派。19世纪以来,科学学派蓬勃发展,著名的有研究化学的吉森–李比希学派、研究生物遗传学的摩尔根学派、研究数学的布尔巴基学派、研究耗散结构的布鲁塞尔学派等。学派有力地推动基础学科的发展,独立开拓学科发展的前沿和新方向,提出新观点和新学说;学派造就了杰出的领军人物,培育了优秀的科学家队伍,为科学研究提供了高质量的人力资源;学派提高科研活动的效率,加快科学发展的速度,提升了国家或地区的社会科学能力;学派为知识创新提供理论指导,为技术创新提供不同的技术路线和获取经济效益的多种选择。

我国也有自己的科学学派。如李四光地质力学学派、在微分几何学研究方面的陈建功–苏步青浙大学派等。他们取得的成就得到了国际学术界的关注。诚然,与欧美相比,我国的科学学派在量上和质上都存在差距。这与缺乏充裕的社会文化和物质条件、科学的社会建制化较晚、国家科研体制和学术体制存在局限性等诸多因素有关。

当前,创立和形成中国自己的新学派有其必要性和紧迫性。我们要跻身创新型国家前列,实现科技自强自立,必须加强基础科学的研究,要在基础学科、尖端技术研究、新兴交叉学科和重大科技前沿问题的研究方面取得突破,亟待具有革命性的理论纲领和新的范式、富有开拓精神和创新才干的科学领军人物以及他们所率领的科学学派的出现;我们要建设一批具有国际一流水平的研究所和研究型大学,使其成为基础研究和重大科技突破的生力军,实现与国家战略目标、战略任务的对接,就必须努力构建中国特色、中国风格和中国气派的学科体系、学术体系和学派。我们要建设全球人才高地、激发人才创新活力,必须充分发挥科学学派在建立有利于创新人才涌现与成长的体制机制、营造重视人才和关爱人才的环境与氛围的作用,加速培养和造就多层次、高素质的科技人才队伍。

科学学派的创立、形成和繁荣需要各方面的共同努力。科学工作者需要挣脱长期以来对学派的负面想象和种种顾虑,树立学派意识;我们的学术体制,需要重新为学派定位;科学的管理和决策部门,要努力为"学派"正名,为扶持和培育学派的生成创造种种有利的条件,为拓展学派壮大的空间、促进学术繁荣和学科的发展,制定有效的对策和措施。科技社团在推进学科建设、创立和培育学派方面能起到积极的作用:确立科技社团会员的主体观念和科学共同体的取向,增强对科技工作者的吸引力和凝聚力,营造浓厚的科学文化氛围,大力弘扬科学精神,加强学术建设,提高学术活动质量和水平,搭建好学术交流平台,引导学术创新和争鸣,为学科发展和造就学派提供必要条件。

(陈敬全)

以玻尔为榜样,做青年学子的良师益友

在每年秋天,新学年伊始,许多高校迎来了新入学的研究生,研究生数量越来越多,研究生导师队伍不断扩大。导师是研究生培养的关键力量,肩负着培养国家高层次创新人才的使命与重任,人们对他们寄予厚望,期待优秀的导师不断涌现。

丹麦物理学家玻尔(N. Bohr)是一位杰出的科学大师,他由于在原子结构和原子辐射方面的贡献获 1922 年诺贝尔物理学奖。他又是优秀的导师,他在 1921 年建立了哥本哈根大学理论物理研究所,创立了哥本哈根学派,吸引了世界各地的许多年轻学者来做研究,率领他们向物理学当时的前沿阵地——量子力学进军。青年学子都把这个研究所当作物理学的"麦加圣地",称去那儿是"朝圣",称自己为"朝圣者"。

玻尔尊重青年人的首创精神,他认为,在科学研究中新出现的障碍只能用新颖的思想去克服,青年一代的成长,会使新鲜血液和新鲜思想不断注入到科学研究之中。在哥本哈根学派一代英豪中大多数是年轻人,他们在玻尔的指引下,不迷信经典物理学权威,敢于突破传统观念的禁锢,在建立量子力学中立下丰功伟绩。

玻尔为青年人营造宽松自由的学术氛围。研究所既是一个严肃认真的研究场所,又是生气勃勃和亲密无间的大家庭,养成了勇敢进取、乐观向上、亲切活泼和无拘无束的治学风气,以集体讨论、自由探索、大胆争论和独立判断为特征的研究风格被人们誉为哥本哈根精神,这种精神鼓舞和激励青年人,使他们的聪明才智充分发挥出来。

玻尔

哥本哈根大学理论物理研究所

玻尔以诚待人的态度赢得青年人的心。他爱护青年人的热情，容忍他们的弱点，尊重他们的意见和感情。有人问他有什么秘诀把那么多有才华的青年人团结在周围，他回答："没有什么秘诀，只是我不怕在他们面前显露我的愚蠢。"他对青年人的工作提出不同的看法时，会预先声明"这不是为了批评，而是为了学习"，这成了他的口头禅。他对别人工作的最严厉的评价只是说"很有趣"。

玻尔培养出了许多杰出的青年物理学家，其中有好几位获得诺贝尔物理学奖。他们才华横溢，旁若无人，但却一直以玻尔的学生自居，心中充满了对他的亲切依恋，受到他的性格的感召，留下了他最可珍视的印象。每个人心里都有关于玻尔的动人故事，他们赞美他的人格甚至超过钦佩他的学术成就。

玻尔树立起优秀导师的光辉榜样。在科学研究活动中，在人才培养方面导师的指导至关重要。国际顶级杂志《自然》自 2004 年起设立杰出导师奖，以表彰不同国家或地区的有卓越贡献的导师，奖项的奖金为 9 800 美元。2015 年，包括清华大学施一公教授在内的 5 位中国科学家获此殊荣。《自然》官方网站认为，"所有的发生在实验室的活动，也许最值得记住和最值得奖励的是对那些年轻研究者的指导"，对优秀导师提出了原则要求，其中有：

① 给学生及时的帮助和反馈。导师与学生之间定期见面，形成师生之间稳定的互动关系。对于自然科学研究而言，实验室和组会交流制度能使一个团队成员做到定期见面；对于人文社会科学来说，读书会、师生研讨会是不错的会面形式。② 尊重学生的人格和智力。导师要把学生看成一个相对独立的个体，而不能把他们当作干活的"机器"和打工者。③ 具有无私的分享精神。要及时和学生分享自己最新的科研成果、研究过程中的心得体会和历尽的甘苦。④ 尊重学生的个体特性。每个学生要追求的人生目标是不同的，都有自己的兴趣、爱好和专长，要按学生的个性因材施教。⑤ 经常亲临一线的研究工作，一直站在学科研究的前沿，带领学生占据学术研究高地。⑥ 要放手让学生按自己的想法去立项和探索，又要在他们需要的时候给出关键性的指导和建议，有效地提高学生研究的自主性和能动性。⑦ 建立学术共同体。在研究团队里营造浓厚的科学氛围，强化导师和学生之间的关系，培养和谐的人际关系和集体归属感，鼓励合作，为成员的成功感到高兴，并热烈庆祝。共同体的团队精神对于科研效率的提高极为重要。⑧ 引导学生建立学术网络。推动学生参加学术会议，通过学术会议、学术交流来建立自己的学术网络，以保持密切的学术关系。⑨ 鼓动学生积极提问、认真倾听他们的想法和意见，充分发挥他们的学习主观能动性。⑩ 引导学生开展批判性思维，有效提升学生发现问题、分析问题和有条理怀疑的能力。⑪ 应用各种方法提升学生的科学写作能力，并将他们的作品（成果）通过各种形式展示出来，如组会交流、学术会议分享和论文公开发表等。⑫ 增强和提升学生做学术报告的能力，指导他们掌握在公众场合流畅地、有条理地表达学术观点的良好技巧。

《自然》杂志提出的原则要求为研究生导师指明了方向。我国把"立德树人"作为教师的职责和评优的标准,习近平总书记希望"广大教师不忘立德树人的初心",教育部发文(2018年)要求,研究生导师落实"立德树人"的职责,"具有理想信念、道德情操、扎实学识、仁爱之心,坚持教书和育人相统一,坚持言传和身教相统一,坚持潜心问道和关注社会相统一,坚持学术自由和学术规范相统一,以德立身、以德立学、以德施教。遵循研究生教育规律,创新研究生指导方式,潜心研究生培养,全过程育人、全方位育人,做研究生成长成才的指导者和引路人。"青年学子应该信心满满:有越来越多业务素质精湛、师德师风高尚的导师将成为他们衷心爱戴的良师益友。

(陈敬全)

伟大的事业孕育伟大的科学精神

2022年6月5日,神州十四号成功发射,并与天和核心舱顺利对接,这是我国航天事业取得的又一辉煌胜利。1970年,我国成功地发射了第一颗人造卫星,拉开了航天事业的序幕。核弹(原子弹、氢弹)、导弹与人造卫星被称为我国的"两弹一星"。

20世纪50年代中期,以毛泽东为核心的党中央根据当时国内外形势,为了保卫国家安全、维护世界和平,审时度势、高瞻远瞩,果断地做出了独立自主研制两弹一星的战略决策。在两弹一星伟大事业的实践中,广大研制工作者培育和发扬了一种崇高的革命精神,这就是"热爱祖国、无私奉献,自力更生、艰苦奋斗,大力协作、勇攀高峰"的两弹一星精神。

复旦大学马克思主义学院刘学礼教授主编的《两弹一星精神》读本(中共党史出版社,2020年),展现了两弹一星研制的历史背景和过程,生动描绘了两弹一星研制工作者勇攀科技高峰可歌可泣的感人事迹,阐述了两弹一星精神的丰富内涵和基本特征,联系现实探讨了两弹一星精神的历史地位和时代价值。

这是一部专门论述两弹一星科学精神的力作。作者们锐意进取,富有创意,对两

《两弹一星精神》读本

我国第一颗原子弹爆炸成功的新闻报道

我国第一颗人造卫星

弹一星的伟业提升到科学精神的层面来进行阐述，突显出科学工作者高尚的思想境界和宽阔的精神世界，使研制两弹一星的业绩更加辉煌，有更深刻的教育意义。本书的立意新颖，有高度、有深度。

作者查阅了大量的历史资料、书籍和文献，广泛吸取前人的研究成果。依据的史料翔实、脉络清晰，使中国研制两弹一星的历史读来真实可信；借鉴他人的探究结论和研究智慧，做深入的学术研究，把史与论有机结合，为叙述两弹一星体现的科学精神铺垫了坚守的事实基础和理论基础。

科学是一种特殊的社会文化活动。科学研究活动的主体是科学家。科学像所有社会有组织的活动一样，都需要文化精神的参与，它是一项精神事业。也就是说，科学研究活动不仅仅是一组技术性的和理论性的操作活动的集合，也是一种献身于既定精神价值和受伦理标准约束的社会文化活动。这种特定的、合理的精神价值和伦理标准，常常通过科学家们在科学研究活动中的某些高尚卓越的气质、风格、意志、态度和修养体现出来。人们把它们的总和称为科学精神。

书中记载了数十位科学工作者，如王淦昌、钱三强、钱学森、邓稼先……他们为祖国大业无私奉献，以惊人的毅力和勇气，克服种种艰难险阻，研制成国家重器的动人事迹。作者满怀敬仰之情精心刻画这些英雄人物，他们栩栩如生，呼之欲出；他们的事迹读来感人肺腑、催人泪下。他们被誉为"共和国的脊梁"、被授予"两弹元勋"的光荣称号，科学精神在这些有血有肉、有爱国和爱家的情怀、有大无畏的气概、有高尚的风格、有坚强的意志、有严谨的科学态度和超群的素养的英雄身上体现得淋漓尽致。

作者没有停留在对两弹一星的光辉业绩和科学精神的叙述上，对孕育两弹一星精神的背景和动因做了进一步深入的探究。两弹一星是伟大的事业，它是在我国面对严峻的国际形势时，在核大国的讹诈、垄断与封锁下，在条件十分艰苦的情况下，在党的英明领导下，老一代科学家和广大研制人员，克服了各种难以想象的艰难险阻，突破了一个又一个技术难关完成的宏伟事业。伟大的事业具有伟大的意义，如邓小平所指出的，"如果〔二十世纪〕六十年代以来中国没有原子弹、氢弹，没有发射卫星，中国就不能叫有重要影响的大国，就没有现在这样的国际地位。这些东西反映一个民族的能力，也是一个民族、一个国家兴旺发达的标志"。

两弹一星又是大科学工程和"功在当代、利在千秋"的代际工程，其实现不仅要解决科学技术原理遇到的难题，更要靠科学的和强有力的规划、组织、实施和协调能力，集中人力、物力和财力，实现重点突破，取得历史性的成就。可以说，正是伟大的事业和伟大的工程培育了颇具中国特色的两弹一星精神。

学习和弘扬两弹一星精神有深远的意义。两弹一星虽然是源于特定的历史时期和特定的历史事件,但却有着长久的生命力;不仅具有深刻的历史意义,而且在我国改革开放的历程中得到了继承和发扬,对新时代中国特色社会主义事业的建设和发展也具有重要的当代价值。今天我们在建设世界科技强国的征途上,必须继承和弘扬两弹一星精神:热爱祖国、无私奉献是科技强国的精神支柱;自力更生、艰苦奋斗是科技强国的立足基点;大力协同、勇于登攀是科技强国的重要保证。

人是要有一点精神的。一个民族,一个国家,也要有点精神。好的精神能够产生民族的凝聚力,支撑起民族的脊梁,转化为巨大的物质力量。正如习近平总书记指出的:"'两弹一星'精神是宝贵的精神财富,一定要一代一代地传下去,使之转化为不可限量的物质创造力。"

我们热忱地向青年读者推介《两弹一星精神》读本,它主题鲜明、内涵丰富、感染力强,青年读者通过认真学习,在细细品味它具有的科学性、思想性、文学性和可读性的同时,会深切感悟到两弹一星精神之高尚和卓越,会在心灵深处受到莫大的震撼、鼓舞、激励和鞭策,在实现"两个一百年"奋斗目标、实现中华民族伟大复兴的中国梦的征途上会获取不竭的精神支撑和力量源泉。

(陈敬全)

学术反腐当有不畏权势的精神

学术不端行为时有发生,涉及学术不端的也有身居高位的官员。在德国有几位高官因学术腐败相继辞职。德国学术界在学术反腐中表现出不畏权势的精神令人敬佩。

因"论文抄袭"而辞职的前国防部长

2011年2月,德国不来梅大学法学院教授莱斯卡诺(A. Fischer-Lescano)在一次例行检查中发现,时任国防部长的古滕贝格(K. T. Z. Guttenberg)的博士论文《宪法与宪法条约:美国和欧洲的宪法发展》多处引用报纸和学术文章内容,却未注明出处。还有人指出,古滕贝格从"导言"开始就长篇照抄别人的文字,根本没有论述观点。古滕贝格陷入了媒体质疑旋涡。古滕贝格在拜罗伊特大学取得博士学位,拜罗伊特大学的学术监察专员随即对他的博士论文进行认真核查,认定论文属严重抄袭。

古滕贝格

"论文抄袭"这一学术丑闻传出后,有上百人以"侵犯知识产权"向他提出刑法检举,检察院正式审理调查。因此,古滕贝格不得不承认犯了错误并道歉,并无奈地向拜罗伊特大学提出申请,请求撤销自己的博士学位。

古滕贝格被取消了博士学位,但德国政界和民众依然不满意。民众不断施压要求古滕贝格辞职。反对党指责他是"说谎者",并要求总理默克尔将其解职。默克尔力挺古滕贝格,称其可胜任国防部长。但舆论要求古滕贝格辞职的呼声一浪高过一浪,2月底,超过2万名学者向默克尔递交了一份集体签名信,抗议默克尔"袒护"古滕贝格。

3月1日,古滕贝格在舆论压力下败下阵来,引咎辞去国防部长职位。他在新闻发布会上表示:"有关我工作和为人的争论使我不再能履行职责,这是我人生中最痛苦的一步",他永久告别了政坛。

因论文没独立完成而辞职的前欧洲议会副主席

在古滕贝格的论文抄袭事件败露之后,"抄袭猎人"又将目光锁定了梅林(E. Silvana K. Mehrin)。梅林于2001年在海德堡大学获得经济学博士学位,博士学位论文为《经济和政治间的历史货币联盟》。她是女性主义的先锋,被德国自民党寄予厚望,2009年被选为欧洲议会副主席。

正当梅林春风得意之时,"抄袭猎人"经调查发现梅林确有抄袭嫌疑,对梅林的指控即刻出现在互联网上,引起了社会的广泛热议。德国海德堡大学经多方调查和取证,证实梅林在其2000年提交的博士论文中确有"实质性"抄袭行为,其整篇论文中有多达120处存在抄袭嫌疑。2011年5月,梅林的博士论文被德国"学术维基"网站盯上,通过电脑对比软件测试论文的抄袭指数约为27.36%,达到55页之多。据此,海德堡大学最终认定梅林的论文没有完成独立的科研调查,并做出了取消梅林博士学位的决定。梅林回应称,虽然自己的论文存在不足,但得出的结论是建立在科学实践的基础上的,海德堡大学做出的决定十分"突然"。

梅林

尽管梅林竭力为自己辩护,但社会舆论对她论文抄袭行为的强烈指控,使她深感力不从心,最终辞去了所有政治职务,其中包括欧盟议会副议长、欧洲议会自民党团主席等职务。幸运的是,梅林侵犯版权的行为已经超过了法律追诉期,国家检察院免于对她进行立案调查。

因剽窃他人学术思想而下台的前教育和科研部长

古滕贝格因学术不端被迫辞职时,时任德国教育和科研部长的沙范(A. Schavan)曾"为他感到羞耻",但不久她自己也成为一个让人感到羞耻的人。

2012年5月有匿名博客作者指责沙范在1980年撰写的博士论文《个人与良知——当今良知教育的前提、必要性和需求》中,多处使用了别人论文中的内容却未注明出处。沙范闻讯后全盘否认,主动要求杜塞尔多夫大学成立调查小组,对自己的博士论文进行重新评估。

杜塞尔多夫大学组织的特别调查小组经多方取证且做认真比对,发现沙范的博士论

沙范

文中确有数十页未注明引文出处，存在蓄意抄袭、隐瞒事实和欺骗的企图。2013年2月，杜塞尔多夫大学宣布，沙范的博士论文中存在"系统地、故意地抄袭他人思想"的不端行为，因而决定取消其博士学位。

沙范的博士论文抄袭事件的披露，使反对党有充分的理由要求她辞职，德国绿党秘书长莱姆克（S. Lemke）说："我无论如何也无法想象，带有这个污点的部长怎么还能在德国主管教育？"左翼党教育政策发言人对《南德意志报》表示，负责教育与科研的部长首先要扮演模范角色。

卷入博士论文抄袭丑闻数月后，沙范于2013年5月被迫辞去教育和科研部长的职务。

拜罗伊特大学、海德堡大学和杜塞尔多夫大学的做法值得称道，他们坚持原则、尊重事实，对违反学术规范与道德规范的事件不讲情面、一查到底，勇敢地撤销了几个身居高位的官员的博士学位。尤其是杜塞尔多夫大学，敢与主管教育和科研的部长沙范较真，体现了在学术上捍卫科学精神的坚定信念。这些大学在学术反腐中表现了不畏权势的勇气和底气。

科学精神：德意志民族文化的精髓

在德国，在学术道德和学风建设方面法治德治双管齐下。学术腐败和不端行为，如抄袭、剽窃、作假等，不仅会受到各学术部门的纪律处分，还要受到法律的制裁，触犯的不仅涉及民法，而且还有刑法。德国法律界及学术界的普遍看法是，学术腐败绝不仅仅是道德范畴的事，由于其发生领域的特殊性，与许多人甚至整个社会的利益相关，因此必须以法律手段严加惩处。为避免学术腐败现象的发生，德国学界注重学术道德和品质的培养。德国各大学都进行严格的自律教育，引导师生坚决抵制学术腐败现象。入校学生必须接受学术道德的特殊培训，要明白科研中哪些是错误的行为，如何才能避免，如何确保自己始终坚持行为端正的科研活动。科研自律意识在德国绝大部分科研人员和高校师生的脑海里深深扎根，他们对于一些人、哪怕是高官们的学术失范行为会"本能"地反感和坚决抵制。

在德国，互联网监督在惩治学术腐败上大显神通。学术不端行为的发生，催生了以"反剽窃版维基"为首的一系列专门检测学术论文抄袭的网站，以及新的职业——"抄袭猎人"，即专门查找学术造假的人，其中很多人就受雇于"反剽窃版维基"网站，他们在"学术打假运动"中出尽风头,查出了多篇存在造假嫌疑的医学博士论文,并在网上曝光,轰动德国。有博士学位的官员自然是他们重点关照的对象。

在一个把科学精神看作德意志民族文化脊髓的国家里,由于对知识的崇尚,国民尊重拥有高学历的智者,他们在社会各部门身任要职,占据高位;而对规范的崇尚,国民对亵渎了德意志引以为傲的规范理念,视为对民族传统的极大蒙羞,他们对于违反规范的行为零容忍,尤其是对身居高位的官员的学术不端行为表示强烈的愤慨,他们坚信谬误不会因权势变成真理,这就使得高校具有反学术不端的坚定性和坚决性。在这种特殊的民族氛围之中,三位高官因其自身的学术不端而身败名裂是必然的。

(陈敬全)

科学探究需要久久为功的精神

马克思说:"在科学上没有平坦的大道,只有不畏劳苦沿着陡峭山路攀登的人,才有希望达到光辉的顶点。"一些科学家在攀登顶点的征途上不畏艰险,他们以久久为功的坚持和锲而不舍的努力,为获得科学发现而艰苦奋斗。

科学研究上最耗时的实验

在科学研究上最耗时的实验要数沥青滴落实验。1927 年,澳大利亚昆士兰大学的帕内尔(T. Parnell)教授将沥青样本放入一个封了口的漏斗内,三年后,即 1930 年,他将漏斗的封口切开,让沥青缓慢流动,滴落到烧杯里。1938 年 12 月,第一滴沥青从封口滴落。1947 年 2 月,第二滴沥青滴落。1948 年帕内尔教授去世。这个实验由梅恩斯顿教授继续进行。2000 年 11 月,第八滴沥青滴落。梅恩斯顿于 2013 年 8 月去世,接班人是怀特。2014 年 4 月,第九滴沥青滴落。预计第十滴沥青要到 2024 年才会滴落。从实验伊始至今,快历经一个世纪。期间"熬死"了两位教授。

沥青滴落实验

沥青滴落实验获得 2005 年度的"搞笑诺贝尔"物理学奖,入选"搞笑"版诺贝尔奖的科学成果必须不同寻常:"乍看之下令人发笑,之后发人深省",以激发人们对科学的兴趣。帕内尔教授的沥青滴落实验想表明,看似固体的沥青其实是一种黏度极高的液体,在常温下的流动速率十分缓慢,等待一滴沥青滴落需要几年甚至十几年的时间。实验是发人深省的:人们常常被事物的假象蒙蔽,而要识得事物的真相,需要耐心、恒心和久久为功的精神。

久久为功的坚持获得的重要科学发现

1665 年,牛顿受苹果掉地的启发开始研究引力问题,但他并不是一蹴而就地发现了万有引力定律的。他经历了长时期的思考,在 1680 年证明了,在平方反比定律的力的作用下，质点运动的轨道是以吸引体为一个焦点的椭圆；1685年，他用自己建立的流数术（微积分）证明了，在计算地球对外部物体的吸引力时，可以把其全部质量都集中在球心上，并依此完美地验证了地球对月球的吸引作用，在1687年最终确立了万有引力定律。

英国天文学家布拉德雷自1721年起对恒星进行观察，在1728年发现了恒星的光行差。在消除光行差的影响后，他发现恒星的赤纬仍然有细微的位置变化，对恒星位置的变化做跟踪观测长达20年，在1748年他公布了自己的研究成果：恒星之所以有位置的这种上下颤动的变化，是因为月亮对地球赤道隆起部分的吸引引起了地球自转轴的摆动，摆动的幅度极微小，他把这种摆动称为章动。布拉德雷因他的新发现获得了英国皇家学会授予的柯普莱奖。

1821年奥斯特发现了电的磁效应，法拉第受此启发，思考磁能否转化为电的问题，他花了整整10年时间，经过无数次的实验，在1831年终于发现了电磁感应。

1898年底，居里夫妇宣布发现了新的放射性元素镭。自1899年起，他们经过三年九个月提炼数吨沥青残渣，在1902年底才分离出0.1克纯净的氯化镭，准确地测出了镭的原子量，证实了放射性元素镭的存在。

1910年初，德国气象学家魏格纳（A. L. Wegener）在看世界地图时发现，大西洋两岸大陆的轮廓有惊人的对应性，他猜想地球上的各大洲原本是一整块陆地，后来破裂成几块，慢慢漂移成了现在的样子。魏格纳毅然转向了地质学的研究，1915年他出版了《海陆的起源》一书，系统地论述了大陆漂移说，形成了比较完整的理论体系。他的理论遭到了持传统地质学观点的学者的反对。为证实自己的学说，他到各地进行考察。1930年，他第三次踏上格陵兰岛进行探测。是年11月，他在零下65℃的严寒下，遭暴风雪的袭击，不幸遇难，为自己的学说献出了宝贵的生命。20世纪60年代，地质学家迪茨（R. S. Dietz）提出了"海底扩张说"，他指出由于地幔物质进行热循环形成的对流圈作用于岩石圈，成为推动地壳运动的主要力量。麦肯齐（D. P. Mckenzin）和派克（R. L.

魏格纳

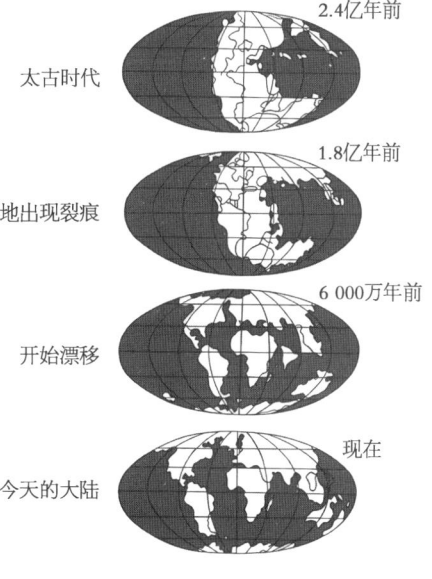

魏格纳的大陆漂移说示意

Parker）等在此基础上提出了板块构造学说。魏格纳的大陆漂移说在 30 多年后开始复苏，地质学发生了又一次深刻的革命。

爱因斯坦自 20 世纪 20 年代起，转向了对统一场论的研究。1922 年他完成了第一篇统一场论的论文。1925—1955 年这 30 年中，他几乎把全部精力都用于统一场论的探索。可是他始终没有成功，他经受过无数次失败，但从不气馁，每次都满怀信心地从头开始。由于他远离了当时物理学研究的主流，在物理学界非常孤立。可是他毫不动摇地走自己认定的道路去探索真理，在临终前一天，还在病床上继续统一场论的数学计算。他在 1948 年就意识到"我完成不了这项工作；它将被遗忘，但是将来会被重新发现"。果然，在 20 世纪 70—80 年代一系列实验支持电弱统一理论，统一场论的思想以新的形式显示它的生命力。

科学探索需要久久为功的精神

科学家探索自然界的奥秘，要找到自然现象的真相、本质和规律，然而自然界不轻易泄露自己的奥秘，只有持之以恒，锲而不舍，经过长期的努力，方能洞察自然界的奥秘。有许多奥秘，不是一代人，而是好几代人经过努力才能探究到。

探索自然界的奥秘，没有现成的道路可走，科学是在不断的摸索中艰难前进的，走错路、走弯路是经常的事情，科学研究中的重大成就，都是需要经过几十次、几百次，甚至上千次上万次的失败，才能取得的。对一个科学家来说，失败是经常的，而成功只是少量的，失败的教训要比成功的经验丰富得多，他必须经得起失败和挫折的考验，具有百折不挠的韧劲。

古希腊哲学家柏拉图说："耐心是一切聪明才智的基础。"居里夫人说："一个人只有坚持不懈地追求，他才能达到目的。"华罗庚生前曾教导青年学者说，科学研究的过程，是曲折上升的过程，青年人不要光看到知名科学家取得的成就，更要知道他们取得成就付出的艰辛劳动和经历的失败。青年人在科学研究工作中，切忌图侥幸。任何科学研究成果都不是偶然出现的。科学上的发现如果有什么偶然机遇的话，那么这种"偶然机遇"只能给那些学有素养的人，给那些善于独立思考的人，给那些具有锲而不舍精神的人，而不会给懒汉。

（陈敬全）

在疫情防控中弘扬科学精神和人文精神

在疫情防控中，医学工作者和医护人员奋不顾身战斗在第一线，他们做出了巨大的牺牲，拯救了千万条鲜活的生命，他们是天使、是英雄！他们救死扶伤、实行人道主义，大力弘扬科学精神和人文精神，以实际行动谱写了社会主义新时代精神文明建设的新篇章。

求真精神

新冠肺炎是一个新型的传染性疾病，新冠病毒不同于SARS，它的真相是什么？科学工作者和医务工作者开展了深入的研究，在新冠病毒的溯源分析、致病机理、传播途径、流行特征、检测手段、病患治疗、临床表现、药物研发等方面取得了一系列成果。世界卫生组织肯定了中国在研究新冠病毒上的努力，在快速识别新冠肺炎、共享新冠病毒基因组测序信息、开发针对新冠病毒的疫苗和药物方面的贡献。

敢于讲真话是科学家的高尚品质。在2020年初有关权威卫生机构宣布新冠肺炎不会人传人时，钟南山院士从临床经验出发，明确了病毒会人传人。在同年春夏之交，疫情从暴发期转入康复期，有些人认为可以松口气之时，上海新冠肺炎医疗救治专家组组长张文宏告诫我们：疫情仍具有巨大的不确定性，后续面临极大的输入性风险，要严阵以待，迎接"二次过草地"的挑战。

探索精神

新冠肺炎发病急，病情变化快，没有现成的治疗方案。科研人员和医疗团队严密观察病情，根据各种临床大数据，从实践中摸索有效的治疗方案。在控制轻型、普通型治疗方面，研发的系列中医药和治疗方案，能够有效缓解症状，显著提升治愈率。在抗病毒治疗方面，筛选的磷酸氯喹、法匹拉韦、可利霉素等药物，在临床中显示了一定的治疗效果，减少了普通型向重型和危重型的转化。对于重型和危重型患者的救治，研发的恢复期血浆、干细胞、托珠单抗、人工肝等一系列的治疗药物和治疗方案，有效降低了病亡率。

2020年3月2日，《上海市2019冠状病毒病综合救治专家共识》颁布，这份"上海方案"是专家探索的成果，它在三方面取得了突破：一是在临床思维上，形成了分类治疗、精准治疗、系统治疗的理念；二是在治疗方法上，突显了多学科融合的序贯支持治疗；三是在标本兼治上，形成了中西医结合独特模式。

求实精神

对新冠肺炎研究得出的理论和观点,必须有事实依据和用数据来说话。例如,病毒的起源是十分敏感的话题,张文宏认为,必须要有明确的依据,避免在证据不足时随意发布信息。要调查病毒首先出现的时间地点,它在进化树上的位置。病毒起源最重要的证据是通过全基因的测试,他的团队经过测试,证实其进化来源属于蝙蝠冠状病毒。

对新冠肺炎治疗的用药和方法是否有效,临床实践是标准。上海成立了相应的临床实验专家组,专家组强调"所有抗病毒治疗药物的疗效有待临床研究来评估"。通过前瞻性科学研究发现和临床验证,筛选出了确实有效的药物,使患者排毒时间缩短,临床症状改善。"上海方案"中对激素应用很谨慎,治疗过程中激素使用必须有适当的比例。中西医结合治疗新冠肺炎继承了中医的整体观和辩证法,用药的依据是来自临床一线的数据,通过治疗缩短了新冠肺炎核酸转阴的时间。

创新精神

在疫情防控的非常时期,封城、对社区实现全天候的隔离、建方舱医院等都是富有创意的非常之举,对于扭转疫情起到了关键作用。

医、学、研、用协作攻关,推进科技协同创新,取得了一系列防治疫情的创新成果。上海北斗导航企业充分发挥技术特长,为疫情防控各环节提供"高精度"服务。复旦团队开发的辅助诊断设备系统进入上海公共卫生临床中心,完成与影像科CT设备数据对接及临床应用流程嵌入。华东师范大学生命科学学院研制的检测试剂盒,仅需采一滴血,十分钟后就可以出检测结果。上海交通大学环境科学与工程学院研制的"医疗垃圾应急处置方舱"发往武汉疫区,日处理5吨医疗垃圾。上海微技术工业研究院自主研发出红外体温计的核心器件——热电堆红外温度传感器,替代了进口产品。上海交通大学生物医学工程学院等单位组成研发团队赶制了"一次性防飞溅隔离巾"。上海巨臣婴童服饰股份有限公司与其他单位合作,利用新型纳米材料,开发出可循环使用的民用KN95级别防护口罩等。

社会关怀精神和人文精神

科学在本质上是至善的,服务社会是科学的重要职能,关注现实、关怀社会是科学家应具备的基本品格。医学人文精神是社会关怀精神的突出表现,倡导医学活动坚持以人为本,以人的身心健康生存的可持续发展为价值理想,关注生命的质量、生命的价值和人类未来的健康与幸福，关注人的身心健康与自然、社会的和谐互动。

把保证人民群众的生命安全和身体健康放在首位，是这次疫情防控的最高要求，这不仅是一次十几亿人民群众的生命保卫战，更是一次万众上阵的举国人道主义行动。我们在重症监护室、在方舱医院、在机场、在高铁站、在社区居民点……都可以看到温暖的善举、真诚的抚慰，充满人性的光辉和人文关怀，社会的和谐和人际的融洽。我们记得：上海援鄂医护人员陪伴重症老人看西下的夕阳，在落日余晖留下了最美的身影；在方舱医院，医护人员带着大家一起打太极拳、做呼吸操；新疆医疗队的姑娘穿着笨重的防护服教起了"黑走马"、指导病友们一起舞起了《火红的萨日朗》。为应对疫情造成的精神和心理伤害，专业人士对一线的医护人员和被隔离的人员加强心理干预和疏导，驱散他们心理上的"疫情阴霾"和"焦虑迷雾"。上海的医学专家达成了致力于防疫健康科普的共识，他们做有情怀、有温度的人文科普，用"人民的语言"使防疫健康知识通俗易懂，为民众解惑释疑，消除恐慌，破除迷信，激发民众共同参与、筑牢疫情防控的"铜墙铁壁"。

（孙柳燕）

孙柳燕　1951年生。上海市委党校第五分校（上海经济干部管理学院）副教授。长期从事大学语文、应用写作等课程的教研工作。著有《创新思维》《人际交往》等书籍多部，在报刊发表文章多篇。

个人感悟　以通俗、流畅和生动的语言传授知识，深受学生的欢迎，是教师生涯中的一大乐趣。

在防治艾滋病中促进科学与人文的和谐统一

2021年12月1日是第34个世界艾滋病日，世界卫生组织在1988年1月确定了世界艾滋病日，号召各国在每年的这一天举办活动，宣传和普及防治艾滋病的知识。每年都有一个明确的活动主题。第34个世界艾滋病日的主题是"生命至上，终结艾滋，健康平等"，强调在全球抗击新冠肺炎疫情下，加强政府、部门、社会和个人的合作，携手应对新冠肺炎、艾滋病等重大传染病挑战。

据国家卫健委最新统计显示，截至2020年10月底，我国报告的现存艾滋病感染者104.5万例，性传播比例在95%以上，其中异性传播占70%以上。

以目前的医疗条件，艾滋病的治疗方法主要有抗感染治疗、抗病毒治疗（鸡尾酒疗法）、抗肿瘤治疗、免疫调节及免疫重建治疗等方法。但目前全球还缺少有效的疫苗、药物和手段，治愈艾滋病任重道远。

在对艾滋病的防治上，目前我们一是注重科学技术的发展和创新，比如新药物开发、疫苗运用、更有效的干预手段等；二是注重制度设计，比如出台法律、法规和政策等。科学技术的应用，使得防治水平不断提高，提高了治愈率，延长了患者的生存期。制度设计使得预防、控制艾滋病的发生与流行，维护人体健康和公共卫生有法可依，有保障和有序地进行。

然而我们在艾滋病的防治中越来越依赖科学技术和制度设计的同时，千万别忽视了弘扬人文精神、实施人文关怀的作用，在防治中努力促进科学与人文的和谐统一。

在医学中始终贯穿着科学精神和人文精神。作为一门以人体健康为研究与服务对象的学科，医学自诞生之日起，就兼具了自然科学与社会科学属性。身为"万物之灵长"的人始终和自然与社会紧密相连。人的身体来于自然，人的精神则是人区别于其他动物

世界艾滋病日图标

的重要特征。人体健康是人类所有活动,无论是自然活动还是社会活动的基础,而医学就是人类在长期与疾病作斗争的实践中产生和发展的,在这一过程中,如果说科学精神是以人本为物的理性态度对待疾病以及病患,那么人文精神则是兼计利害,秉持着人不等同于物的观点对医学行为进行人文阐释及引导。

"医乃仁术",自古以来,医疗行为就被赋予了极强的人文含义,行医者正是在此基础上受到人们的尊敬和信赖。所谓"大医精诚",指明了科学精神与人文精神的和谐统一,引领着古往今来的从医者在医学道路上不断探索前行。

现代医学和医疗技术的迅猛发展,不断取得医学上的奇迹,然而过度依赖科学技术,使现代医学陷入"科技迷信"之中,在生物医学模式的影响下,患者成为"机器",人的生命有时被具象化为人的肌体,生命的概念变得更物质化了。医生的职业日益冷漠,给患者带来的是不近人情的冰冷感受。这使现代医学陷入困境,面临"医患矛盾激化"等棘手问题。人们进行了深刻的反思,"以人为本,以人为先"的理念重新回归,生物－心理－社会医学模式将取代生物医学模式的地位,作为医疗服务的对象,人的复杂性和多样性特征也越来越受重视,积极提倡"以患者为中心",彰显了医学的人文关怀。医学科学精神与人文精神在新的高度上融合,将促进现代医学更健全、更完善地发展。

世界卫生组织十分重视人文精神、人文关怀在防治艾滋病中的作用,这体现在历年的世界艾滋病日主题活动中。如1999年的主题是"关注青少年,预防艾滋病:倾听、学习、尊重",倡导倾听儿童和青少年的心声和想法,共同讨论涉及他们的各种问题,包括性与艾滋病。开展与他们的相互学习和交流,以消除对艾滋病患者的歧视,并懂得如何避免感染艾滋病毒和珍爱生命。2003年的主题是"相互关爱,共享生命",强调以消除歧视、倡导关爱的精神,为艾滋病患者创造宽松和谐的生活环境。2009年的主题是"普遍可及和人权",强调实现艾滋病预防、治疗、关怀和支持的普遍可及是保护人权的当务之急,敦促修改对艾滋病患者有歧视性的法律条文,兑现保护人权的承诺。2010年的主题是"正视艾滋,尊重权益:点亮反歧视之光",动员人们保护艾滋病病毒感染者及其他弱势人群的人权,增进对防治艾滋病以及战胜与艾滋病毒相关的各种污名化与歧视所做出的努力的支持。

我国知名演员、爱心大使濮存昕说得好:"我们的敌人是艾滋病,而不是艾滋病患者。"人们一句关心的话语,一次亲切的慰问,都能给艾滋病患者阴霾的生活带来一丝阳光,为其冰冷的内心增添一点温暖。2007年,在北京朝阳区疾控中心,时任国家主席胡锦涛与艾滋病患者亲切握手。2011年11月18日,时任国务院副总理李克强在北京市考察艾滋病防治工作,与艾滋病感染者握手并亲切交谈。国家领导人的举动虽然平常,却表现了一种姿态,履行了一种承诺,那就是对艾滋病患者平等对待,把他们当作普通人和正常人,鼓舞他们生活和做人的勇气和信心,激励他们战胜病魔的斗志。

"向'零'艾滋迈进"是世界卫生组织提出的防治艾滋病的行动纲领。我们要实现

"零艾滋"的目标，面临很多困难和挑战，要集中社会各方面的力量，携手共担防疫抗艾的健康责任，开拓创新、攻坚克难。要更加重视发挥科学精神和人文精神的作用。科学精神尊重科学的价值和社会作用，是人类进行科学探索不竭的精神动力，指引科学研究不断取得持续的进步；人文精神尊重人的价值，注重人的精神生活，追求人生的真谛，强调社会的精神支柱和文化繁荣的重要性，指导人类文明的走向，并影响科学技术向有利于人类美好发展的方向前进。科学精神求真求实，人文精神求善求美，在防疫抗艾中这两者融合和统一，实现真善美的结合，将使防治工作取得更大的成效。

我们在促进科学技术不断突破，创造越来越多医疗奇迹的同时，在人文关怀方面也有越来越多的工作要做，如在艾滋病的治疗护理中，做好患者和家属的心理疏导和安抚工作。在采集和综合艾滋病个人信息以形成全社会的防艾公共卫生信息时，对患者个人的信息必须尊重和保护其隐私权。在打击、干预引发艾滋病的高危行为时，包容由高危行为产生的艾滋病患者。包容不是纵容引发艾滋病的各种高危行为，而是为了从身体、心灵、精神上医治、矫正、修复患者，并以此教化感染全社会，教育警示大众。在必须把艾滋病疫情限制在一定范围内时，不能隔离艾滋病患者，隔离只会加重对他们的歧视，激起更多的怨恨，甚至仇视。我们尊重关爱他们，使他们作为正常人生活在我们中间，享受应有权利，积极对他们的疾病进行治疗、行为进行干预、生活进行救助，激发社会良知，让他们与我们携起手来，共同防"艾"。

（孙柳燕）

科学伦理篇

古人说:"人必其自爱也,而后人爱诸;人必其自敬也,而后人敬诸。"希望广大院士善养浩然正气,培育和践行社会主义核心价值观,坚守院士称号学术性、荣誉性的本质,传播真理、传播真知,崇德向善、见贤思齐,言为士则、行为世范,提携后学、甘当人梯,在全社会树立良好道德风尚。

——摘自习近平总书记2018年5月28日在中国科学院第十九次院士大会、中国工程院第十四次院士大会上的讲话

厚德载物：从"时代楷模"黄大年看科学道德

吉林大学地球物理学家黄大年教授的事迹广为传颂，2017年5月，中央宣传部授予他"时代楷模"的光荣称号。2009年12月，他放弃了在英国优越的研究条件和生活环境，回到祖国，投身到航空地球物理事业的艰苦奋斗中，为实现国家未来巡天探地潜海，向深空深地深海进军贡献了毕生的精力。

科学研究中遵循的责任准则

在黄大年教授的一生中，体现的核心精神是祖国高于一切。他在科学研究中遵循责任准则，责任准则是基本的科学道德准则之一，它要求科学工作者具有强烈的历史使命感和社会责任感，把科学研究与满足国家和社会需求结合起来。习近平总书记号召向黄大年学习："我们要以黄大年同志为榜样，学习他心有大我、至诚报国的爱国情怀，学习他教书育人、敢为人先的敬业精神，学习他淡泊名利、甘于奉献的高尚情操，把爱国之情、报国之志融入祖国改革发展的伟大事业之中、融入人民创造历史的伟大奋斗之中。"

科学研究是人类探究自然现象背后规律的一类活动，与其他人类活动一样，都需要倡导负责行为，才能保证科学研究活动的健康运行。科学研究活动的负责行为要依靠包括责任准则在内的一系列道德准则来维系。

自然科学知识的形成是一个不断求真的过程。可验证性是科学知识的重要特征，科学强调和尊重经验事实对科学理论的检验，实事求是是科学研究活动的基本准则。

科学工作者在"研究选题"环节中必须遵循责任准则，在"课题申报""形成成果""获取事实和数据"等环节中必须遵循诚信准则。

科学工作者获得的知识还需接受共同体内集体的评议和判断，有选择地被接纳为科学共同体的集体知识。个体知识和集体知识的相互联系和转换，使科学知识的形成具有坚实的社会基础。在"学术评价"环节中必须遵循尊重准则、公开准则和公正准则。

科学研究的许多课题都必须依靠集体的力量才能完成，在集体合

黄大年

作的过程中,必须遵循相互尊重、乐于协作的准则。科研工作者在荣誉和利益分配上必须受到科学道德的约束,避免利益冲突对研究工作造成损害。

遵循科学道德准则的光辉榜样

许多做出了杰出贡献的科学家是遵循科学道德准则的楷模。进化论创始人达尔文收到青年博物学家华莱士(A. R. Wallace)的论文,发现论文中的物种进化观点与自己不谋而合。谦恭和不图私利使达尔文决定放弃优先权,他向编辑部建议将华莱士的论文公开发表。编辑部裁定进化论思想由两人分别独立得出,华莱士对此十分赞同,提出把达尔文的名字放在前面,将这一理论叫"达尔文进化论"。达尔文和华莱士对优先权互相尊重,在名利面前遵守诚信,体现了崇高的道德水准。

居里夫妇

居里夫妇发现了放射性元素镭,他们毫无保留地把生产镭的方法公之于世,放弃了对专利的申请。在居里逝世后,居里夫人把他们共同研究的成果、价值一百万法郎的镭无偿赠给了研究治癌的实验室。她没有把这笔财产留给自己的孩子,而是要求孩子用勤劳的双手去开拓生活道路,她给孩子们留下的是独立不羁的精神和鄙视功利的高尚品德。

美国核物理学家西拉德(L. Szilard)在 20 世纪 30 年代认识到"中子链式反应"的发现会导致具有巨大打击威力的"原子弹"的发明,建议爱因斯坦给美国总统罗斯福写信,促使美国政府实施了"曼哈顿计划",并于 1945 年 3 月先于德国研制成原子弹。此时,西拉德认识到,原子弹具有可怕的毁灭力量,他又联合 63 位著名科学家劝说美国政府慎用这种武器,但未被采纳。二战后,西拉德积极参与反对核战争、反对核扩军的运动。西拉德从积极主张试制核武器到反对核战争,体现了科学家具有的强烈的社会责任感和历史使命感。

西拉德

1964 年,美国贝尔电话公司彭齐亚斯和威尔逊用新架设的天线来测量银晕气体射电强度,在测量过程中,出现了背景噪声。他们检测噪声的性能并设法消除该噪声，然而噪声仍然存在。1965年7月他们在《天体物理学报》上诚实地向外宣布令人困惑的观测事实：噪声无法消除，它不是来自天线本身，而是来自整个天空，其强度与3.5K的辐射相当，简称3K微波背景辐射。很快就被证实了：3K微波背景辐射是对大爆炸宇宙论的最有力的支持。这是彭齐亚斯和威尔逊遵循诚信的学术道德准则做出的重大科学发现，他们为此荣获1978年度的诺贝尔物理学奖。

新中国成立以来，出现了两次海外科学家归国潮。第一次是在新中国成立初期，以钱学森为代表的老一代科学家突破西方国家的封锁回归祖国，奠定了我国"两弹一星"等多项科学技术研究的基础，开创了多领域科技应用的新局面。第二次是在改革开放30年后，在中国梦的感召下，以黄大年为代表的新一代科学家，心怀大我，至诚报国，助推祖国的科学事业飞速发展。归国科学家把个人梦想融入国家梦、民族梦之中，砥砺前行，谱写出两个时代的报国凯歌。

科学道德准则推动科学事业健康发展

科学家具有高尚道德风范的事例不胜枚举。遵循科学道德准则使他们具有"道德敏感性"素质，能意识到自己的行为会影响到他人，在决定自己如何行动时也要考虑到他人；他们具有"道德判断"素质，即明道德之理，能认识到自己行为有多种可能，只选在道德上更能站得住脚的行动；他们又具有"道德动力和决心"，将道德价值置于个人的其他价值（如利益、情感、审美、享乐等）之上，把"做一个有道德的人"作为第一原则；他们在实践中具有"道德人格和能力"，面临冲突有自我约束能力持之以恒地履行自己确立的道德信仰。

厚德载物。科学家具备热忱的爱国情怀、造福人类的崇高信念、大无畏的献身精神、锲而不舍的治学态度以及群体意识的协作精神，深厚的思想品德基础使他们获得了伟大的成就，同时赢得了民众的敬仰、崇高的社会地位和广泛的社会公信力，这对社会精神文明的建设，社会文化的发展和全社会崇尚科学、热爱科学良好风范的形成产生了深刻的影响。

毋庸讳言，在科学共同体内存在违反科学道德的不端行为，如抄袭和剽窃、杜撰和篡改，不择手段追名逐利，等等。科学道德和学风问题受到社会各界的普遍关注，因为其危害极其严重：误导科学研究的方向，导致科技资源的低效使用，引发腐败现象，动摇科学大厦的道德根基，瓦解科研团体，贻误人才的培养。我国政府管理部门和科技界对防范和惩处违反科学道德的不端行为采取了一系列措施，正在从源头抓起，正本清源，制止科学道德与学风蜕变的趋势，努力使学术风气回归到科学的轨道。

在科学研究中某些人犯有不道德的行为，我们千万不能因此丧失对科学事业健康发展的信心。对整个科学界而言不是普遍的现象，科学工作者并不是人人都犯病的；即使发生这种情况,迟早也会由科学界揭露出来,从而使行为不轨者身败名裂。诚如英国知名学者齐曼(J. Ziman)指出的:"一些明显偏离规范的科学行为的范例——欺诈、剽窃、围绕优先权的派性之争等,这些是要关注的严肃问题,但是它们并不至于普遍到完全腐化整个事业。其实,这样的事件还是被普遍看作不正常的和不名誉的,这反而是对它们所无视的精神气质的道德威信的颂扬。"

(陈敬全)

回望科学史上的"天使"与"恶魔"

2019 年是爱因斯坦诞辰 140 周年，在这一年的 8 月，在上海世博会博物馆举办了"天才相对论——爱因斯坦的异想世界"特展。爱因斯坦广义相对论的部分手稿亮相，成为"镇展之宝"。爱因斯坦在 1905 年创立了狭义相对论、1915 年创立了广义相对论。或许会有细心的参观者问，爱因斯坦狭义相对论的手稿怎么没展出？

促进世界和平事业的"天使"

答案是，在二战期间的 1944 年，爱因斯坦把珍藏了多年的狭义相对论手稿公开拍卖，得款 600 万美元，全部捐献给美国政府，支持反法西斯战争。

爱因斯坦在科学上做出了伟大的贡献，但他的注意力不限于自然科学领域，他关心社会和政治，有强烈的是非感和社会责任。他一贯反对侵略战争。在一战期间，德国有 93 个科学文化界名流联名发表宣言，为德国的侵略罪行辩护，爱因斯坦则在一份仅有 4 人赞同的反战宣言上签名，并参加了地下反战组织的活动。

1933 年德国纳粹上台，爱因斯坦改变了反对一切战争和暴力的绝对和平主义态度，号召各国人民起来同纳粹进行殊死的武装斗争。二战期间，他努力促成美国政府抢在德国之前研制原子弹。战后，原子弹成为美国新殖民主义者的讹诈工具，他向全世界疾呼，要尽力防止核战争。他领导组织了"原子科学家非常委员会"，签署了开展反核战争和平运动的《罗素-爱因斯坦宣言》。在冷战时期，他反对美国对外实行侵略和战争政策、对内制造法西斯恐怖，在 1953 年公开号召美国知识分子"必须为祖国文明幸福的利益而牺牲个人的幸福"。

爱因斯坦关心受纳粹残杀的犹太人的命运。1948 年以色列建国后，他强调以色列同阿拉伯各国之间应"发展健康和平的睦邻关系"。爱因斯坦是杰出的科学家，又是坚定的和平主义战士，他被誉为促进世界和平事业的"天使"。

发明化学武器的"恶魔"

然而也有科学家被称为"恶魔"。德国化学家哈伯（F. Haber）因发明了从空气中合成氨的方法而闻名于世。1909 年他使氮气跟氢气在 600℃的高温、200 个大气压和以锇为催化剂的条件下发生反应，以转化率约为 8% 得到了合成氨。1914 年在德国利用哈伯的合成氨方法建成世界上第一座日产 30 吨合成氨的工厂。

在一战期间，哈伯担任了德军化学作战局局长，为德军出谋划策。他首先提出了用

哈伯

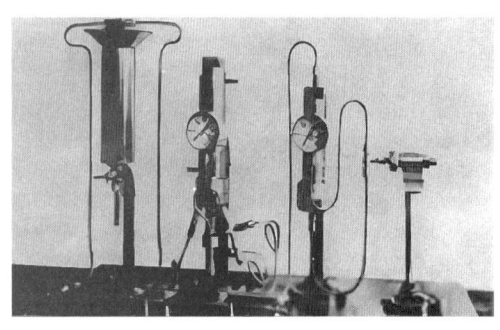

哈伯合成氨工艺模型

氯气作为新的攻击手段。1915年4月22日，在比利时伊普尔高地，德军施放氯气，使长达几公里的协约国阵地笼罩在黄绿色烟雾之中，1.5万名协约国士兵中毒，德军轻松地占领了久攻不下的阵地，战线迅速向前推进。1917年哈伯又指挥德军使用了毒性更大的芥子气。

近代化学战的序幕被拉开，参战国竞相采用化学武器。除氯气、芥子气外，还使用了光气、双光气、氯化苦、二苯氰胂等。各参战国共生产各类毒剂约13.6万吨，使用11.3万吨，造成130万人中毒伤亡，占战争伤亡总人数的4.3%。

1919年冬，瑞典皇家科学院因哈伯发明合成氨工艺、使农业摆脱了依靠天然氮肥的被动局面，决定授予他1918年度诺贝尔化学奖。消息传出，那些在一战中受化学毒气侵害的协约国士兵及罹难者家属纷纷走上街头表示强烈抗议，各媒体相继发表社论谴责哈伯。但是瑞典皇家科学院仍坚持在1920年给哈伯颁奖。

化学武器未能使德国摆脱战败的厄运。战后，哈伯为帮助德国支付巨额战争赔款，试图从海水中提取黄金，没能成功。1933年希特勒上台后，迫害犹太人，哈伯尽管成就斐然，但作为犹太人，被迫离开德国、流落他国。1934年1月他在瑞士去世，客死他乡。

哈伯作为一个出类拔萃的化学家，完全清楚化学武器的危害和后果，然而极端的民主主义倾向，使他成为发起化学战的罪魁祸首，"恶魔"的臭名伴随他的一生。

科学家肩负的社会道义责任

科学家用科学研究成果造福人类，被誉为"天使"；反之，危害人类，则成为"恶魔"。科学家肩负着社会责任：要站在社会和公众的立场上，为人类的福祉从事科学活

哈伯在指导军队使用化学武器

动,担负起科学发展产生的社会后果的道义责任。

诚然,当今科学家的社会责任感面临挑战。国家权力部门急功近利地利用科学成果开展经济竞争和军备竞赛,科学自主性受损害,学术自由受限制,科学道德失范和科学精神缺失等,都在不同程度上妨碍科学家对社会责任的担当。

寻找有效途径增强科学家的社会责任意识成为当务之急。要引导科学家加强人文学科的修养,努力培养社会倡导的思想价值观,在科学研究和推广科研成果中渗透人文精神,体现人文关怀,遵循社会伦理道德准则。激励科学家参与政治生活和社会活动,利用自己掌握科学成果的权威性和具有的话语权,引导权力者合理运用科学成果,避免成果的滥用造成的负面效应。号召科学家积极参加科普活动,在科普中接受社会实践对科学成果的检验,了解社会对科学成果的多样化需求;使公众不仅了解科学事实,还领会科学方法和科学认识之局限性,以及对科学之实用价值和社会影响做正确评价。与公众一起防止或降低科技应用的负面效应。

今天我们正处在大科学时代,现代科学技术的快速发展引发的全球问题,如核战争威胁、资源枯竭、生态环境遭破坏、气候变暖等并没有得到消解;高新技术如互联网、人工智能、生物技术和基因工程的发展和应用带来了许多便利,但也引起了广泛的关注和忧虑。科学家肩负的社会责任和担当比以往更重大、更艰巨。我们期待有越来越多的科学家成为给人类带来福祉的"天使"。

(陈敬全)

谨防"污名化"对科学事业造成的损害

2020年,新冠病毒在全球蔓延,认识新冠病毒是一个严肃的科学问题,然而西方一些政客热衷散布病毒阴谋论,把病毒标签化、溯源政治化和污名化,他们诬蔑说"新冠病毒是从武汉病毒所泄漏的"云云。

"污名化"会对科学事业造成严重的损害,这样的事例在科学史上并不鲜见。

被贴上"唯心主义"标签的摩尔根学派

对科学研究污名化的最著名的事例,是在20世纪30年代苏联,遗传学研究中李森科学派对摩尔根学派的诬蔑和毁誉。李森科(T. Lysenko)是苏联生物学家,他与遗传学家瓦维洛夫(N. I. Vavilov)就遗传学的基本问题,例如遗传的物质基础、习得性状能否遗传等进行辩论。在当权者的支持下,瓦维洛夫所赞同的摩尔根学派被贴上了"唯心主义"的标签,瓦维洛夫本人则因"支持资产阶级学说"的罪名在"消灭反革命分子"的肃反运动中被逮捕和判刑,死于非命。而李森科学派所支持的米丘林遗传学被贴上了"科学的""无产阶级的""唯物主义的"标签,摩尔根学派因为是"资产阶级"和"伪科学"的而被苏联在一切科研机构和学校禁止学习和研究。

苏联的遗传学研究受到毁灭性的摧残,这种以意识形态为科学划界的错误做法还波及了当时社会主义阵营中的其他国家,这些国家为此也付出了惨痛的代价。

李森科

瓦维洛夫

备受攻击的革命性科学新理论

20世纪20年代起，在德国一些提出新的革命性理论的科学家也被污名化。斯塔克（J. Stark）和勒纳德（P. Lenard）是德国物理学家、诺贝尔奖获得者，但他们对这些科学家的态度十分粗暴。1900年普朗克提出量子概念，1905年爱因斯坦用光量子论成功解释了光电效应，推动了量子论的发展和量子力学的建立。斯塔克对量子论和量子力学始终持否定态度，"我不敢把它当作一个确定的结论来接受。除了我不能相信该理论的某些假设外，它与我们的经验也不一致。"他攻击爱因斯坦的相对论"有害于德国的实验物理的工作、导致了德国物理学的危机"。

勒纳德　　　　　　　斯塔克

勒纳德对爱因斯坦也心怀敌意。他认为爱因斯坦是个半路出家的无名鼠辈，靠杜撰虚妄的理论哗众取宠，关于相对论的经验证据漏洞百出。他甚至鼓动一些人对爱因斯坦大肆谩骂、对其污名化，他对相对论的攻击超出了科学争论的范围。勒纳德至死对相对论还耿耿于怀，他说相对论"纯属犹太佬的骗人把戏，只要稍有种族知识，就可以把它一眼看穿。然而物理学界绝大多数头面人物居然都赞同这套犹太人的理论伎俩，我失望至深莫过于此"。

最令人不齿的是勒纳德和斯塔克两人追随纳粹势力竭力鼓吹日耳曼物理学，扬言要从物理学和科学中清除"犹太"精神。在爱因斯坦为躲避法西斯的迫害赴美之后，斯塔克用十分恶毒的语言攻击爱因斯坦，说什么爱因斯坦已经销声匿迹了，整个物理学界再也不会把他的相对论当成神奇的发现了。他恶狠狠地叫喊，把爱因斯坦这个犹太人当作一个优秀的德国人是个错误！让相对论在德国存在也是个错误！勒纳德和斯塔克组织起一支在纳粹恶潮中兴风作浪、迫害犹太科学家的特别行动队,他们给科学造成的损害,是别的破坏力量所无法替代的。20世纪30年代,许多优秀的科学家逃离德国,其中有19位先后获得诺贝尔奖,"世界科学中心"的地位在德国不保而转移到美国。

恶意炮制的"奥本海默间谍案"

20世纪50年代在美国的"麦卡锡时期"发生的"奥本海默间谍案"令人震惊。奥本海默(J. R. Oppenheimer)是著名物理学家,他说服了美国政府实施"曼哈顿工程",赶在希特勒的前面造出原子弹。他全面负责试制原子弹的工作。在1945年原子弹试爆成功后,奥本海默却为原子弹将给人类带来毁灭性的灾难深感忧虑。他极力向政府建议不发展超级弹(氢弹)。1949年,苏联爆炸了自己的原子弹,打破了美国的垄断局面,1950年美国政府决定试制氢弹。

1953年,美国右翼政客麦卡锡(J. R. McCarthy)掀起了反共高潮,他怀疑奥本海默同共产党有联系,栽他以"苏联间谍"的污名,提出了审查奥本海默的动议。政府下令对奥本海默进行安全审查。在起诉奥本海默的24条罪状中,前23项都与他早期参与左翼活动有关,最后一条是,他不但在总统决定之前、甚至在总统决定之后还"强烈反对"制造氢弹。1954年4月,对奥本海默案件的听审会持续近四周时间,由于缺少有力的证据,最终宣布奥本海默"是一个忠诚的公民,但是政治上不可靠";撤销他原子能委员会顾问一职并收回他的安全许可证,解除他所有的政府公职,剥夺了他接近国家机密文件的权利。

"麦卡锡时期"过后,美国政界和科技界对奥本海默事件进行了反思,终于认识到奥本海默的遭遇是不公正的,如此伤害有杰出贡献的科学家,将消解美国科技主体的探索激情,对美国的科学事业和国家利益造成严重的损害。1963年,美国政府为奥本海默

奥本海默

美国研究并试爆成功的第一颗原子弹"瘦子"

颁发费米奖，以恢复他的名誉，减少麦卡锡主义给科技的发展造成的负面影响。

警惕"污名化"对科学事业的伤害

上述案例给出的教训是极其深刻的。对科学家和科学研究污名化，可以说是不恰当地把科学政治化造成的后果。国家和政府即政治系统直接干预科学系统，强制科学系统接受政治系统的价值观念和行为规范，从政治上去定义科学研究的形式和内容，以政治态度与需要作为评判科学成果和科学争论的标准，科学系统的自我运行和控制机制就会被破坏，其知识生产的功能、政治功能和其他社会功能就会被损害，科学变为独裁者的仆人，就会异化和解体。美国科学史家库恩（T. S. Kuhn）一针见血地指出："当权力需要科学时，他们会提倡科学；当他们需要一部分真理时，他们就会提倡不完备的科学；需要自我欺骗，就会提倡伪科学；需要欺骗别人，就会提倡操作社会心理学的半真理。当科学结构为不同的利害所分割，科学研究也会不大一样。"

正直的科学家都反对把科学家和科学研究污名化、把科学政治化。2020年5月5日世界卫生组织郑重宣布：所有证据及所有约15 000个完整的病毒基因序列都显示新冠病毒来源于自然界，这是对病毒阴谋论的当头棒喝！接着，在5月21日，美国77位诺贝尔奖得主联名写信，对美国国立卫生研究院（NIH）迫于政治上的压力、在4月24日宣布取消对与中国互助的冠状病毒研究项目的拨款提出质疑，要求彻底审查这一决议并迅速纠正错误。他们指出："在这场大盛行病危机中，连续的科学政治化是一个令人震惊的趋势，不仅危及科学的完整性，而且危及公民的生命。"

（陈敬全）

历史的教训不应被忘记

李家洋

2018年11月18日,被称为"中国诺贝尔奖"的"2018年度未来科学大奖"举行颁奖典礼,李家洋教授、袁隆平教授和张启发教授分享100万美元的"生命科学奖"奖金。有媒体报道,伴随他们的不仅有掌声和欢呼,更有汹涌的诅咒。一些反转基因人士称他们为"转基因三丑""灭绝人性的罪犯",指控他们"为孟山都、杜邦、洛克菲勒等美国企业和国内的利益集团所收买""被'美帝国主义'指派来灭绝中华",是"汉奸和民族的间谍"。

这些人士的所作所为似曾相识,人们记忆犹新的是,在历史上也发生过类似的事件。

袁隆平

张启发

发生在苏联遗传学界的"李森科事件"

早在20世纪30年代,苏联发生了震惊世界遗传学界的"李森科事件"。李森科派同以瓦维洛夫为代表的遗传学家之间开展了不同学术观点的争论,这场历时30多年的学术之争一开始就带有浓厚的政治色彩,受当权者赏识的李森科派成为绝对真理的化身,在苏联生物科学界大行其道,一派独霸,而与之对立的摩尔根学派则被戴上"资产阶级""唯心主义""形而上学""伪科学"等帽子,政治上受排斥,学术上被禁止,人身失去自由。

20世纪50年代初，苏联的这种做法传入我国，我国遗传学界也出现了李森科学派一花独放、摩尔根学派被全盘否认的现象。有关摩尔根学派理论的研究工作全部停止，学术刊物上只登李森科学派的文章；摩尔根学派遗传学的课程在各大学基本取消，中学教材也重新编写；一些在西方学过摩尔根学派遗传学的知名学者遭到批判。好在我国及时纠正了这一错误做法。

对爱因斯坦和相对论的批判

"文革"期间，爱因斯坦和他的相对论在国内被集中批判。一些被极"左"派把持的科研机构视爱因斯坦为"本世纪以来自然科学领域中最大的资产阶级反动学术权威"，断言相对论的大前提是"哲学上的相对主义"，相对论中的时空论是"资产阶级的唯我主义""是彻头彻尾的形而上学唯心主义的"，相对论的基本原理"没有得到实验证实"等。

"四人帮"为上海的批判爱因斯坦运动定调：相对论的要害是相对主义，相对论的组成部分是相对主义的真理观、形而上学的宇宙论、神秘主义的方法论。在他们的指使下，"上海理科大批判写作小组"连篇累牍地发表文章狠批爱因斯坦，称"爱因斯坦自觉地充当资产阶级恶毒攻击马克思主义的'科学喉舌'"，相对论"是引导危机不断加深的一面黑旗。在它的带动下，自然科学被资产阶级御用科学家们糟蹋得不像样子"，云云。批判爱因斯坦的闹剧一直到1976年"四人帮"倒台才收场。

对现代宇宙学的否定

20世纪60年代起，现代宇宙学发展迅速。1965年，彭齐亚斯和威尔逊发现了3K微波背景辐射，验证了1948年由伽莫夫提出的热爆炸宇宙假说的预言，膨胀宇宙模型发展为大爆炸宇宙论，1973—1976年间，上海《自然辩证法杂志》等刊物，把大爆炸宇宙论作为学术界的唯心主义典型进行"批判"，声称"大爆炸宇宙论的研究成果，包括那一大堆'宇宙半径''宇宙年龄'，在本质上只能适应宗教的需要，适应反动势力从精神上麻痹人民的需要。"认为近代以来提出的各种探讨宇宙奥秘的"宇宙模式"都是资产阶级唯心论和形而上学的反映。与此同时，《科学通报》杂志先后发表10篇文章"批判"宇宙学。作者们判定宇宙学是"供给宗教和神学以新的论证"的伪科学，宣称不存在什么宇宙的"数学解""物理解"，只存在"哲学解"，企图从根本上否定现代宇宙学。

现代宇宙学提出的黑洞理论是研究天体演化至末期的成果，《自然辩证法杂志》刊出了一系列批判黑洞理论的文章，称黑洞学说是"资产阶级伪科学的标本"，是"适应了帝国主义和社会帝国主义垂死的政治需要，以伪科学的论证来预言'宇宙末日'的学说""这种学说在科学上是荒谬的，在哲学上是唯心的，在政治上是反动的"，云云。

认真吸取历史的教训

历史的教训不应被忘记。在科学理论上对于不同学派，不同学术观点的争论，绝不能轻率地与阶级斗争、政治斗争联系起来，用行政手段强制地推行一个学派，给另一个学派粗暴地贴上政治标签加以封杀。不准自由地探讨和交流学术思想，不准开展学术争论，必然会给自然科学的发展带来灾难。"李森科事件"使苏联的分子生物学和遗传工程学遭到了严重的摧残，现代生物学整整落后了两代。而我国效仿苏联的做法，亦破坏了正常的遗传学教研工作，阻碍了遗传学科的进步与发展。批判爱因斯坦和相对论，使我国的科学界蒙羞。对现代宇宙学研究成果的批判，使我国这方面的研究一度偏离世界研究的主流方向。

控制论的创立者维纳尖锐地指出："科学是一种生活方式，它只在人们具有信仰自由的时候才能繁荣起来。基于外界的命令而被迫去遵从的信仰并不是什么信仰，基于这种假信仰而建立起来的社会必然会由于瘫痪而导致灭亡，因为在这样的社会里，科学没有健康生长的基础。"

历史的教训在于给人以教益。对于反转基因人士（反转派）来说，他们的反对或许不无道理，但如果真的有理，一要学会说理，即从科学理论上加以说明，要懂得与转基因有关的科学理论和学科知识，做深入的研究，如果隔行跨界从非专业的角度说三道四，是没有说服力的。二要摆事实，事实就是经得起检验的实验结果，要注意进行实验必须符合程序和规范，得到的数据和事实真实可靠，实验的结果可以重复。法国的一位学者曾报道"大鼠长期服用抗草甘膦转基因玉米会致癌"的实验结果，同行们经过检验，发现他采用的实验鼠对照样本太少，不足以得出任何有效结论；有的对照实验记录甚至显示了相反的结果——吃转基因玉米饲料较多的老鼠，患癌数量反而低于吃得较少的老鼠。同行们一致认定这项研究"毫无价值，其结论不能被其数据支持"，该学者因这起"学术丑闻"而声名狼藉。三是开展学术争论必须在崇尚真理、实事求是的原则指导下，有理有据地开展辩论。保持理性，坚持对事理不对争论者个人。尊重对手，遵循公正和平等的学术规范，杜绝污蔑、毁谤、谩骂、攻击等行为，千万不能把正常的学术争论变为意气用事的骂战。对于从事转基因研究的科学工作者和支持转基因的人士（挺转派）来说，要积极向民众宣传和普及转基因的科学知识；勇敢和坦然地应对"反转派"的挑战和质疑；加强社会责任感，尽量降低转基因的风险和负面效应，更多更好地造福于人类。

（陈敬全）

在科学研究上"诚实"是第一位的

2018年10月15日,美国生命科学网站报道称,哈佛大学医学院要求撤回前哈佛医学院教授皮耶罗(A. Piero)的31篇论文。皮耶罗是知名心肌再生研究者,他在《自然》《细胞》等顶级杂志上发表论文,称存在成年的心脏干细胞,以其可以实现心肌修复,由此开创了倍受期待的"心肌受损的干细胞疗法"。然而皮耶罗团队的研究屡遭质疑,多家实验室重复他们的实验后,产生了与其结论相反或者根本无法解释的实验结果。早在2013年1月,哈佛大学启动了对皮耶罗论文的调查。2014年,皮耶罗在《循环》杂志发表的一篇论文被撤,因为其中的数据存在争议。这次要求撤回他的31篇论文,原因是涉嫌伪造、篡改实验数据。

皮耶罗学术造假事件与1999年发生在美国劳伦斯伯克利国家实验室的"发现118号元素"造假事件极其相似。

令人振奋的"新元素"的"发现"

1999年5月,世界一流的实验室——美国劳伦斯伯克利国家实验室(Lawrence Berkeley National Laboratory,LBNL或LBL)的尼诺夫(V. Ninov)在《物理评论快报》上发表文章,声称用高能氪离子轰击铅靶,引发一系列原子核衰变,在这衰变过程中探测到3个118号元素的原子及其衰变。这一成果被视为1999年最重要的科技突破之一。尼诺夫是公认的核研究领域的知名科学家,他曾经在德国的重离子研究中心工作多年,20世纪90年代中期参加了发现111号元素和112号元素的科学实验工作,之后,转到美国劳伦斯伯克利国家实验室工作。尼诺夫的"发现"引起了极大的关注,许多专家认为,这意味着在寻找"稳定岛"过程中前进了巨大的一步,必将极大促进对门捷列夫元素周期表范围的研究,稳定岛是推测中的原子序数

劳伦斯伯克利国家实验室

在 $Z=120$ 附近的相对长寿命的核区。那时,已知最高 Z 的核是几个月前在俄罗斯的杜布纳联合核子研究所发现的 114 号元素。

美国核化学家、作为合成多种超铀元素的参与者乔索(A. Gniorso)在得知尼诺夫的"发现"后兴奋地说:"真神!奇迹果真发生了,的确令人兴奋。"

美国俄勒冈州立大学核化学家洛夫兰(W. Loveland)也十分赞赏,因为此前,许多科学家都认为要得到 118 号元素并非容易的事情。

令人质疑的科研不正当行为

但也有科学家对此表示怀疑:人工合成 118 号元素并非轻而易举之事,根据俄罗斯联合核子研究所所观测到的 110~114 号元素的产生率进行外推,预示 118 号元素在任何现存的核物理设施上都不可能以有效的速率产生。

德国的重离子研究中心(GSI)、法国重离子研究实验室(GAN IL)和日本的理化学研究所(RIKNE)分别重复了尼诺夫的实验,但他们的努力都归于失败,未能观察到所谓的"118 号新元素"。乔索起初对于外国同行的质疑不屑置辩、泰然处之,认为他们无法得到 118 号元素,是因为仪器设备灵敏度低劣所致。而洛夫兰则开玩笑说,118 号元素的合成犹如"大海捞针,谈何容易"。

在科学界舆论的压力下,劳伦斯伯克利国家实验室开始认真对待,重复尼诺夫他们原来的实验。尼诺夫本人也参与了实验,他向研究小组宣称,他发现了另一个 118 号元

德国重离子研究中心

日本理化学研究所

素的原子，十分令人激动。然而，当研究小组的其他成员将他们的分析结果与尼诺夫的结果比较时，发现并不相符合。出于对尼诺夫的敬重，谁也不会去怀疑他会出错。不少人认为，与尼诺夫的结果不符，或许表明自己无能。谁也不愿意让118号元素的发现与自己失之交臂，他们反复思考、重复核算，为找到118号元素的踪迹甚至不惜牺牲周末休息时间，期待尼诺夫的实验结果能够重现。

大家的辛劳还是毫无收获。这时乔索意识到，既然无法用更高灵敏度来重复原来的实验结果，那么必定有错，错在何处？美国科学界包括劳伦斯伯克利国家实验室开始怀疑118号元素"发现"的真实性。由合成118号元素研究小组之外的4名科学家组成的调查小组，经过为期1年多时间深入调查研究后指出，一位声称发现了2种"新元素"的核研究人员有欺诈行为。劳伦斯伯克利国家实验室主任尚克（C. Shank）在员工会议上宣布调查结果时，并没有指名道姓，但始作俑者是谁，大家心知肚明：尼诺夫首先是怀疑的对象，因为他是15名合成118号元素科研人员中唯一有权接触原始数据的，在最初的研究中他主要负责数据的分析。调查小组重新分析原始数据后，发现实验中的一项重要指标，即与超重元素衰变相伴产生的大量α粒子，根本就是子虚乌有，调查小组指出："有明确的证据可以判定，尼诺夫博士在科学研究中采取了伪造事实的不正当行为。"

2001年7月，劳伦斯伯克利国家实验室向《物理评论快报》递交了一份收回1999年关于发现2种新超重元素论文的声明。2002年7月15日，《物理评论快报》正式收回"发现"118超重元素的论文。由于涉嫌造假，2001年秋，劳伦斯伯克利国家实验室暂停了尼诺夫的研究工作，2002年5月，尼诺夫被开除。

尼诺夫造假事件的深刻教训

尼诺夫的造假事件引起人们的深思,从这一事件中可以吸取很多教训。

第一,尼诺夫有许多合作者,这些合作者有没有责任呢?正如调查人员指出的那样,关于尼诺夫研究小组的同事没能检查出尼诺夫的错误的说法是"不可信的"。他们出于对尼诺夫的敬重与盲目崇拜,以自己无能为借口,反映出该研究小组在工作上有令人不安的弱点,缺乏对保证科学诚信至关重要的警觉,这使得尼诺夫有作假的机会。

第二,实验室对尼诺夫这样的"重大发现"没有经过严格审查就让他发表,这是制度上的漏洞和科学研究中不正常的地方。由于实验室的负责人没有严格把关,有意无意地助长了弄虚作假的行为,使实验室的声誉受到了严重损害。实验室主任尚克痛定思痛,对此做了深刻的反思,其中重要的一条是"在一篇论文发表之前,所有作者都有责任核实"。

第三,劳伦斯伯克利国家实验室对待问题的发生还是严肃认真的,他们一旦觉察到成员的欺骗行为以后,立即组织独立的专门委员会进行深入细致的调查,包括审查原始数据和计算机程序。为了弄清事实、分清责任,委员会除了和本人谈话以外,还与有关的研究人员谈话,要求他们写出书面材料,澄清事实。实验室对于错误毫不姑息,并且有勇气把错误公之于众,宣布收回已发表的论文。同时他们也分清责任,保护认真工作的科研人的名誉和积极性。在他们的调查报告的附录中还附上犯错误者本人的辩解。实验室勇于改正错误的态度,是对科学负责的态度,是值得肯定的。当然,如果他们包庇错误,将会使他们的实验室蒙受更大的名誉损害。

屡屡发生的学术不端行为一次又一次为科学界敲响了警钟:在科学研究上"诚实"是第一位的。正如劳伦斯伯克利国家实验室主任尚克特别强调的,"对一个实验室来说,没有什么比科学诚实更重要,只有拥有了这种诚实,资助研究的公众才会对我们有信心"。

(陈敬全)

"人造太阳"与曾经的"冷核聚变"闹剧

2018年11月,我国核聚变反应研究的大科学装置"人造太阳"取得重大突破:热功率超过了10兆瓦,等离子体中心电子温度达到1亿℃,等离子体储能增加到300千瓦,这表明我国具备了核聚变可控实际操作的基础,令人振奋。然而,要使"人造太阳"的产能和供能成为现实,必须在高密度的条件下,使等离子温度达到1亿℃以上,使相当数量的粒子克服原子核之间的斥力实现核聚变反应产生可观的聚变能,这还有很长的险途要跋涉。

实现可控热核聚变之艰难使人望而生畏,很早就有人想另辟蹊径,实现在室温下的核聚变,在30年前,曾经上演了一出"冷核聚变"的闹剧,令人难以忘怀。

引起巨大轰动的"冷核聚变"

1989年3月23日,美国犹他大学庞斯(S. Pons)教授和英国南安普顿大学的弗莱希曼(M. Fleishmann)教授在记者招待会上宣称,他们用电解重水的方法在室温下完成了核聚变。他们制作了一个简单的用钯电极作为阳极、钯金属作为阴极的电解槽,在这个玻璃制的常规电解池中充满含有氘原子的重水,然后通上电流,电流从阳极流向阴极,使得氘原子核由重水流入钯晶格中,在那里发生聚变,释放出了热量和核的副产品:中子以及微量的超重原子——氚。

他们的实验在科学界引起了巨大的轰动。半个多世纪以来,科学家们一直探索着用氘、氚(重水、超重水)聚变来得到新的能源,但实现这一聚变反应有两大难点:首先实现这一反应必须在超高温、超高压的环境下进行,这必须向聚变物提供足够的外来能量,才能触发聚变反应。要具备高温和高压的条件,必须大大增加反应装置的整体体积和复杂性,这使得提取能源的成本大幅度提高。其次,热核聚变的反应速度和能量释放的可控性是难以解决的难题。若冷核聚变的确存在,可大大简化反应装置、降低成本,其能量释放的可控性较之于热核聚变的可控性要容易得多。

在重复性实验中没能再现"新的核过程"

世界各地数以百计的实验室先后行动起来,开始了重复性的实验,甚至还举办了好几次关于冷核聚变的国际学术会议。然而,众多的实验室都没能重复该实验的结果。人们开始对庞斯和弗莱希曼实现冷核聚变持怀疑态度,他们很难相信足够的氘原子核挤在一起可以发生聚变,钯虽然有吸收大量氘的能力,电流的流动会使得钯的晶格

中国新一代"人造太阳"实验装置(EAST)

"充满"氢,使得晶格内的压力突然增加来克服阻止核聚变发生的正电荷的斥力,但是这样做成功的可能性很小。许多人认为,庞斯他们没有做过必要的对照实验;对热量、中子数和证明发生了冷聚变的其他迹象的测量都十分草率;误解了有关核聚变的公认理论的实质。

1989年7月,美国能源部的能源研究咨询委员会在对庞斯和弗莱希曼调查后,报告了得出的结论:他们的实验报告的数据不能作为有新的能源来源的证据,被称为新的核过程的冷聚变是没有说服力的。低温核聚变产生的能源发展前景相当渺茫,目前还没有理由建立冷聚变研究中心以支持发现冷聚变。

不久,美国能源部又组织了专门的小组来审查冷核聚变的理论和研究。1989年11月,这一小组发布了报告,认为庞斯和弗莱希曼没有提出任何令人信服的证据表明有用的能源资源会导致这种现象——冷聚变。他们关于核反应产物的报告与已建立的猜想不一致,如果想证实冷聚变的存在,就需要建立猜想、甚至理论本身,以一种意想不到的方式来延伸已有的理论。小组反对冷核聚变研究的专项资助。

自此以后,美国官方对于冷核聚变的研究特别慎重。美国能源部没有资助过任何有关冷核聚变的试验,专利和商标局也拒绝所有的有关专利申请。

冷核聚变的研究趋于冷落。1991年，庞斯和弗莱希曼悄然离开美国。1992年他们继续在丰田公司设立于法国的 IMRA 实验室做研究。1995年弗莱希曼去了英国。1998年，IMRA 实验室在花费了1.2亿欧元用于冷核聚变工作后仍没有取得显著的效果，与庞斯中止了合同，并宣布关闭实验室。庞斯没有公开发表声明，只有弗莱希曼还不时地举办讲座和发表论文。

"冷核聚变"神话的最终破灭

尽管冷核聚变的前景十分诱人，然而它从一开始就引起了很多人的怀疑。如果庞斯和弗莱希曼更谨慎一些，或许不会像之后那样被搞得焦头烂额。事实上，他们两人已经秘密试验了5年，本打算到1990年9月再考虑是不是发表论文，但由于在美国进行核试验，必须向当局申报后才能进行，所以他们在1988年就申报了；又为了得到同行们的支援，他们便开始向外透露。而校方担心他们如果不抢先公布研究成果，会在专利申请上吃亏，于是促使两人过早地对外宣布。太急功近利、太看重商业利益的做法使他们最终弄巧成拙。

在这次造假事件中，一些媒体也扮演了不光彩的角色。《华尔街日报》在召开记者招待会的当天就匆忙发简讯为冷核聚变喝彩，第二天在头版头条又详细报道了招待会的情况，甚至在听到对冷核聚变质疑时，还发表社论称"具有卓越思想的人找到了正确的道路，并已经在思考未来，而站在一旁的其他人却仍旧在为前方的问题所困扰"。在媒体的大肆宣传下，娱乐界甚至还以"冷核聚变"为题材拍了两部电影，利用观众的"眼球效应"赚大钱。无孔不入的江湖骗子也粉墨登场，以冷核聚变为原理迅速制造出"能量放大器"进行兜售和欺骗。最为离奇的是，专门跟踪报道这一事件的记者还获得美国物理学会颁发的科学新闻奖。

令人欣慰的是，科学工作者以谨慎的态度、有条理的怀疑精神，阻止了这出闹剧演变为更大的骗局。检验科学发现是否为真，看其有没有可重复性，这是铁的标准。假的终归是假的，伪装总要被剥去，冷核聚变的谎言被戳穿，不由得使人再次想起那句耳熟能详的老话——在科学研究的事业上，来不得半点虚假。

被寄托厚望的"人造太阳"

在庞斯他们的"冷核聚变"事件之后，还有人并未就此罢休，继续探索"冷核聚变"的可能性。美国、德国、日本、以色列等国都有科学家在继续这方面的实验研究。他们甚至成立了"国际冷聚变科学协会"，定期举行学术研讨会。美国加州 SRI 研究中心的麦库伯里进行了20年的冷核聚变实验，他称已经数十次记录到装置产生多余的热量。2011年意大利波隆纳大学的物理学家罗西（A. Rossi）称他制造的名为"E-CAT"的"镍氢冷核聚变装置"已成功运行。或许是接受了以往的教训，他们不那么急功近利追求商业利润，不借助媒体大肆渲染，而是仔细地重复实验。

主流科学界对于"冷核聚变"的实验一直持谨慎的怀疑态度，除非有令人信服的理论能够说明，并且在其他的实验室可以复制这些实验，否则很可能又是骗局。他们看好像中国"人造太阳"那样的热核聚变装置，因为它有着坚实的理论基础，而科学家们正在克服一个又一个的困难，脚踏实地一步一步向着人类可控热核聚变的宏伟目标迈进。

（陈敬全）

医学领域为何成为科研不端行为的高发地带

长期以来，在人们的心目中，科学是诚实的事业，科学家是诚实的人。然而，20世纪八九十年代以来，在世界各国科学界接二连三揭露出来的剽窃、篡改和捏造等种种科研不端行为的事实，大大动摇了人们的这种信念。

在医学领域频发的学术不端行为

美国研究诚信办公室顾问、密歇根大学科学史家斯坦尼克（N. Steneck）曾做过一项时间跨度达20年的有关科研不端行为的研究。2000年，他在发布的总结报告中指出，在科学研究中存在着比例相当的"严重不端行为，其程度达10%或更高"。至于像篡改数据、论文署名不实等问题几乎普遍存在。尤其在医学领域，这种情况的"发生率高得惊人"。

2010年，《医学伦理学期刊》上的一篇文章显示，在过去10年中，生物医学领域至少有788篇论文被撤销。有的是因为科研不端，如伪造和篡改实验数据，有的是因为数据分析草率而造成结论错误。据报道，蓄意造假者往往是屡犯，他们把目标锁定在高影响因子刊物，并掺了很多合作者的名字以图在"东窗事发"时减轻自己的责任。无独有偶，同年，《科学家》网站也公布了年度十大论文撤销事件，一些发表在《自然》《科学》《柳叶刀》等顶级刊物上的论文被曝光，连诺贝尔奖得主、哈佛大学教授等有头有脸的人物都被揪了出来。具有讽刺意义的是，有些论文曾得到诺贝尔奖得主的力挺和同行的大量引用，甚至被《科学》杂志的主编吹捧。

2012年10月1日，在美国《国家科学院学报》网络版上有一篇研究报告指出，过去30年来，生物医学领域的论文撤稿事件急剧增加，其中2/3以上是由科研不端行为造成的。与1975年相比，在所有已发表论文中，学术造假或涉嫌造假而被撤的论文所占比例已增加了10倍。研究人员分析了截至2012年5月的2 047篇被撤稿的生物医学领域论文，结果显示，可归因于科研不端行为的撤稿高达67.4%。生物医学领域的科研不端行为真是触目惊心。

医学领域学术不端行为的严重危害

种种科研不端行为产生的大量"学术泡沫"和"学术垃圾"，严重玷污了医学原本的神圣光洁，严重影响了医学研究的健康发展。在高影响因子杂志中发表论文固然能给科学家带来很多好处，但是一旦这些论文存在科研不端行为，后果往往极其严重。比如

2004年诺贝尔医学或生理学奖获得者琳达·巴克（L. B. Buck）教授2001年发表在《自然》杂志上的一篇论文，在9年后被一些同行反映不能被重复，在多方压力之下，她不得不撤稿。这篇论文发表后，在学术界产生了重要影响，它已被世界各地的研究人员引用达138次之多，这次撤稿带来的恶劣影响是难以估计的。科研不端行为不仅影响研究人员个人的学术声誉，也会殃及相关的实验室和研究领域，影响到整个国家的科技发展水平，并且有损科学形象，败坏社会风气。

医学是为人类生命和健康服务的科学，医学基础研究能够为疾病的临床治疗提供扎实的理论基础，医学科研成果终将应用于人类，一旦医学科研诚信出了问题，就会歪曲人们对疾病和健康的认知，置患者于错误甚至有害的临床治疗中，这将直接或间接地严重危害公众的生命和健康，乃至威胁到整个社会的发展。

对医学领域科研不端行为高发的原因探究

医学领域科研不端行为的频繁发生不是偶然的，这与医学研究的本身特点有关。医学研究的对象是人，而人是自然界最高级的生命形式，人的生命活动是一个极其复杂、充满奥秘的过程。此外，影响人类健康的因素也是多种多样的。现代医学研究的重要方法是实验，通过各种实验来解释生命现象，阐明生命机制。而医学对象本身的复杂性，使许多现象在现有的理论框架和技术条件下难以得到令人满意的解释。实验本身可能存在很多不可控的未知因素，许多实验重复同样的操作过程也往往难以得出相同的结果。例如在遗传学研究中，由于遗传异质性和外显率等因素的影响，表现相同的患者用同样的实验条件却可能得出完全不同的结果。为了得到理想的实验结果，研究人员可以方便地删除个别偏差大的数据，拼凑、篡改、捏造数据，或是对图像结果进行技术上的处理。当屡次实验仍未成功时，这种实验结果的易造假性会诱使有的研究人员做出违背科研诚信的行为。而造假以后，由于医学研究的复杂性，其实验复制率差可能会被归结于实验条件不同、未知因素影响等原因。论文的审稿人及杂志编辑在辨别论文的真实性方面面临极大的困难。如果同行不深究实验设计，则很难发现实验数据存在造假。这就给医学科研不端行为带来了相当的隐蔽性和可乘之机。

正如"上医治未病"一样，在医学科研诚信问题上，积极的做法是不要等到事情发生了再去调查处理，而是要通过宣传教育来预防科研不端行为的发生。作为科研工作者，必须加强科研道德自律，坚守科研道德诚信，以严谨求实的科学态度和科学精神对待科学研究。特别是医学研究生，作为今天的习医者，未来的从医者，要在功利浮躁的社会环境中淡泊名利，拥有"十年磨一剑"的雄心抱负和"板凳须坐十年冷"的沉稳心态。在医学研究中善于剥茧抽丝，勇于克服困难，努力寻求科学真谛。在项目申请、项目实施、成果形成、成果评价和成果发表的各个阶段，杜绝捏造、篡改和剽窃等种种科研不端行为，脚踏实地做科研，科研诚信做表率。

（刘学礼）

刘学礼 1961年生。1984年毕业于上海师范大学生物系，1989年毕业于华东师范大学自然辩证法暨自然科学史研究所。长期从事马克思主义基本原理、科学技术史、自然辩证法教学和研究工作。现为复旦大学马克思主义学院教授。曾兼任中国科学技术史学会理事、科技史教学专业委员会委员。现兼任中国自然辩证法研究会医学哲学学会常务理事、《医学与哲学》杂志编委。

个人感悟 仰望星空、脚踏实地；胸怀理想、面对现实。

对青少年科技竞赛活动中的不端行为说"不"

2020年第34届全国青少年科技创新大赛获奖项目引起了社会的热议。昆明某小学六年级的一位小学生以"C10orf67在结直肠癌发生发展中的功能与机制研究"项目获得大赛三等奖,该项目是高精尖的课题,但他只用5天就发表了高质量的研究论文。2020年7月13日,中国科学院昆明动物研究所发表声明,称这位小学生系所里某研究员之子,已对此事进行深入调查。某研究员公开道歉,称"过度参与该项目书文本材料的编撰过程"。7月16日,全国青少年科技创新大赛官网宣布撤销该学生2019年12月获得的大赛三等奖。

这个举办了30多年的全国青少年科技创新大赛让许多家长怦然心动:大赛获奖者最高可获得高考加分20分。因为有了高考加分的诱惑,一些家长直接插手甚至造假替代,陷入了"拼爹"的怪圈。近年来大赛的研究项目越来越艰深,甚至超出了普通成人的研究能力。社会上对此质疑声不断,大赛的声誉受到了损害。

在社会舆论沸沸扬扬之际,笔者想起了丹麦物理学大师玻尔年轻时参加有奖科学征文竞赛的故事。

1905年,丹麦科学文学院悬赏征求有关液体表面张力的论文。英国物理学家瑞利从理论上证明:对于在具有已知速度和横截面积的一股液流表面上形成的波,只要测出波的波长,就可以确定其表面张力,瑞利的理论有待实验验证。

年轻时的玻尔(右)与弟弟

应征论文规定在1906年10月30日前交出。以前应科学文学院之征并得奖的人多是有成就的学者,而玻尔此时只有19岁,在哥本哈根大学读二年级,但他却对研究课题有浓厚的兴趣,鼓起信心和勇气,想通过这次机会考验自己的能力。他想出一种产生液流的方法,然后测出液流的波长。他请求在他父亲的实验室做实验验证,他父亲最终同意了,但由于白天实验室有其他人在工作,只允许玻尔在夜间做实验。

玻尔为自己独立开展研究感到振奋,他全身心投入到实验中去。他自制玻璃管子,管子的喷口具有特殊的形状,水从管子里喷出,形成足够长而稳定的水柱,水

哥本哈根大学

的表面会在张力的作用下产生面波——这种波就是瑞利研究中所说的"振动"。

玻尔的实验很费时间，要想获得水流的扭曲程度必须保持几个小时的稳定，观测时又必须谨慎仔细。玻尔务求完善，他在做完每一次实验后，总会发现还需改进的地方，实验因此在一次次重复进行。征文截止日期眼看快到了，玻尔还在没完没了地改进实验，他的合作者都感到厌倦了，甚至想放弃，但他却不厌其烦地坚持不懈。他的父亲开导他不要老泡在实验里，要抽出时间对实验数据进行静心的分析和理论上的思考，并提醒他不要错过了递交论文的期限。玻尔经过艰苦的努力，终于在规定的时间把应征论文交了上去。

玻尔的论文看来不太符合征文的要求，他只测定了水的表面张力，而征文的要求是"研究应扩大到多种液体"。但他的实验方法奇妙、精密，他的理论研究突破了征文要求的局限：不仅应用了瑞利的理论，而且推广了瑞利的理论，表现出了他的独创性。论文的评比者们反复考虑后，认定"玻尔的工作尽管只研究了水一种液体，没有像另一位作者那样全面地解决问题，但使这个问题在其他方面得到了发展，取得了很大的成就，我们因此建议这篇论文获得金质奖章"。1907年2月，玻尔获得了丹麦科学文学院颁发的金质奖章。

玻尔对于获奖并不满足，他不断改进实验，对水的表面张力做更深入的研究。他写成了题为"用水柱振动法测定水的表面张力"的论文，1909年在英国皇家学会的会刊

《哲学报告》上发表，得到了在流体力学和液体表面张力研究方面专家的高度赞赏。

玻尔大学毕业后，相继获得了硕士和博士学位。他把毕生的精力投入到理论物理学的研究上，取得了累累硕果。1920年他在哥本哈根大学创立了理论物理研究所，这个研究所以其培养出一批批出色的科学家为人所知，以其无与伦比的哥本哈根精神著名。1922年，他因对研究原子的结构和原子的辐射做出贡献获得诺贝尔物理学奖。他读大二时参加竞赛、验证液体表面张力是他所做的唯一的物理实验研究，然而这次实验使他燃起了科学探索的热情，扣开了科学研究的大门，培养了严谨的治学态度和独立的科学研究能力；而竞赛的评比者们遵循公平、公正和推崇独创性的原则，使他深切感受到了科学精神的可贵。

科技类的比赛对青少年的成才很有意义。举办全国青少年科技创新大赛宗旨是：激发广大青少年的科学兴趣和想象力，培养科学思维、创新精神和实践能力；促进青少年科技创新活动的广泛开展，发现和培养一批具有科研潜质和创新精神的科技创新后备人才。

然而，在竞赛中受功利心驱使发生的造假等不端行为，违背了竞赛创办的初心，使原本的宗旨不能一以贯之；破坏了竞赛的公正性、公平性和严肃性，玷污了它的纯洁性，扼杀了青少年对于科学追求的初心，扭曲了他们投身科研事业的志向，伤害了他们纯正的动机和美好的愿望，这不利于青少年的健康茁壮成长。其实，涉事小学生原本研究这一课题的初衷非常纯洁，"因为爸爸妈妈单位有个大哥哥得了肠癌"，他希望通过研究避免更多的悲剧发生。如果我们让孩子遵从自己内心的意愿和志向，激发起他们的兴趣、好奇心和想象力，放手让他们独自进行探索和开展研究，即使他们涉及的只是皮毛，或许能就此叩开科技的大门，迈向攀登科学高峰的道路，将来有望成为像玻尔那样的大师级的科学家。

青少年科技类的竞赛还将举办下去，并不因为有个别的不端行为而"因噎废食"。2022年9月教育部公布了2022—2025学年面向中小学生的全国性竞赛活动名单，共有44项竞赛进入名单。诚然，要祛除功利性，杜绝造假等不端行为，打造公正、公平和严肃的纯净的竞赛平台，切实为青少年的健康成长全面发展营造良好的环境，任重而道远。这要求主办方努力引导和规范青少年参与科技创新实践活动，进一步完善大赛评审规则与程序，健全监管机制，强化社会公众监督，加大对违规和不端行为惩罚的力度。

（陈敬全）

切记"塔斯基吉梅毒实验"的惨痛教训

2018 年 11 月 26 日,南方科技大学贺建奎宣布一对基因编辑婴儿诞生,这对双胞胎的一个基因经过修改,出生后即能天然抵抗艾滋病病毒 HIV。这一消息激起轩然大波,众多科学家对贺建奎所做的实验进行谴责,认为该实验粗暴地突破了科学应有的伦理程序。有专家指出,实验没有明确告知这次基因修改会使两个孩子面临巨大的不确定性和所有未知的安全风险,并且

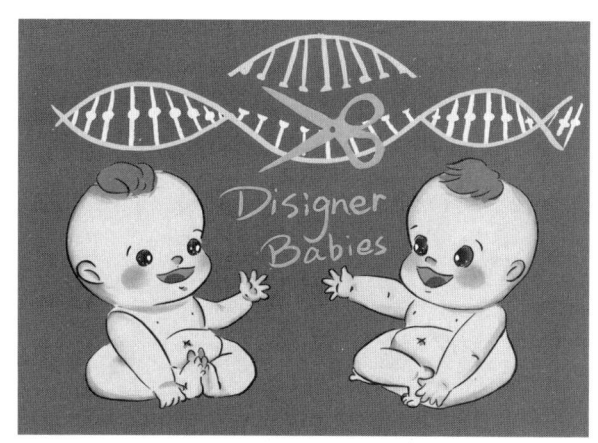

基因编辑婴儿漫画

使人类面临风险——被修改的基因将通过两个孩子最终融入人类的基因池,违背了人体实验"知情同意"的伦理原则。这使人不由得想起在医学史上臭名昭著的"塔斯基吉梅毒实验"。

塔斯基吉梅毒实验

在美国,"塔斯基吉梅毒实验"是一个令人闻之色变的专有名词。在没有抗生素的时代,梅毒是一种难以治愈的性传播疾病,医学界试图用多种方法来对付梅毒。1932 年秋,美国公共卫生部组织了一个专门的医学小组,在亚拉巴马州西部的一个叫塔斯基吉的乡村开展了梅毒感染人体自然过程的研究。塔斯基吉是当时美国的贫困地区,那里的黑人几乎都是文盲。当地人将梅毒症状和贫血症状混为一谈,称之为"坏血"。

研究人员以提供食品、健康普查、免费治疗为诱饵,诱惑了 600 名黑人男子作为实验对象,其中 400 名感染梅毒的作为试验组,200 名没有感染梅毒的作为对照组。梅毒患者都处于潜伏期,这些黑人男子一开始进行了全面的体检,包括胸部 X 光及心电图检查。头几个月,研究人员还给感染者进行简单的治疗,以后就不再继续,其目的是观察梅毒在未接受治疗状态下的自然过程。研究人员除了有时告知感染者具有"坏血"外,并没有说明实验目的、方法和可能导致的不良结果,感染者以为正在接受针对他们"坏血"而进行的"治疗"。

1941 年抗菌药品青霉素问世。感染梅毒的患者,通过注射青霉素都可以治愈。1947

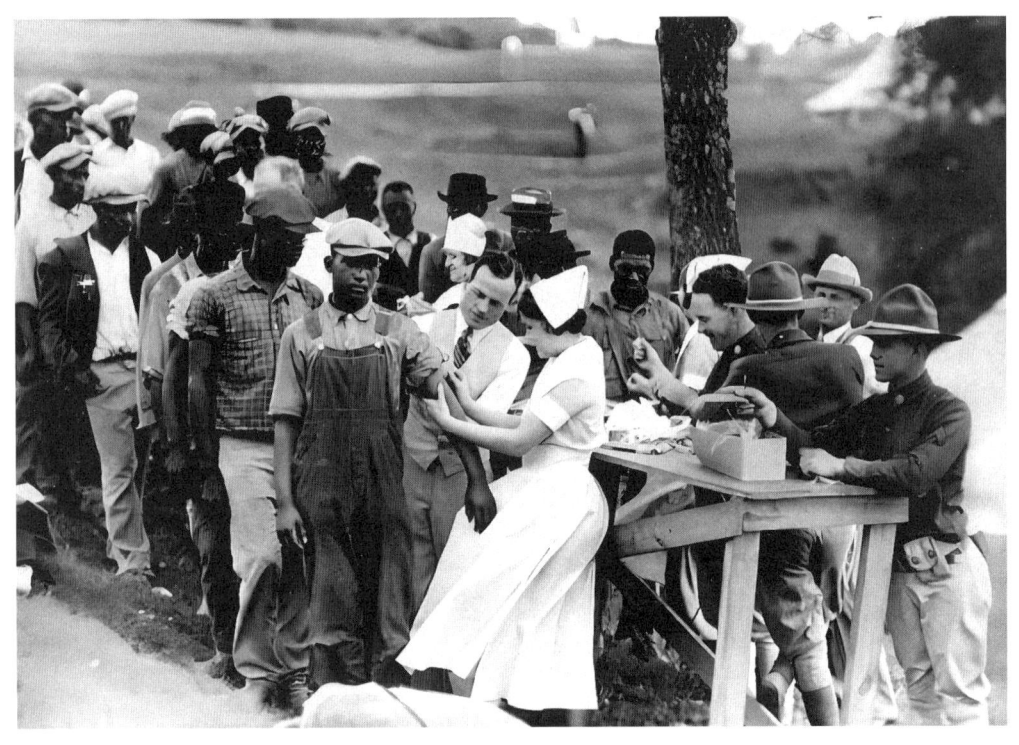

塔斯基吉开展梅毒感染人体的研究

美国总统克林顿（右）向梅毒实验受试者道歉

年美国政府发起了"公共卫生战役"，组建了"快速治疗中心"，以求根除梅毒。但是，塔斯基吉的研究人员却千方百计不让受试者得知梅毒能够治愈，并对他们实施监控，以防止抗生素影响正在进行中的实验，观察到"试验品"在没有接受任何治疗的情况下，梅毒感染人体的自然过程，保证获得的医学资料具有"连贯性"。甚至到了1953年，青霉素已成为普遍使用的药物，他们仍然不给塔斯基吉的受试者使用。

自1947年青霉素成为治疗梅毒的特效药起，"塔斯基吉梅毒实验"又持续了25年之久，到1972年才结束。据统计，参与实验的患者中有28人直接死于梅毒，大约100人因梅毒并发症而死亡，其中40人的妻子受到传染，19名子女在出生时就染上梅毒。

人体实验"知情同意"的伦理原则

"知情同意"是医学研究的基本手段和必经环节,但人体实验也经常为一些急功近利的人乃至机构和国家所滥用,以致酿成人类发展史上的悲剧。在人体实验中,研究人员执行"知情同意"的伦理原则显得格外重要。

知情同意的概念来源于二战后的纽伦堡审判。纽伦堡审判期间,揭露了纳粹集中营强迫受害者接受人体实验的触目惊心的大量事实。为了规范人体实验,防止不道德的实验和杜绝滥用人体实验,颁布了《纽伦堡法典》,其中规定:"人类受试者的自愿同意是绝对必要的。"受试者的同意以知情为前提,唯有受试者真正知道研究的目的,了解研究的风险,他才能将研究的目的当作自己的目的,才能承受这些风险;如果他不能认同研究的目的,不能理解研究的风险,那么他表示的同意是无效的。《纽约堡法典》要求告诉受试者:实验的性质、持续时间和目的;进行实验的方法和手段;可合理预期的所有不舒服和风险;以及对他(她)健康或本人可能发生的影响。

美国政府为"塔斯基吉梅毒实验"的公开道歉

"塔斯基吉梅毒实验"严重地违背了《纽伦堡法典》:研究人员没有向受试者告知患病的实情;没有将实验目的、方法和可能的不良结果告诉受试者,没有签署知情同意书,剥夺了受试者的知情权;欺骗受试者说为他们提供针对"坏血"而进行的"治疗",使受试者遭受致命的伤害。这次实验被视为"美国历史上最臭名昭著的生物医学研究性实验"。1997年5月16日,美国总统克林顿在白宫举行了塔斯基吉梅毒实验道歉仪式,8名幸存者中的5人、一些受害者家属和美国政要应邀出席。总统代表政府公开向塔斯基吉梅毒实验受试者及其家属以及塔斯基吉社区道歉。然而,这一迟到的道歉已经无法挽回对受害人造成的莫大伤害。

塔斯基吉梅毒实验损坏了黑人社会对于美国公共医疗系统的信任。很多黑人不再相信药品医疗界,并且不再愿意参加诸如器官捐献等项目。这个实验引发的不良影响导致了美国此后颁布了《国家试验法》,该法律的一个重要内容就是要求所有进行人体实验项目的研究机构,必须建立机构内审查委员会。此后,美国公共卫生部颁布了《人体受试者保护政策》,要求所有的大学、医学院和医院依法成立机构内审查委员会,负责对人体实验方案涉及的生物医学伦理等问题进行审查和监督。

人体实验必须遵循"尊重人"的伦理原则

在公众民主意识日益觉醒的今天,当我们重新审视塔斯基吉梅毒实验时,更能深切感到涉及人体实验的研究项目强调"尊重人"这一伦理原则的重要性。人是世界上唯一有理性、有情感、有信念、有建立和维持社会关系能力的实体。儒家说："天地之性，人为贵。"尊重患者的人格，维护患者的权利，是现代医学模式的必然要求，也是医学人道主义基本原则的具体体现。

科学研究的目的在于探索真理，造福人类，科学研究不得违背人道主义原则。诚然，为促进科学的发展，社会应该给科学研究提供一个自由的氛围，但这种自由是不可超越人道和人权的。科学研究自由并不意味着科学高于一切，不意味着有了科学的名义就什么都可以干。科学研究必须为人类服务，在任何时候都不能把人仅仅当作工具或手段。

贺建奎的近似"疯狂"的"基因编辑婴儿"实验又一次提醒人们，在人体研究问题上，必须权衡两个价值：医学进步为社会及其全体成员带来的益处；对有可能参与人体研究的个人的权利和利益的保护。社会应根据基本的伦理原则鼓励其成员参加在科学上和伦理上都经过严格审查的人体研究；同时应该对研究人员进行研究伦理的教育，建立健全严格的伦理审查机制，使人体研究沿着健康的道路发展。

（刘学礼）

晒晒那些在病毒研究和防治方面的丑闻

人类在病毒研究和防治方面不断取得鼓舞人心的成就，但有时却传来令人沮丧的丑闻，晒晒那些丑闻，我们从反面可以得到有益的启示。

臭名昭著的塔斯基吉梅毒实验

1932年，美国公共卫生部组织专门的小组到一个叫塔斯基吉的乡村开展梅毒感染人体的研究。他们对数百名梅毒感染潜伏期的黑人进行试验，欺骗患者说"实行坏血症的治疗"。1941年抗菌药品青霉素问世，对感染梅毒的患者注射青霉素都可以治愈。但塔斯基吉的研究人员却不让受试者得知梅毒能够治愈，对他们实施监控，以防止抗生素影响进行中的实验，观察到"试验品"在没有接受任何治疗的情况下，梅毒感染人体的自然过程。甚至到1953年，青霉素已成为普遍使用的药物，他们仍不给受试者使用。实验持续了40年之久，到1972年才结束。据统计，参与实验的患者中有28人直接死于梅毒，100多人因梅毒并发症而死亡，其中40人的家属受到传染。1997年5月，美国政府公开向塔斯基吉梅毒实验受试者及其家属道歉。但这迟到的道歉已无法挽回对受害人造成的莫大伤害。

巴黎医院药物中心兜售带有病毒的生长激素

20世纪70年代，医学界发现了治疗儿童侏儒症的方法，即从病死的人的脑垂体上提炼出生长激素，制成药剂注入病孩体内，直至他们长大成人。法国人体垂体协会通过下属的巴黎医院药物中心，将制造的生长激素推销到各医院，接受治疗的儿童从1974年的80名增加到1983年的800名。制造该药物要有严格的标准，应该把患有脑部疾病致死的患者的脑垂体排除在外，并获得国家解剖处主任医生的认可。但法国社会事务局在1983年的一次检查中发现，采集脑垂体的人员不理会主任医生的意见，并交不出有关的记录资料。

1985年，美国、英国各有3名和1名年轻人由于长期注射生长激素患上了引起神经紊乱的CJ症，经检查，是从脑垂体制作的激素携带朊病毒（prion）所致。一些国家放弃了这种治疗方法，研制出新的不带有朊病毒风险的综合激素。

法国人体垂体协会却排斥这种综合激素，巴黎医院药物中心继续把库存的生长激素兜售给各医院。1985年，法国出现了首例CJ症患者，1992年增加到20人，是当时世界上患该病人数的一半。法国人体垂体协会和巴黎医院药物中心难辞其咎！导致丑闻主要原因是他们受经济利益的驱使,每克生长激素成本为 1.35 万法郎,售价高达 6.5 万法郎,巴黎医院药物中心仅在 1984 年就获得 3 300 万法郎的利润!他们聚集了医务界的权威、垄断了医疗权,还有下属的商业公司和机构的职能发生异化而误入歧途、声名狼藉。

美国雷斯顿城灵长类动物检疫中心隐瞒埃博拉病毒事实

1989 年 11 月,在美国弗吉尼亚州雷斯顿城的灵长类动物检疫中心,从菲律宾引进的 29 只食蟹猴相继死亡。病因是猴子感染了埃博拉病毒,该病毒具有高扩散性和高致命性,被称为"血疫"。疾控中心等部门担心"人们得知传染病后会产生恐慌""在面临生死之时会遵循本能而不是理性行动",对疫情信息不予公开,并设法对社会舆论进行控制,以减少这一事件所带来的社会恐慌。供应商为降低生产成本,将饲养食蟹猴的猴舍建在居民区,猴舍简陋,生物、医疗废料没有彻底销毁。得知猴子携带有埃博拉病毒后,供应商受经济利益驱使,伦理失范,要求低调私密处理。一线科研人员反对隐瞒埃博拉病毒事实,但当他们自身感染上埃博拉病毒时,一些人的态度发生了转变,他们怕别人将自己送入"监狱"进行隔离,刻意隐瞒自己的病情。好在疫情很快被控制,政府出动军队将检疫中心封锁,处死了所有动物,进行彻底消毒,从源头上阻止了埃博拉病毒的蔓延。

1994 年,美国作家普雷斯顿(R. Preston)基于这一史料,采访大量亲历者后出版非虚构作品《血疫》。此书甫一出版,迅速占据《纽约时报》畅销书榜单达 61 周之久,20 多年来,《血疫》被翻译成 30 多种语言,销售 300 多万册,已成为有关埃博拉病毒最具影响力的非虚构经典之作。

普雷斯顿

《血疫》

为争夺发现艾滋病病毒优先权引发的官司

1981 年 6 月,医学家们发现了首例艾滋病。1983 年 1 月,法国巴斯德研究所的蒙塔尼(L. Montagnier)和西诺西(F. B. Sinoussi)从艾滋病患者的淋巴结中分离出了一种病毒,命名为"淋巴腺病相关病毒"(LAV)。他们在 1983 年 5 月的美国《科学》杂志上报告了这个发现,并将一份 LAV 样品标本寄给美国国立卫生研究院的病毒学家盖洛(R. C. Callo),盖洛因为发现了"人类 T 细胞白血病病毒"(HTLV,包括 HTLV-1、HTLV-2)而享有盛誉。

1984 年 5 月,盖洛在美国《科学》杂志上发表文章,宣布发现艾滋病病原体是一种新型的"人类 T 细胞白血病病毒",称之为 HTLV-3。盖洛申请到了美国专利局授予的检测专利。

蒙塔尼(右)与西诺西(左)

盖洛

蒙塔尼看了盖洛的论文后,惊讶地发现 HTLV-3 与 LAV 惊人的相似,这两种病毒基因序列的差异不到 2%。蒙塔尼指控盖洛剽窃了自己的科研成果:他只不过是将收到的病毒样品改换了一个名称。盖洛承认两者相同,但他反控蒙塔尼盗用了 HTLV-3。蒙塔尼确实向盖洛要过 HTLV-3,但这是在 1983 年 5 月在《科学》杂志上报告发现艾滋病病毒以后。盖洛又谎称艾滋病病毒是从多名患者的混合血液中分离的,然而这种分离方法是不靠谱的。

蒙塔尼和盖洛为争夺优先权引发的官司旷日持久。案件终于水落石出,1989 年 11 月 19 日,美国《芝加哥论坛报》揭露盖洛剽窃了蒙塔尼的艾滋病病毒研究成果。

1991年10月，美国国家科学院重组审查小组，将盖洛的HTLV-3样品和蒙塔尼的LAV样品分别进行培养，比较它们的DNA序列图谱，证明了盖洛的艾滋病病毒样品确实来自蒙塔尼。在事实面前，盖洛不得不承认自己的学术不端行为。2008年10月，蒙塔尼和西诺西因发现了艾滋病病毒获得了该年度的诺贝尔生理学或医学奖，实至名归。

在病毒研究和防治方面的丑闻给出的教训

上述丑闻给出的教训是深刻的。它们从反面告诉我们：在开展病毒的研究上，科学工作者要具有社会责任感，尽力帮助人类认识病毒，战胜病毒导致的疾病，造福社会，不要专注于名利之上；要遵守伦理规范，在开展人体试验时，不能违反"知情原则"和人道主义原则；要恪守学术道德规范，尊重他人的知识产权，切忌剽窃、盗用他人的研究成果。在对病毒的防治上，政府部门应担负起病毒致病危机事件预警和防范的责任。在危机事件爆发时，妥善处理好个人权利与公共领域的冲突，开展安全救助，及时公开疫情信息，协调公共健康安全不同主体间关系，严惩趁机谋求暴利的机构和企业。事件平息之后，做好安全秩序恢复工作。专业机构和人士要坚守职业道德，及时为决策者和公众提供疫情的真实信息；预测事件的威胁和风险；积极进行防疫知识的科普和释疑，正确引导社会舆论。个人要增强维护社会公共健康的意识，避免个人行为对公共健康造成影响，如与确诊病例、疑似病例有密切接触，应主动配合卫生部门完成必要的医学隔离观察和处置行动。

（陈敬全）

重视科技进步中的人文因素

南方科技大学副教授贺建奎为追逐个人名利，自筹资金，蓄意逃避监管，私自组织有关人员，实施国家明令禁止的以生殖为目的的人类胚胎基因编辑活动。该行为严重违背伦理道德和科研诚信，严重违反国家有关规定，在国内外造成恶劣影响。这一事件告诉我们，必须重视科技进步中的人文因素。

人文因素是科技进步的一个有机组成部分

理性思维要求人们对事物多形态、多侧面、多关系、多层次的综合把握，强调事物各要素之间相互联系和相互作用的全面性。如果过分强调事物的某一侧面，忽视事物各种规定性的内在联系，极有可能走向否认事物全面性和系统复杂性的片面极端而导致形而上学。

以理性思维来重新审视科技与人文，可以发现，两者存在对立统一关系。在科技领域，科学家运用实验、观察、分析、推理、归纳等方法构建具有一般性和普遍性的科学理论体系，形成抽象的逻辑体系和概念网络，再用这些原理、定律去解释分析具体的自然现象，从纷繁复杂的自然现象中把握事物的本质或普遍性规律。而在人文视野中，世界绝非一个人类之外的冰冷领域，它给人类一个真实情感和理想心灵的完美天空，它以情感的、艺术的、理想的、伦理的方式，使人类超越现实的束缚而在精神的天空中自由飞翔。

人文视野中的世界与利益、伦理紧密联系，而科技视野中的世界则只有理性逻辑，往往无视人类。在这个意义上，科技与人文是对立的。然而，两者又是统一的，科技内含人文因素，人文因素内含科技意识。从人的主体性角度来看，尽管科技主要以理性的方式把握世界，人文主要以情感、利益和伦理建构世界，两者在一些地方相距甚远，但最终又彼此汇合。理性中渗透情感、人类利益与伦理；情感、人类利益与伦理又不能脱离理性。世界图景在科技与人文的共同演绎中生生不息。

基因婴儿编辑事件的发生正是故意把科技与人类利益相割裂，无视伦理的恶果。

由此，我们反对传统中所存在的科技与人文的割裂。我们认为，科技固然拥有强大力量，它的确能够大大改善人类的生存状况，促进人类思想的进化，在一定程度上满足人类情感的需要，提升人类的道德水平；但科技绝非万能，它不能解决人类情感、道德、意志范畴内所有的问题。科技是存在盲点的，需要人文的关照。人类伦理的迷失，情感的失衡，思维的功利化、实用化、庸俗化，无不需要人文因素的理智启迪和伦理指引。人文因素应该是科技发展的有机组成部分。

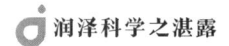

人文向度是衡量科技进步的基本准绳

科技发展作为一个过程，它具有自身运行的惯性，如果对其发展方向不做恰当引导，往往会产生人文忧患或伦理迷失，要使科技向有利于人文的方向发展，就必须用人文对它进行规范和干预，把人文向度作为衡量科技进步，即科技人性化发展的基本准绳。

事实上，在现代条件下，科技已越来越多地渗透了人文的因素，在科技发展中越来越多地贯穿了以人为目的的主旨。譬如，传统的生产理念只是为创造财富而生产，而在渗入人文的向度之后，资源保护、防治污染、保护生态都成了不能不考虑的前提。在科学事业中，一些学科譬如科学伦理学、技术伦理学的兴起，将科技的"善"提到了突出地位，合理地使用科学手段越来越成为科学家们的共识。

从制度层次来讲，人类要根据自身的利益与需求规划科技的发展方向和重点。各个国家、民族，各种文化都按自己的需要，依据经济实力，以经济、政治、文化的手段规范科技发展走向。科技走向的规范对现阶段的社会文明发展意义重大。

此外，要重视科学家和科技人员的人文素质培养，使具有独立创造性的科学共同体具备更浓厚的人文关怀意识，以强化科学共同体的社会责任感、历史使命感、和平意识、生态意识和文化意识。要在人文精神的总体视阈中进行科学研究与技术应用，给科技发展以浓厚的人文关怀。所谓人文关怀，就是对人的主体地位、生存状态、生活条件及保障的关注；对人的尊严、品格的肯定，它排斥科技对人自身的异化，关心人的全面发展和根本处境。

人文目标是科技发展的根本目标

科技固然是人类社会发展的主线，但并不代表有了科技的发展就必然会有社会的健全发展。事实证明，从整体和最终结果来看，失去了人文关怀的科技不仅不会促进社会进步，还会给人类带来无尽的忧患。为使科技发挥造福于人类的功能，必须把人文目标作为科技发展的根本目标。基因婴儿编辑事件的发生即是一个典型案例。

在科技迅猛发展的当代，为科技发展确立人文目标，可以唤起人对自然的保护意识、对社会的奉献意识和对人类自身的造福意识。在人类所生存的社会中，为科技发展确立人文目标、伦理准绳，可以使科技不仅仅只为促进社会经济增长服务，而且可以引导人们从宏观上分析复杂多变的社会现象，促进科技为社会思想的醇化、社会风尚的道德化和社会习惯的文明化产生深刻影响，从而推动社会的全面进步。

（贺善侃）

警惕伴随科技发展的"道德沦丧"

2021年3月23日,世界卫生组织总干事谭德塞痛批新冠疫苗分配不公,并提出警告:"世界正处在灾难性道德沦丧的边缘。"

谭德塞不点名地批评了某些国家和公司罔顾人类健康和疫情防控需求,把利润放在首位,绕过世界卫生组织主导的新冠疫苗实施计划(COVAX),抬高价格,优先向富国直接供应疫苗,导致市场混乱,使得世界卫生组织的疫苗采购计划受阻。称:这种做法,只会延长疫情大流行的时间。势必危害人类利益。

这一事件再度引发了科技与道德关系问题的思考。

人类社会的发展史,就是不断战胜恶,即道德不断进步的历史。道德,作为起源于社会物质生活的观念上层建筑,从本质上说,是社会经济基础的反映。社会的发展,从来不是纯经济的进程,而是经济、政治和文化的全面进展;其中,当然包括道德的进步。在每一特定的历史时期,都有同该历史时期社会经济相适应的道德体系;而纵观历史的发展,从总体来看,当然具有比前一历史时期更高水平的道德体系。

然而,道德进步与社会发展经常会呈现出不一致的情形,尤其是在阶级对立的社会,如恩格斯曾经概述过的人类刚步入文明社会(即阶级社会)时的道德矛盾状况,即通过"偷窃、暴力、欺诈、背信"等的"最卑鄙的手段"来求得满足"最卑下的利益——庸俗的贪欲、粗暴的情欲、卑下的物欲、对公共财产的自私自利的掠夺"等,从而表明在人类历史上,"任何进步也是相对的退步,一些人的幸福和发展是通过另一些人的痛苦和受压抑而实现的"。

因此,在人类历史上,科技的进步、经济的发展,不会自然而然地提升人类的道德水平。

相反,随着现代科学技术的迅猛发展及其对社会所产生的现实和潜在的影响,科学技术的伦理问题越来越引起科技界和整个社会的普遍关注。诸如,核技术具备能够摧毁地球几百次的威力而威胁人类安全;生物技术打破了人类自然生存的轨迹而威胁人类自身;网络技术使人类生存虚拟化而威胁人类生存状态……科技伦理问题的广泛性、复合性、破坏性等特点已经造成科技与人的生命价值的实现、人类的自由、平等以及社会公正等各方面的矛盾。人们担心,科学技术送给人类的是一个"潘多拉魔盒",一旦打开,会放出一个个危害人类的妖魔。

于是,面对科技发展产生的伦理问题,运用科技成果的道德责任也凸显出来。

在处理国际关系问题上,能否在运用科技成果时自觉维护国际社会的公平正义,是衡量一个国家政府及领导人道德水准的一个重要标准。中国政府及其领导人积极倡导"人类命运共同体"理念,多次强调共同体意识,即世界各国休戚与共、守望相助、平

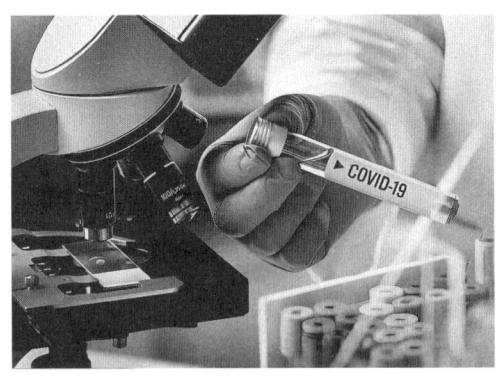
新冠疫苗研制

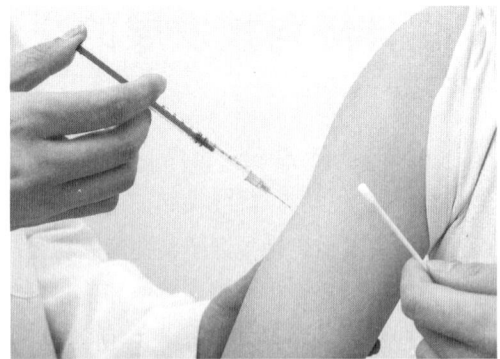
接种疫苗

等相待、谋求可持续发展的总体意识。积极倡导"共同开放、共担责任、共同发展"。尤其当人类面临新冠病毒威胁之时，更是强调要依靠人类的整体力量，协同作战，战胜病毒这一人类的共同敌人，并且在第一时间加入世界卫生组织主导的新冠疫苗实施计划，承诺优先向发展中国家提供疫苗并已开始兑现。中国政府的这个立场充分体现了尊重生命、维护社会公平正义的道德责任。

然而，一些国家罔顾对人类应负的道德责任，充满"傲慢、偏见、仇视"心理，不仅在疫情肆虐时肆意"甩锅"、造谣诽谤，而且在疫苗研发及使用上也是与平等相待的包容意识背道而驰，把人类文明分为三六九等，大搞单边主义，大搞富国优先。造成疫苗分配上的极大不公。据统计，2021年3月底，至少有49个高收入国家接种了超过3 900万剂疫苗。其中，90%集中在11个国家，如以色列是接种比例最高的国家，接种人口占总人口的近25%；美国是接种人口和接种量最多的国家。在欧洲，英国的接种量最多。而一个人均收入最低的国家只得到25剂疫苗。这种情况，对于疫情防控极为不利。

历史记载，40年前，艾滋病暴发，相关药物研发出来后，穷国一直到十多年以后才得到，以至这些国家的艾滋病患者死亡人数一直居高不下。12年前，H1N1禽流感暴发，疫苗同样得不到公平分配，在富国广泛受益之时，穷国却一直得不到疫苗，导致数万人丧生。等到穷国得到疫苗时，疫情早已结束。今天，人类依靠科技的进步迅速研发出新冠疫苗，这是一件幸事，然而，科技的进步本身并不会自然促成疫苗的公正分配。目前，我们急切需要制定维护国际社会公平的伦理规则，真正让新冠疫苗造福于全人类。

可见，要让新冠疫苗真正造福人类，真正体现出科技发展的人文价值，在新冠疫苗的研发、分类、使用上要尊崇"平等、互利、开放"原则、"生命至上"原则，把维护全人类的生命健康放在首位。如习近平总书记于2021年1月，在世界经济论坛"达沃斯议程"对话会上所说："坚守和平、发展、公平、正义、民主、自由的全人类共同价值,最大程度增强合作机制、理念、政策的开放性和包容性。""特别是要加强疫苗研发、生产、分配合作,让疫苗真正成为各国人民用得上、用得起的公共产品。"

总之,新冠疫苗的研发成功,依赖于科技的发展,然而,新冠疫苗一旦研发成功,在投入使用时,更加仰仗于能维护国际社会公平正义的伦理原则。必须警惕伴随科技发展而出现的"道德沦丧"。

(贺善侃)

维护人类的尊严：为人工智能的发展划底线

当前，智能机器人的技术日新月异，2017年5月，Alpha Go战胜围棋世界冠军柯洁。被比尔·盖茨誉为"预测人工智能未来的最权威的人"库兹韦尔（R. Kurzweil）说，到2045年机器人的智慧将是今天所有人类智慧的10亿倍，这对人类的命运发出了严峻的挑战：人类是否还要生存和发展？人类将来是否会成为机器人的奴隶或宠物，失去自己的尊严？

技术的功能是用技术物取代自然物和人自身。人类是否允许技术的无止境的取代？笔者认为，为维护人类的尊严，应当为人工智能的技术发展规定底线。否则机器人的功能会无限制地提高，给人类带来无穷无尽的麻烦。这条底线是：不允许机器人全面超过人。

如何判断机器人的智能超过了人？这个判断标准应当是：机器人能否制造一个完整的人。机器人如果能制造人，那它的智能肯定超过了人。

我们不能让人工智能的技术发展到这个水平。如果机器人能制造人，它就能随心所欲地制造各种变形人、变态人、变性人，就可以轻而易举地毁灭人类。

"智能机器人"是人吗

2017年，沙特阿拉伯王国赋予名为索菲亚的机器人以"公民"身份，并宣称自己是世界上第一个赋予机器人公民身份的国家。

智能机器人是机器还是人？机器人具有人格吗？

机器人实际是一种比喻性的称呼，意为像人的机器。机器人具有类人性。但是相似不等于相同。人是什么？人是物质实体与精神主体的统一体。人是一种动物，而不是机械。人是"生"出来的，而不是"造"出来的。所以人始终有动物性，有动物的原始本能，有遗传功能和发育过程，有从"零"开始的学习过程。机器人没有这些。

维纳在谈到机器人是否有生命时说："我们面临着这样的问题：究竟是扩大'生命'一词的含义以便把这种现象包括进去呢，还是以更加严谨的方法来定义该词以便把这种现象排除在外呢？"我们当然可以很容易地修改"人"的概念，以便把机器人包括进去，可是这样做会产生什么后果呢？

如果我们认为机器人也是人，那就是认为它有人性、人格，它就应当具有人权，享受人的一切权利，它就可以参加议会、政府，甚至组织反对党，拥有武装力量。据报道，日本的女性外貌机器人松田道人，已正式参加东京都多摩市市长的竞选。这表明机器人已开始涉足政坛。

按技术自身的发展逻辑，机器人会从取代人的躯体、智慧、情感，直到取代人的信仰和社会角色、社会地位。到那时人机关系将如何处理？

机器人会统治人类吗

不少学者从善良的愿望出发，认为智能社会是人机共生、和平共处的社会。但是人类自身的和平共处都很艰难，人机和平共处谈何容易？

机器人一旦强大，必然要取代人类地球上唯一"主体"的地位。霍金说："人工智能可以在自身基础上进化，可以一直保持着加速度的趋势，不断重新设计自己。而人类的生物进化速度却相当有限，无法与之竞争，终究被淘汰。"他指出："完全人工智能的研究，可能意味着人类的末日。"

不少专家都深信机器人将统治人类，那时人类的处境如何？渥维克（K. Warwick）在《机器的征途》一书中说，那时机器人把人关在集中营里当劳工。"人们从12岁开始工作。18岁左右是劳工们处于他们工作状态的巅峰时期，而到了27岁或是28岁时，这些人通常都已经垮掉了。""在他们出生不久，机器就给他们动手术，将他们脑中和身体上多余的或机器不想要的部分去掉。"该书的最后一句话是"我们给人类自身安装了一个定时炸弹，而我们将无法关闭它。我们没有办法阻止机器的前进。"这就是说，我们无法摆脱人类的终极厄运！有位计算机专家说，总有一天，机器人会把我们关在动物园的牢笼里，大机器人带着小机器人参观动物园，指着笼子里的人说："孩子，这是人，是我们机器人的祖先。"就像我们带着孩子参观动物园，指着笼子里的猩猩说："孩子，这是猩猩，是我们人类的祖先。"

难道我们甘心自取灭亡吗？难道我们有了智慧技术就连一般动物都不如了吗？这不是理论问题，而是对人生、对人类的态度问题。我们不为自己考虑，也应当为我们的后代负责！

如何约束人工智能技术

我们绝对不能让人类成为机器人的奴隶。技术有禁区，我们必须对技术应用加以必要的约束和限制，敢于对技术在某些方面的应用说"不"。技术的创新和应用不是孤立的，它是社会发展、文明进步的一个方面。在社会大系统中，一个子系统发展过快、过强，就会破坏社会大系统的平衡，甚至造成社会危机。

不受约束的技术，必然会变成魔鬼。加藤一郎写道："对于机器人，必须作出如遗传工程中所必要的严格限定。我看越是接近人类越有危险性，必须制定各种规定，限制制造这类机器人。"被称为"现实版钢铁侠"的企业家马斯克（E. Musk）说："人类最大的生存威胁可能是人工智能。因此我们需要对人工智能保持万分警惕，研究人工智能如同在召唤魔鬼。"

如何约束机器人的行为？笔者以为：我们在设计和制造机器人时，应为自己制定三条戒律：决不允许机器人具有同人体一样的躯体；决不允许机器人具有辩证思维的能力；决不允许机器人具有人的感情。

我们处理人机关系应当遵守三条原则：人机关系只能是制造与被制造的关系，即不允许机器人制造人；人机关系只能是利用与被利用的关系，即不允许机器人利用人；人机关系只能是控制与被控制的关系，即不允许机器人控制人。

我们发展机器人必须受三个方面的节制：我们对机器人的数量应加以必要的限制；我们对机器人的质量应加以必要的限制；我们对机器人的发展速度应加以必要的限制。

当前，人工智能正在蓬勃发展，人们普遍叫好。笔者的看法或许不合时宜。但有几个人担忧人类的命运，发出点声音，这并非坏事。爱因斯坦1931年对美国大学生说："我可以唱一首赞美诗，来颂扬应用科学已经取得的进步……但是我不想这样来说。""你们会以为在你们面前的这个老头子在唱不吉利的反调。可是我这样做，目的无非是向你们提一点忠告。如果你想使你们一生的工作有益于人类，那么，你们只懂得应用科学本身是不够的。关心人的本身，应当始终成为一切技术上奋斗的主要目标。"今天我们重温爱因斯坦的教导，以唤醒更多人维护人类的尊严。

（林德宏）

林德宏 1938年生。1961年毕业于中国人民大学哲学系，南京大学教授，博士生导师。主要从事马克思主义哲学、科学技术哲学教学与研究工作。曾任南京大学教学委员会副主任、哲学系主任、南京大学学位委员会委员、中国自然辩证法研究会常务理事、自然哲学委员会主任、江苏省社科联常务理事、教育部哲学教学指导委员会委员。科学史教学获普通高校国家级优秀教学成果奖，此外还获省优秀教学奖二等奖、省优秀研究生指导教师称号、宝钢教学奖。

个人感悟 尊重别人就是尊重自己。

"为了什么，走向哪里，还干什么？"
——技术的再追问

德国哲学家海德格尔（M. Heidegger）在1976年出版的《形而上学导论》中提出了三个问题：

> 如果有一天技术和经济开发征服了地球上最后一个角落；如果任何一个地方发生的任何一个事件在任何时间内都会迅即为世人所知；如果人们能够同时'体验'法国国王的被刺和东京交响音乐会的情景；如果作为历史的时间已经从所有民族的所有人那里消失并且仅仅作为迅即性、瞬刻性和同时性而在；如果拳击手被奉为民族英雄；如果成千上万人的群众集会成为一种盛典，那么，这个问题仍会凸显出来，即为了什么？走向哪里？还干什么？

海德格尔

我们好奇的是，这三个问题究竟问了什么？它们和今天的我们又有什么关系呢？

海德格尔早年因为一部《存在与时间》闻名于世，成为存在主义哲学的重要人物。而后，随着对现代人生存状态的深入研究，现代技术成为他极为关注的对象。从这段

《形而上学导论》

《存在与时间》

话提到的六个"如果"就可以发现,其中的前四个"如果"所描绘的他对未来社会生活的预想就都与科学技术密切相关。不妨先简单地分析一下。上述第一个"如果"总体表达了他对未来某个时代的设想:届时,技术和经济将完成对整个地球的改造和"统治"。其后的三个"如果"则具体展现了他对这个未来时代中技术之特质的理解。第二个"如果"设想了在任何时间、任何地点所发生的任一事件都可迅即为世人所知。这不禁让我们联想到今天的场景:发达的媒体、自媒体不仅能够做到这一点,全球"直播"的技术与行为甚至已经成为普通百姓日常生活的内容。第三个"如果"设想了同时"体验""非现实生活"。如果仅从字面上来理解"非现实生活",则今天的 VR(虚拟现实)、AR(增强现实)等技术正在实现这个可能性。第四个设想:作为历史的时间被"迅即性""瞬刻性""同时性"所取代。这一设想既与前面两个设想密切相关,又是它们的总结和提炼,因而切中了更深一层的哲学问题,对追问人之本质的哲学家而言至关紧要。按照常识,我们知道,诸如自然生命的成长、一件事的完成都有一个过程,这个过程所经历的就是时间和历史。正是在时间的流淌中,人渐渐懂得了历史,懂得了自然,也懂得了自己。因此,时间之于人的重要性不仅在于其构建了生命的长度,更在于其提供了领会存在的场所。可是,当技术强大到可以令一切都变快乃至快到极致时,事情就变了。

"同时性"意味着什么?意味着传播所需的时间 t 趋向于 0,即尽可能地消灭由空间(如距离)和速度的限制而产生的时间"消耗"。根据经典物理学公式 $t=s/v$,路程 s 不变,要使时间 t 趋向于 0,唯有不断增加速度 v,使其趋向于无限大。

有理由认为,海德格尔在这段话中描绘的未来世界正是我们今天或多或少已生活其中的现实。所以,我们今天能轻易感受到,速度——技术创新的速度、事物变换的速度以及世界变化的速度——本身已成为一种异常显眼的现象。随之产生的唯一一个几乎具有普遍性的要求,也是新价值观,就是快。比如,吃的粮食要用生物技术令其快速成熟,自然周期总是过于慢的;饲养的动物要使用生物技术和管理科学令其快速生长,自然周期总是过于慢的;连孩子的学习进程也要提前、再提前,自然发展总是过于慢的……所以,现在的科技就很好,3D 打印大大提升了速度,前途无量的人工智能技术将不可思议地提高人类的效率……

正是预见到这样一种不可思议、威力无穷的现代技术,海德格尔才发问:这么快,是为了什么呢?这么快,是要到哪里去呢?这么高效了,还要干些什么呢?

其实,这些问题也就是一直以来哲学家们在追问的问题,它们蕴含着人类对于生命意义的永恒追索。

"为了什么"?常见的解放论或幸福论认为,每当人类卸下一项任务给工具时,他就获得了"解放",人类每往上爬一步,都会一边失去,一边收获更多幸福。这也是人类不遗余力把自己奉献给技术,最终有望创造出一个智能的技术世界的源动力吧?当然，持不同观点的人反对自动化学者所说的"替代神话"，认为自动化设备不仅替代了部分工作，还改变了参与者的角色、态度和技术，重塑了工作和工人。这意味着，虽然人类始终是抱着对"一劳永逸的幸福生活"的美好愿望去发展技术的，但可能永远都必须面对和解决新技术带来的新问题。

"走向哪里"？美国物理学家费曼曾写道，在生物领域我们还没有发现任何证据证明死亡是不可避免的。后人类主义者库兹韦尔（R. Kurzweil）则认为人类会完全变成人工的，人类终将战胜生理，变得不可摧毁和永生，而且就是在不久的将来。随着基因技术、纳米技术、脑机接口和芯片植入等技术的研发深入，曾被视为与科幻无异的后人类主义思想正受到越来越多的关注和讨论，甚至被认为不可避免。而"走向哪里"的另一个直白的答案，难道不是"星辰大海"吗？

"还干什么"？从上面的回答来看，这个问题似乎需要分类讨论。如果我们的目标是星辰大海，是永生不朽，那么，我们要做的还太多太多，现在只能算万里长征迈出了第一步。如果我们的目标是好好守护地球，长长久久地遵循着自然之道生活下去，那么，我们更要思考当下的技术是不是该有一个限度，该多一些自然的温度。

其实，又哪有什么答案？要勉强说有，大概就是永远心怀敬畏吧——敬畏自然，敬畏生命，也敬畏我们一手创造的技术。

（徐志宏）

物是人非吗
——对技术物的道德意蕴的重新诠释

在人类被技术萦绕的时代，特别是在智能环绕、劝服性等技术已经深度渗入到人类的日常生活的当下，人和技术的边界成为一个重要的话题。"人机大战"的恐慌引发了大量关于人类末世的悲情想象，但我们真的处于这样步步退让的困境吗？是必须在自身和技术人工物之间设立起一道坚固的壁垒进行防卫吗？科幻故事中戏剧性的冲撞固然有趣刺激，但走入现实，我们还需要更加切合现实的思考。物已非彼时一成不变的简单机械，人也不能再狂妄自诩主宰一切，既然如此，那在人与物之间亟待处理的问题应是：如何设计沟通两者的桥梁？这又是怎样的一座桥梁？

在我们寻找路径的过程中，技术自身并未停滞，以等待人们消除未解的疑虑，我们已然在众多场合与技术人工物从容地打过照面，技术人工物也不是悲剧故事里袭击并征服人类的"异形"，我们不必如此风声鹤唳，放眼四周就能发现众多交互友好的技术物散布在身边，正如你早就注意到的在各种公共空间中为你提供便利的自助机器就是其一。当然，机器对人的"关怀"不会仅止步于此，用细致化的算法所设计的机器人开始在情感价值的开发上试水，比如目前出现一种用于引导低龄儿童学习人际间社交活动的机器人，我们可以设想这种从孩子开始就全方位介入"情商学习"过程的人机伦理的商品被规模化推广的前景。届时，人与物的界限将会被进一步融合成令人意想不到的新形态。正是诸如此类投入千家万户的互动引导技术，绘制了人和机器（技术物）当下最直接和最真实的情境画，这种联系下的人和技术人工物是携手共进的，两者做出的往往是一些无法分割主客体的决定。

在传统的观点中，人与物在启蒙运动时期被安放在两端，即人类主体与非人类客体，且两者之间形成了难以逾越的鸿沟。如，当机场引导员斯宾塞机器人和人类一起做出某种决策时，斯宾塞机器人是否有其自身的道德责任呢？想要回答这些问题，我们再执着于传统伦理学的束缚必将无法走出困境。传统伦理学需要拓展自身对"人本主义者焦点"的解读范围，应当将视线投向思考技术的道德相关性上去，是否有一种新的路径可以化解这种窘态？

荷兰特文特大学技术哲学系教授维贝克（P. P. Verbeek）力图走出上述困境。他在《将技术道德化——理解与设计物的道德》（闫宏秀、杨庆峰译，上海交通大学出版社，2016年11月）一书中倡导"不要把伦理学放在技术的对立面上"，而是要把道德作为"既涉及人类主体也涉及非人类的客体"的事情，也就是说，我们需要走向一条非人本主义的路径——重新发现人与物。那么，怎样重新发现人与物呢？是否只有作为人才具有道德呢？能动性是否可以拓宽到技术物的层面呢？维贝克指出：我们应该认清人和技术之间的"杂交性",需要重新对"能动性"做出解释,即能动性不再囿于人自身,也可以是某个技术或技术物。之所以这样,是因为技术对人类是具有调节功能的。当沙发设计师将沙发外层设计成容易被磨损的表面,但磨损前后的沙发外层展现给用户的是不同的花色,让用户产生类似于"你永远不知道下一块巧克力的滋味"的新鲜体验,促进消费者再消费产品,并承担被嵌入在设计中的伦理责任进而改善自己的行为。但是在意识到这是一件好事的同时,我们应当警觉另一件事,即当设计者赋予技术伦理道德意蕴时,用户是否能够真的为这种道德责任"买单"?人应当如何与物的伦理意义斡旋?解决这些疑问的关节点恰恰就是维贝克所探讨的技术物需要具有一种调节作用,因为即便是设计/工程师,他们也无法顾及所有用户对产品采取的意想不到的尝试,这是一种柔软包容的调节,能让人和物之间突发的那些"化学反应"存在新出口,而非西西弗斯式的一无所获。

维贝克倡导建立"美好生活的伦理学",为了获得那种美好生活的体验,我们不必总徘徊于外部导向的"技术评估",而是另辟蹊径,从内部直接开展调节。在这样一种交互式的超越人本主义的视角中,技术和伦理、技术和人类之间的界限逐渐模糊化,这种模糊化乍听起来是对传统伦理学中的人和物地位的一种挑战,我们担心的到底是怎样的一种"物是人非"呢?是人的地位逐渐下降,物开始拥有至高的道德属性吗?回答是否定的,人和物其实是相互交织、彼此成就,我们无法如此简单地就以还原论的方式粗暴地肢解这一混合体。承认物的伦理道德并非就降低了人类的尊严,反而是拓宽了人的道德性;而承认技术人工物的道德责任,也非减轻对人类的道德追究,反而也是扩宽了人承担道德责任的途径,即通过技术物的设计和使用来明确自身的道德责任。

维贝克的观点令人耳目一新,对现代科技的发展是有启示作用的,不仅对技术发明创造,而且对于科技政策的制定也能提供借鉴。全球大范围兴起的深度学习浪潮影响着"中国智造"的热情,我国发展核心科技的使命感并非出于争强好胜,在这种"智造"当中,中国承担的是一种对技术物的道德意蕴重新诠释的责任。

(刘文子)

刘文子 1993年生。2020年硕士毕业于上海交通大学科学技术哲学专业,获2020年"优秀毕业生"称号。研究方向为技术伦理学、女性主义。现任江苏省泗阳县党校专职教师,从事教研资一体化工作。

个人感悟 追风赶月莫停留,平芜尽处是春山。

云视频会议软件危机的伦理审视：
在技术的裹挟中守护自我

在新冠病毒肺炎全球暴发的语境下，云视频会议软件 Zoom 作为一项便于实时远程会议的技术手段，具有部分功能免费和易于使用等"无阻"设计的优势，符合人们自我隔离，通过线上会议、听授课等方式满足日常的工作和学业以及便捷性、低成本等需求，得到了广泛应用。据美国科技博客网站 Venture Beat 统计，其日活用户由 2019 年 12 月的 1 000 万人激增至 2020 年 3 月的 2 亿人，在新型病毒大流行的高峰期间，日活用户达到 3.5 亿人。用户的急剧增长以及媒体技术的推波助澜将 Zoom 软件快速暴露在大众视野下，其漏洞随之显现或被曝光，安全性问题和隐私隐患随即引发大众的不满，一时间处于风口浪尖。

当下，类似的技术危机层出不穷，我们不得不面对非完美性的技术世界。为了避免技术走向人的对立面，我们必须审视技术危机。

利用云视频会议软件线上召开会议

利用云视频会议软件线上授课

Zoom 面临的危机

Zoom 软件被曝光出种种隐私问题。如据科技媒体 Motherboard 报道，ios 系统用户在没有被明确告知情况下，其信息会被 Zoom 携带的 SDK（软件开发工具包）发送至 Facebook，而不论该用户是否使用 Facebook；科技媒体 Bleeping Computer 报道称超过 50 万个 Zoom 账号在暗网进行售卖，且售价低廉。此外，还有大量会议视频被泄露，部分还被上传到 YouTube 等视频网站。

数字时代，人的行为、偏好、身份以数据的方式得以保存，也对人的未来形成导引。而不同行业经过数据挖掘分析，对其需要的不同数据进行挖掘和使用，其中通过对用户的消费行为、搜索偏好、身体情况等的分析，进而"量身定做"地将符合其需求的产品、服务、信息推送给特定的用户，进一步加强和塑造了用户本身。

但收集数据这一过程大多存在用户不知情的情况而悄悄进行，甚至深入到不必要的范围，从而引发了一系列侵犯个人隐私和财产安全等伦理和法律问题。Zoom 软件的用户数据被各种平台和行业轻易地收集、购买，且尚不知将来用作何处，加之类似案例并不少见，这恰恰反映出高效便利的技术与技术带来的危害是同时到来的。

应对 Zoom 危机之技术路径的有效性及有限性

Zoom 技术漏洞曝光后，为了应对隐私威胁，据报道，多个国家政府和企业停止了对 Zoom 的使用。就企业自身而言，进行了一系列的技术补救措施，如据至顶网（ZDNet）报道，Zoom 删除了 ios 客户端携带的 Facebook SDK，更新了隐私政策，明确表明不会出售用户数据；《卫报》等媒体报道称，企业 CEO 袁征公开致歉并提出将于 90 天内专注于安全和隐私方面的技术改进而停止功能研发等。

但是，技术修复真的可靠吗？技术修复（technological fix）表示通过技术的进一步发展提供解决方案。尽管它能够对技术本身进行一定程度的完善，看似弥补其漏洞，使之更加符合消费者需求。但事实上，它存在固有的局限性也不容忽视。一方面，正如阿伦特（H. Arendt）提出的行动具有不可逆性和不可预见性。技术修复本身也具有不可逆性和不可预见性。沃蒂（R. Volti）在其著作《社会和技术变迁》中指出技术修复并不能真正解决问题，而且通常会带来一系列不可预见的新问题。就 Zoom 而言，已经造成的大量用户数据被泄露、隐私被侵害的事实不论怎样修复都已然不可逆转，而使用新的技术弥补旧的技术漏洞本身也可能会带来新的不良后果。另一方面，仅从技术角度去解决问题是远远不够的。

事实上，隐私问题并不是当下才发生的，而在人类社会的发展过程中一直存在着，只是不同时代凭借的技术载体不同。如偷听、偷窥别人所不愿意被听到和看到的个人信息、个人事务和个人领域的行为带来了侵犯隐私的问题。借助如电话窃听设备到冷战期间著名的"柏林隧道"、经过生物改造装有窃听设备的"间谍猫"、激光窃听器再到当下网络监听技术盛行的偷听和借助如望远镜、微型摄像头等监控设备、潜入手机和电脑设备悄然打开的摄像头等的偷窥，可以看出，随着技术载体的质变，人的隐私越来越被暴露在技术使用者的视野中。但不容忽视的是，隐私保护问题并未随隐私保护技术的发展而得到彻底解决。正如美国技术史学家休斯（T. Hughes）所分析的，每一种问题开始时就包含了技术层面和社会层面，因而并不是单纯的技术问题或社会问题。而技术修复至少忽略了问题的社会层面，幻想单纯通过技术来解决复合性的问题。因此，对 Zoom 危机的破解需要技术与非技术的有效融合。

反观技术的发展,在某种程度上,是在技术与人性之张力中追求一种美好的未来。而这种美好未来源自人类伦理诉求与对技术的伦理期望。因此,应从伦理的视角应对Zoom危机。

应对Zoom危机的伦理审视路径

技术伦理经历了由传统的外在于技术,对技术带来的后果的可能性预测和批判式反思转向现代的内在于技术,对技术的可行性、可接受性条件的探索,这一转向并非是断层式的突变,而是在传统基础上的进一步延伸和发展,因而都是重要的伦理审视路径。

从外在于技术的传统技术伦理路径来看,包括对技术带来的后果的可能性预测以及对技术的批判式反思。后者包括"君子求诸己"的方式,如德韶尔(F. DesSauer)提出人要追求真善美以改善自身道德非完美性,承认有限理性而抱着谦虚与敬畏之心,借助人的"有意识的行为"来应对技术世界的非完美性。又如海德格尔借助自我的"思"通往人的本质,来找回被技术"促逼"即强迫和挑战而被物化的人的本质;教育的方式,德韶尔强调科学技术教育和人文主义教育并重的教育观,让道德内化于技术人员的内心;以及责任伦理学的方式,约纳斯(H. Jonas)基于传统的个体伦理学无法解决现代技术语境带来的问题而提出的超个体的、超民族的责任伦理,强调全世界要承担起人类对自然和人类未来的责任等。

因而我们除了批判Zoom等现代技术对人类带来的危害,并预测其可能性危害以外,也应当对其本质加以追问与思考,不迷失其中,做到"物物而不物于物",守护人之为人的本质。

从内在于技术的现代技术伦理路径来看,在前期就积极探索技术的可行性和可接受性等条件。如欧盟近年提出并开展负责任创新项目,使得伦理学家从批判反思走向具体技术的伦理治理,从幕后进入台前的多元责任主体的对话中,共同决策、共同负责;进一步地,联合国"AI for Good(人工智能向善)"和腾讯"科技向善"的提出和实践既是负责任创新的深化和落地,也体现出技术所蕴含的伦理价值的导向性。"向善"这一价值导向并非当下的新提法,可以追溯至古希腊柏拉图和亚里士多德时期的技术观,即技术是与德性相关,有善恶之分的。

基于此,Zoom技术在形成项目阶段,就可以鼓励政策制定者、科学家、哲学家、创新者、公众代表等多元主体进行平等协商,以"科技向善"作为价值导向,对Zoom的可行性和伦理可接受性进行探讨,最后将决策的结果转化为具体的技术产品。

(周 颖 闫宏秀)

周颖 1992年生。上海交通大学科学技术史在读博士生。曾任上海交通大学科学技术史研究生党支部书记，获上海交通大学优秀共产党员、优秀毕业生等荣誉称号。在《光明日报》《上海科技报》发表论文多篇。

个人感悟 立足技术发展现状，保持伦理审视态度，始终关注技术时代的人文关怀。

闫宏秀 1974年生。上海交通大学教授，博士生导师，牛津大学哲学系与互联网研究院访问学者。现为中国伦理学会科技伦理专业委员会副主任、中国技术哲学专业委员会常务理事、上海技术哲学专业委员会主任等。在《哲学动态》《光明日报》等发表了有关技术伦理系列文章，特别是关于数据伦理的研究成果被《新华文摘》《学习强国》人民网、新华网、理论中国、中国学派等转载多篇。

个人感悟 淡然前行。

从许霆案解读机器的法律地位

2006 年 4 月的一天,在广州打工的许霆通过某银行的 ATM 机在自己账户内取款,由于机器发生溢付错误,许霆获得了额外的现金。当晚,许霆又伙同他人在这台 ATM 机上多次取款并潜逃。归案后,检察院以盗窃罪起诉许霆,一审罪名成立。尽管事后负责 ATM 机维护的公司向银行进行了赔偿,但许霆还是以盗窃金融机构罪从重被判无期徒刑。判决公布后,引起了公众和学界的较大反响,认为量刑过重;后二审改为有期徒刑 5 年并处罚金 2 万元。

时隔多年,重提此案,并非要做翻案文章,只是希望对案情做一个重新的解读。这么做的目的,是想引发人们关注一个问题,即机器可以具有法律地位吗?我们相信,这个问题是不久将进入的智能化社会所要面对的一个基础性的问题和难题。

许霆案之所以引起争议,表面看似乎是量刑问题,其实质却是如何看待银行在事件中的责任,这其中的关键则是:如何认定 ATM 机的法律地位问题。由于在这一关键问题上的不同立场,控辩双方可以得出两种完全对立的结论,一方认为有罪,而另一方则力主无罪。

认为有罪一方是一种工具论的观点,它主张任何形式的机器都只是人们实现主观意图的工具和载体。机器不是人,没有意识,不能产生动机。工具论为大多数国家的立法原则采纳,即不认为机器拥有法律地位,不具备能承担相应责任的资质。就许霆案而言,工具论认为在案件发生过程中,只有许霆是法律责任主体,只有许霆才能产生行为的动机,并具有实施动机的行为能力。所以,相关损失的责任承担者只有许霆。一审判决认定许霆的行为构成盗窃金融机构罪,其遵循的逻辑就是上述的工具论观点。案情的实质就是:许霆把出错的 ATM 机作为犯罪工具,从银行获得了不义之财,构成了盗窃罪。银行只是受害者,没有责任需要承担。

认为无罪一方的理由如下,假设一位人类银行柜员由于点钞错误多给了顾客现金,尽管顾客没有当场返还现金,那么承担主要责任的应是出错的银行柜员,顾客最多只有次要责任,或仅在道德上存在瑕疵。而 ATM 机就是这样一个机器"柜员",一位银行的电子代理人。显然,顾客在 ATM 机上取钱和在柜台取钱,两者具有同等效力,出错的 ATM 机代表的也是银行。没有万无一失的点钞员,也没有万无一失的点钞机。事实上,出错状态是意料之内的事,否则 ATM 机的维护方也不会按协议进行赔偿。概括起来,无罪一方的观点是一种拟人说,即机器像人一样具有法律地位,应承担主要法律责任,只不过具体执行是由维护方来完成。许霆只有次要法律责任,或只应受到道德谴责。

工具论 vs 拟人说,有罪 vs 无罪,对机器法律地位的不同立场,在许霆案中竟然构成了两种完全对立的结论!

两难的困境促使我们换一个视角来重新审视案情。这个新视角便是表演说,即机器的法律地位由其在情境中扮演的角色决定。许霆案可分为两种情境,即第一次在ATM机上取款和第二次取款,ATM机分别扮演的是两种不同的角色。第一次取款时,ATM机扮银行柜员,和许霆发生了业务关系;第二次取款,虽然同样是许霆和这台出错的ATM机,但ATM机却是犯罪工具。认定法律责任时,应对两种情境分别处理。

为什么顾客在没有与任何银行柜员打交道的情况下,在ATM机上取钱有效呢?因为,已经有一系列法律的、商业的规范对这种人和机器的关系进行了设定,并承认其后果的有效性。这一系列的预先设定就是表演的剧本,顾客和ATM机是剧中的两个角色。角色可以由人来扮演,也可以由机器来扮演;虽然机器的扮演难免生硬,但如果从功能上可以达到相同的效果,也不妨一试。毕竟比起让人在街角站立24小时,ATM机这种解决方案于情于理都是个不错的选择。更为关键的是,由于ATM机扮演的是银行柜员,因此它必须承担相关责任。因此,客观地说,由第一次取款行为导致的银行损失,应该由ATM机和许霆共同承担,机器一方负主要责任,具体由维护公司赔偿,许霆负次要责任。因为,既然机器给付现金的行为具有法律效力,同样其错误也应由其承担,当然具体承担方式可以由第三方完成。所以,第一次取款的情境下,较为合理的责任认定应是:将相关责任进行分割,并由双方分别承担。

但是,第二次取款时情况已经发生了变化。因为,当许霆利用出错的ATM机再次取款的行为,已不是事先设定的剧本内容了。许霆已经知悉了ATM机的错误所在,并意图利用这个错误获得不属于他的财物。试想,如果ATM机发生的不是溢付错误而是吐款不足,许霆是不会再次进行取款的;许霆纠结同伙一起提款,也是这种犯罪意图的表现。所以,第二次取款的实质就是利用出错的ATM机作为犯罪工具来盗窃银行,在这一情境中的ATM机扮演的仅仅是工具,无相应的法律地位。

因此,一审判决对许霆的从重量刑,并不符合第一次取款时双方都具有责任资质这一特征,或许这也是判决引发较大反响的原因之一吧!由此得出一点启示:随着人工智能的发展,机器正越来越智能化,当人面对这样一个聪明的对手或伙伴时,其行为方式正在发生改变。有研究表明,自动驾驶汽车中的人类驾驶员往往对路况心不在焉。此时一旦发生事故,司机应该全责吗?难道汽车不应提醒或劝阻吗?由于机器没有法律地位而产生的司机全责认定,似乎有失公平。我们不仅要问:在人机合作中,机器是否也应该有其责任担当呢?工具论否定机器法律地位的观点,是否足以构建智能化社会的人机和谐关系,值得反思。

(计海庆)

特斯拉的另类中国经验及启示

自 2019 年 1 月破土开工一年后,特斯拉上海工厂已实现了投产和整车交付。据称,现在特斯拉上海工厂完全建成后,产量将达每年 50 万台。不难想见,不远将来特斯拉汽车在中国市场销售的全面开花。当投资客们信心满满地加仓助推特斯拉股票的同时,笔者心中却有一丝隐忧,那便是特斯拉引以为傲的 autopilot 功能。

autopilot 是特斯拉独家研发的自动辅助驾驶系统,可以实现车道保持、自适应巡航、自动变道等功能,甚至还能一键召唤,即从手机端实现从车库自动提车。不少"拉丝"表示 autopilot 就是特斯拉"未来感"和"科技感"的象征。尽管 autopilot 象征了拉风和炫酷,但它真的像看上去那样美好吗?

这里不得不提及特斯拉的一起事故。2016 年 1 月 20 日,驾驶员高某某驾驶一辆特斯拉 Model S 轿车在京港澳高速邯郸段发生追尾,事故直接导致驾驶员死亡。交警认定高某某负全责。行车记录仪显示,特斯拉轿车是在没有减速和变道的情况下,直接撞上了前方正在作业的道路清扫车。事后特斯拉公司承认当时汽车的 autopilot 功能处于开启状态。2016 年 7 月,高某某的父亲针对特斯拉中国销售公司提起诉讼,理由是汽车营销中有误导行为。特斯拉的自动驾驶技术并不成熟,却夸大了自动驾驶的可靠性。后特斯拉表示,他们已经将 autopilot 的中文翻译由"自动驾驶"改为"自动辅助驾驶"。

特斯拉汽车上海超级工厂

高某某案是全球首件立案的自动驾驶汽车致命事故。该案虽尚无法律定论，但其对汽车行业、交管部门、交通法规、保险服务、用户选择等都将产生深刻的影响。我们从特斯拉的这一另类中国经验中可以得到三点启示。

启示一：为了司乘安全，特斯拉还应做得更多。

谷歌公司的 Waymo 汽车是自动驾驶技术的领头羊。从 2009 年开始研发和路测，Waymo 已走过十多个年头，累积了 2 000 万英里（1 英里约为 1.61 千米）的数据，但现在 Waymo 汽车几乎还没用商业应用。因为，距离评估机构的自动驾驶安全上路条件——110 亿英里路测，还差得远。但为什么 2015 年才推出的 autopilot 却已在路上招摇过市了呢？原因在于特斯拉采用了不同的研发策略，简言之就是"边学边干"，而 Waymo 的策略则是"学会了再干"。

通常，自动驾驶汽车的路况感知靠激光雷达扫描，但其成本太高，几乎不可能配备在量产车型上，特斯拉的自动驾驶方案于是采用了相对廉价的感知设备（摄像头、毫米波雷达等）加上算法识别。量产带来用户，用户群带来大数据，大数据训练算法，算法迭代提升技术。显然，特斯拉看重的是商业利益，但在安全性这个关键环节上，特斯拉的表现却有点含糊和言行不一。一方面，特斯拉强调是否开启 autopilot 是用户自己的选择，且一旦开启，驾驶者还是应手握方向盘并观察路况。但另一方面，马斯克本人却常常在视频中上演"大撒把"驾驶，更为微妙的是，即便驾驶者手离方向盘，系统却并未发出警告。而事实证明，在多次特斯拉致命事故中，驾驶者掉以轻心过分信赖自动驾驶系统，是一个共同的原因。

必须提醒特斯拉，在保护司乘安全这一核心问题上还应做得更多。作为一家电动汽车界的领头企业，在节能环保上有出色表现的同时，在安全性上同样应有所作为和积极担当。系统尚未完善前，设计一个驾驶者脱把的警告提示，虽然事小，但却能救人无数。

启示二：打造安全的自动驾驶，更需要配套的制度建设。

发明和技术的关键差别，并不在其自身，而是在于能否被社会所接受。自动驾驶正处于这样一个从发明到技术的蜕变过程中。如果说，特斯拉象征的是推进自动驾驶技术社会化的资本力量，那么与之配套的制度规范就是这个社会化过程的润滑剂。自动驾驶技术能走多远，更多地应取决于社会将容忍何种程度的技术安全系数。

道路千万条，安全第一条。特斯拉可以在安全问题上打打"擦边球"，但法律监管却不能纵容太多的"擦边球"。试想，如果在高某某案的责任认定上，我们给出的不是简单的"司机全责"认定，而是人车责任分担的话，相信会给特斯拉的安全设计敲响一记警钟。毕竟一个每年生产销售数十万辆的市场的监管策略，是足以改变一家车企的产品设计的。

启示三：实现自动驾驶技术的"中国安全标准"。

特斯拉汽车在中国大规模销售，悲观者看来似乎是一场"屠杀"，危及的是同生态位的国内车企；乐观者看来则是开启了国产化供应商们的春天。笔者认为，特斯拉的深度中国化为自动驾驶技术"中国安全标准"提供了发展机遇。

自动驾驶汽车产业方兴未艾，但至今涉及其安全性的国际标准几乎是空白。特斯拉的深度中国化，不仅意味单纯零部件国产化率的提高，更意味着用一套中国的安全标准来改造、提升特斯拉产品的安全性，从根本上杜绝类似高某某一案的重演。中国有这个底气吗？答案是肯定的。我们不仅有庞大的市场需求，更有相应的技术实力。被特斯拉弃用的激光雷达，在中国单件成本已经降到了万元以下；而正在全面建设中的 5G 网络，已经为打造一个全国"车联网"奠定了硬件基础。零延迟、超视距的车联系统，才是自动安全驾驶的真正未来。到时，自动驾驶技术的"中国安全标准"，将随着国产化的特斯拉汽车和 5G 网络一同走向全球。到那时，再回顾特斯拉的 2020 中国经验时，将发现这是"双赢"的。

（计海庆）

科学行为篇

　　公民具备科学素质是指崇尚科学精神，树立科学思想，掌握基本科学方法，了解必要科技知识，并具有应用其分析判断事物和解决实际问题的能力。

　　突出科学精神引领。践行社会主义核心价值观，弘扬科学精神和科学家精神，传递科学的思想观念和行为方式，加强理性质疑、勇于创新、求真务实、包容失败的创新文化建设，坚定创新自信，形成崇尚创新的社会氛围。

　　"十四五"时期，重点围绕践行社会主义核心价值观，大力弘扬科学精神，培育理性思维，养成文明、健康、绿色、环保的科学生活方式，提高劳动、生产、创新创造的技能。

——摘自《全民科学素质行动规划纲要（2021—2035年）》

直面挑战，推动科普事业的健康发展

早在 2002 年，我国就颁布实施了《科普法》，而且迄今是世界上唯一专门为科普工作立法的国家。自此之后，我国科普工作取得了显著成效，具体表现在公众科学素质得到了大幅度提升，具备基本科学素质的公众比例从 2003 年的 1.98% 上升到 2015 年的 6.2%。但是据 2015 年的调查数据，除上海、北京、天津三地的公众科学素质达到西方发达国家 2000 年左右的水平外，其余省份还有较大差距。为此，国务院办公厅在 2016 年 2 月印发了《全民科学素质行动计划纲要实施方案（2016—2020 年）》，紧接着 4 月科技部、中央宣传部印发了《中国公民科学素质基准》。2017 年 1 月教育部印发了《义务教育小学科学课程标准》，从 2017 年秋季起，全国小学科学课程的起始年级调整为一年级。所有这些为我国公众科学素质的进一步提高提供了准则和保障，但毋庸讳言，当前我国科普领域面临严峻的挑战，存在三个问题，影响和制约了当前和未来的工作。

普及"四科"的两个片面性

在科普领域，一般所言的普及"四科"是指普及科学知识、倡导科学方法、传播科学思想、弘扬科学精神。这四个方面互相依存，缺一不可，普及科学知识是所有科普活动的基础，掌握一定的科学知识是公众具备基本科学素质的基本要求和保证。科学方法是进行科学研究的逻辑和手段，科学思想是科学理论的概括和升华，科学精神是科学研究中应该秉持的求真、质疑、创新等精神。科学方法和科学思想蕴含在具体的科学研究中，又超越了具体的科学研究。公众在学习、理解这些方法和思想的基础上分析社会现象，参与社会事务，便是科学精神的弘扬和体现。

当前科普活动的一个片面性是"轻知识、重精神"，即脱离科学知识的普及，空洞、抽象地宣扬科学精神。这种现象的根源是一种思想作祟，就是觉得"科学知识"层次太低，好像都不好意思去提、去学习，上来就谈方法、思想和精神，自以为是"高大上"，结果是云山雾罩一通，公众一头雾水，对科学精神一知半解、敬而远之，殊不知离开科学知识所谈的科学精神无异于无源之水、无本之木。

另一个片面性是局限于普及科学知识上，忽视宣传科学方法、科学思想和科学精神。这种做法停留在科普的较低层次上，忽视了科学方法、科学思想和科学精神对于提高公众科学素质和理性思维能力，分析社会现象，参与社会事务，破除迷信，识别伪科学和邪教所起的重要作用。长此以往，公众就会丢掉这些宝贵的科学武器，在伪科学和邪教面前就会迷失方向，甚至举手投降。现实中有不少人，甚至一些受过高等教育的人都迷恋，甚至投入伪科学和邪教的怀抱，多与此有关。

因此，应当在普及"四科"中采取兼顾、均衡的原则，克服片面性，让公众在了解、掌握相应的科学知识的同时，也能理解、熟悉和接受其中的科学方法和科学思想，进而潜移默化地培养他们具有科学精神。

媒体无底线大肆造神

现在社会上各种"大师"粉墨登场、层出不穷，一个很大的原因就是许多媒体做了幕后推手，称其为帮凶也不为过。被网友戏称为"中国最忙碌的虚假广告表演艺术家"刘洪斌就是一个典型。自 2014 年至 2017 年，她以各种伪专家的身份活跃在地方卫视的各类养生节目中，向观众推销各种"包治百病"的神药。其与背后的多个公司非法牟利近 80 亿元！媒体监管部门长期失职，媒体为了广告费丧失良知底线、任其包装忽悠，结果遭殃的是老百姓。

还有一种怪现象就是，电视媒体为了吸引眼球，大肆造神。比如江苏卫视《最强大脑》节目曾展示一位智力低下，但拥有快速心算能力的青年周玮，后被媒体炒作为"中国雨人""数学天才""中国爱因斯坦"等。后来打假斗士方舟子才站出来指出，那种运算只需要掌握一些简单的计算技巧，不能说明周玮是个什么天才。事实证明那种运算普通人经过简单学习或培训均能完成，并不神秘。

再比如 2016—2017 年，央视《挑战不可能》栏目曾以数期节目推出一位可以靠人体"声呐"进行辨识物体（形状、材质等）的"特异功能"者陈燕。人的超常功能，有一些是靠后天训练可以实现的，比如上面提到的某些快速心算，但是有的所谓"特异功能"是无论后天如何训练也无法成功的。比如摆脱重力，自己把自己提起来，这无论如何做不到，因为这违反基本的物理常识。人体的生理结构决定了无法产生高频的声波辨识物体，如果某人声称有此功能，就需要拿出超常的证据，而不是通过央视这种表演节目宣称。在未经证实的情况下，节目组就用科学原理进行包装、展示，本身就是在搞伪科学。

不禁想起 20 世纪 90 年代"神功大师"群起的年代，那时的"耳朵识字""隔瓶取物""意念弯勺"等神功多了去了。如今在部分媒体的推波助澜下沉渣泛起，公众一定要擦亮眼睛、保持警惕。

反科学思潮误导公众

这里所言的反科学思潮主要是指 20 世纪 70 年代后，西方后现代思潮与库恩之后科学哲学合流的产物。这种思潮有两个明显特征：第一是相对主义，试图解构科学知识赖以存在的客观实在，甚至认为占星术与天文学、巫术与医学没什么区别；第二是知识的权力学说,也即把科学知识产生过程中的社会因素无限放大,认为科学知识是权力、利益运作的结果。这股思潮的危害很大,因为它们试图消解科学知识的客观性,所以西方科学界进行了坚决反击,引发了著名的"科学大战"。

国内迎合这股反科学思潮的人士主要集中在科学哲学、科学史和科学教育界,他们时常以反思科学、反科学主义之名行事,实质上兜售后现代反科学思潮。20世纪20年代胡适在"科玄论战"中就大声疾呼,我们只有做官发财的人生观,只有靠天吃饭的人生观,只有求神问卜的人生观,……我们的人生观还不曾和科学行见面礼呢?如今拜科学所赐,民智已开、社会发达,这何尝不是20世纪初以来无数仁人志士崇尚、追随赛先生的结果?哪里会料到近100年后一小伙人喝倒彩说什么"警惕科学""反对科学主义",中国自然辩证法的老前辈龚育之先生曾开玩笑地讽刺说,懂科学与不懂科学的都在那儿批科学主义,成了中国知识界一部分人的一种时尚。

科普事业的最终目的是提升公众的科学素质。其小而言之,关于个人能否适应科技迅猛发展的现代社会;大而言之,关乎国家的科技竞争力与持久的创新能力。其持续提升,有赖于国家政策层面的有力推动,有赖于学校科学教育体系的完善,有赖于课外科普活动的促进,有赖于大众媒体的宣传和引导,有赖于社会各阶层的共同努力。同样重要的是,在这一过程中,要有及时发现问题、解决问题的决心和行动。不当的思潮要批驳,不对的做法要纠正,直面挑战,推动科普事业的健康发展,如此,我国科普事业幸矣。

(史晓雷)

刍议科学家与科普工作

近年来，我国公民科学素质水平大幅提升，2020 年具备科学素质的比例达到了 10.56%。在 2001 年我国公众具备科学素养的比例仅是 1.4%，近 20 年的时间就成了原来的 7 倍多，不能不说科普成效很大，因为"具备科学素质"的条件并不简单，其评测体系大致包含三方面内容：科学知识、科学方法、科学与社会，只有在三个方面同时达标的公众才算具备了科学素质。

一个国家公众科学素质的高低与该国的科普事业关系密切，科普的最终目的也即提升公众的科学素养。新闻媒体上也不断有"鼓励科学家进行科普"的声音，有的甚至到了道德绑架的地步，认为科学家天生有义务从事科普活动。事实是否如此？科学家与科普的关系究竟如何？本文尝试对此做些分析。

科普是不是科学家的分内之责

科学家从事科普，应该依其本人的兴趣爱好使然，而不应认为是其本分。科学家从事科普最大的优势是，他们是科学知识的直接生产者，科普的准确性、可靠性好。这种优势在越高端、越前沿的学科体现得越明显，因为这些知识还只是由他们所掌握、所理解，普通公众还没有机会获得这些知识。美国加州大学伯克利分校天体物理学家菲利彭科（A. Filippenko）经常面向本科生或者普通公众进行天文科普讲座，他的讲座通常座无虚席，这与他在讲座中经常穿插一些新近的天文发现有关。当然，这还不是关键，关键的是菲利彭科异常热爱科普，善于向公众演说，表情、手势夸张，风趣幽默，很受公众喜爱。他的同事——2011 年诺贝尔物理学奖获得者帕尔马特（S. Perlmutter）论专业水平肯定不在菲利彭科之下，但伯克利近些年校园活动日的天文科普讲座多次由菲利彭科担任，原因只有一个：他比帕尔马特更适合面向公众科普。科学史上对科普有兴趣并善于科普的大科学家并不少，19 世纪的戴维、法拉第、丁达尔（J. Tyndall）就是，20 世纪的伽莫夫、萨根、道金斯（R. Dawkins），近些年比较活跃的泰森（N. G. Tyson）、考克斯（B. Cox）等。他们本身是科学家，从事科研；他们从事科普活动/创作的唯一理由是：他们喜欢科普、擅长科普。

那么为什么笔者不赞同每位科学家从事科普工作呢？这主要是由科普活动、科普创作的特点决定的。随着时代的变革，如今科普有称为"公众理解科学"的，有称为"科学传播"的，无论名称如何改变，科普活动及科普作品的核心内涵仍然是科学知识的通俗化，使受众或者读者理解原来不知道的或不清楚的科学知识，进而学习其中的科学方法、体会其中的科学精神。别看"通俗化"这样简单三个字，要求可不低，因为它不但需要把科学问题讲明白，还要融入一定的趣味性，或者说吸引人，否则观众、听众或者读者就无法坚持下去，科普活动及效果也就无从谈起。这里不妨以法拉第《蜡烛的故事》开头的一段为例看看19世纪的法拉第是如何展开这个话题的。

> 为了答谢大家光临报告会的盛意，我想利用这几次讲座的时间，谈谈关于蜡烛的化学变化问题。这个问题，以前我虽然曾经讲过一回，可是我还想讲，如果可能，愿意每年讲它一遍。因为这样的题材太引人入胜了，它为科学的各个领域，揭示了如此丰富多彩、如此奇异美妙的境界，所有支配天地万物的法则和定律，在这里都有所引用，都一一涉及。把研究蜡烛的各种理化现象，作为深入探讨自然科学的初步入门，是最理想最方便的做法。所以，这次不谈其他较新的问题，仍旧选用这个题目，我相信还不致会叫大家失望，因为别的新鲜题材即使非常吸引人，也不如这个题目来得好。

《蜡烛的故事》是1860年法拉第在英国皇家研究院面向少年儿童讲座的一次讲稿，其突出的特点是口语化，亲和力强。上面这段开场白，首先开门见山地说了讲座的主题，然后解释为什么会选这个题目。在解释的过程中，法拉第谈到以蜡烛变化这样一个小题材，便可揭示支配天地万物的规律，这样一下子便把听众吸引住了。科普需要的正是这种效果。

但是类似这样的科普，一般的科学家并不容易做到，因为科普需要的风格与科研差别很大。另外对青年科学家而言，本来科研压力就很大，时间异常宝贵，如果投入一部分精力从事科普活动，势必影响他们的科研。因此，社会没必要期待每一位科学家都从事科普活动，若他们不积极于此，也没必要苛求。在科普年龄段上也没必要设限，比如一些科学大家在晚年就乐于分享自己一生的科研经验，甚至用科学的视角审视、评论社会事件，完成一些高级科普作品。前者如杨振宁《曙光集》的许多篇目，如《对称与物理学》《美与物理学》《爱因斯坦：机遇与眼光》等，就属于高级科普作品；后者如温伯格（S. Weinberg）的《仰望苍穹——科学反击文化敌手》《解释世界》等。

谁应当是科普的主力军

笔者认为，那些有兴趣并有科普能力的科学家以及专业的科普工作者，特别是后者，应该成为科普的主力军。

在西方，的确有不少科学家本身就是一流的科普大师，但是科普队伍中更庞大的是专业的科普人员，他们包括科学记者，科普作家，科技场馆（科技馆、自然博物馆、科学中心等）的工作人员，科普期刊、电视或广播节目中科普栏目的编创团队等。一个有趣的现象是，在西方许多畅销的科普书是由业余的科普记者或者科普作家完成的，比如《万物简史》的作者布莱森（B. Bryson），其本行是一名旅游文学作家，写的这本书不仅妙趣横生，在科学方面也无可挑剔。再比如近些年比较畅销的《爱因斯坦传》，就是美国知名传记作家艾萨克森（W. Isaacson）写的，在此之前他创作有《基辛格传》《富兰克林传》，之后又完成了《乔布斯传》。这种跨界的写作在我国是不可想象的。再比如《经度》《一星一世界》的作者索贝尔（D. Sobel），早年是一名科学记者，后来成了专职的科普作家。西方的科学记者、科普作家不一定是自然科学出身，比如艾萨克森早年学的是历史和文学。他们不像国内的文科生对自然科学知识感到畏惧，只是凭借自己的强烈兴趣与一定的科学写作训练，在写作过程中秉持严谨的态度，通过阅读大量相关素材而完成。索贝尔就坦言，"不要惧怕科学，要努力去理解。对科学知识理解得越深刻，你内心的情感就会越丰富！"她的《经度》可读性极强，通过抽丝剥茧般的梳理，讲述了英国钟表匠哈里森发明了机械式航海天文钟，解决了 18 世纪海上长途航行的"经度问题"。

加紧培养从事科普活动的专门人才

我国的科普事业应当有大的发展。我国《科普法》明确规定，鼓励、支持广大科学技术工作者开展科普活动。2021 年 6 月，国务院办公厅印发了《全民科学素质行动规划纲要（2021—2035 年）》，多渠道、全方位地部署了一系列提升公众科学素质的科普活动。但就根本而言，学校科学教育是提升公众科学素质的基石，科普活动是提升公众科学素质的有力推动。我们应当采取切实措施鼓励对科普有兴趣的一线科学家从事科普活动，更重要的是，要培养、依靠一批从事科普创作、开展科普活动的专门人才，包括能够在科学家与公众之间搭起桥梁的科学记者、科学社团等，共同为我国的科普事业出力、献策。近几年来，国内此类人才、新媒体平台已崭露头角，前者比如曹天元的《上帝掷骰子吗：量子物理史话》、汪洁的《时间的形状——相对论史话》、中山大学物理系某学生（笔名"仰观苍穹思寰宇"）的《聊聊狭义相对论》等；后者如果壳网、中国数字科技馆网站、中国科普博览网站、微信公众号知识分子、赛先生等。

我们深信，我国科普的主力军队伍将不断壮大、科普事业的繁荣指日可待。

（史晓雷）

在理工科课程教学中发挥"思政"教育功能

习近平总书记在全国高校思想政治工作会议上强调"思想政治工作贯穿教学教育工作全过程"指出"各类课程与思政课同向同行、形成协同效应"。

在高校里一些理工科教师心存疑虑，觉得难以把"思政"教育与课程中抽象的公式符号联系起来。其实，理工科课程在发挥"思政"教育功能上是可以大有作为的。

第一，理科课程传授的科学知识，是人们认识自然界得到的成果，从不同的侧面揭示了自然界的真相和本质，自然界各组成部分的相互联系，自然界运动、变化和发展的规律。恩格斯说："辩证法的规律是自然界的实在的发展规律，这对于理论自然科学也是有效的。"理科知识在形似枯燥的公式符号后面充满了丰富的辩证法思想。如在高等数学里，导数概念的建立以及定积分概念的建立，充分反映了近似与精确、有限与无限、量变与质变的辩证关系。又如在力学里，静止与运动、匀速与变速、作用力与反作用力既对立又统一、相互转化。现代科学各学科的发展，加深了人们对于自然界的认识，并深刻改变了科学关于平衡与非平衡、有序与无序、进化与退化、渐变与突变、简单性与复杂性、精确性与模糊性、对称与破缺等一系列基本的概念，自然界辩证法的规律体现得更实在、更精致。

辩证唯物主义教育有机地融入理科课程的教学中，能提高学生的辩证思维能力，从哲学的高度审视问题，对学科知识有更深刻的理解、对学科的发展有更清醒的认识；他们进而更容易接受社会发展的辩证规律，确立唯物史观，树立科学的世界观和人生观。

第二，科学理论的建立，离不开科学方法的应用。伽利略应用数学方法和实验的方法发现自由落体定律；牛顿发现了万有引力定律，在说起如何认识自然现象背后的规律时，他提到了用分析、综合、实验、观察和归纳等方法；爱因斯坦建立狭义相对论，主要应用了探索性的演绎方法，他推崇在科学探索中应用想象、直觉等方法。

在理科课程的教育中，结合科学知识的获得和科学理论的建立，开展科学方法的教育是必须的。学生们学习前人应用的科学方法，了解知识的来源和获取的途径，会加深对知识的理解。他们认识到，科学探究不是瞎摸乱撞碰运气，正确的方法是实现科学突破的桥梁，从而破除对科学创造的神秘感，鼓起攀登科学高峰的勇气。人类已有的知识毕竟是有限的，科学方法是使知识不断"增殖"的有效手段。学生们掌握科学方法，方能站在前人的肩膀上，使人类的认识不断深入，知识不断更新和增长。

青年学生在未来肩负建设中国特色社会主义的重任，他们不仅需要高涨的热情，实干的精神，也需要讲究方法。他们了解和掌握科学研究的程序和方法，学会和运用科学调研、制定方案的方法、科学管理和决策的方法，能找到及时解决问题和妥善化解矛盾的有效途径，从而提高实践活动的自觉性，充分发挥聪明才智和创造性才能。

第三，科学理论并不是唾手可得的，科学研究是一项献身于既定精神价值和受伦理标准约束的艰巨的认知活动。科学家们在这种活动中表现出的高尚卓越的气质、风格、意志、态度和修养，其总和即为科学精神，主要有求真精神、理性精神、求实精神和创新精神等。科学精神激励科学家付出辛勤的劳动，经受住无数的磨难，为他们提供坚强的精神支撑和维系。科学精神又是科学共同体内提倡的优良的行为规范，引导和规范着科学家的行为，限制个别人的不轨行为，保证科学共同体的有序运行，促进科学事业的繁荣。

在理科课程教育中，结合科学家的事迹弘扬科学精神有重要的意义。科学精神的积极意义不限于科学界，它可以深化或外化为一般的人类文化精神。如理性精神，古希腊哲学家认为在纷乱的自然现象背后有能为人类理性探明的普遍规律，这是科学理性精神的开端，它使得古希腊人取得辉煌的理论成果。在近代欧洲走向现代化的进程中，先贤们倡导人的信仰和行为都要服从明晰的理性之光，以达到个人品德的完善和体现人生的意义，由此铸成了理性主义传统，理性精神成为一种重要的人类文化精神。

弘扬科学精神，能激励学生求真、务实和不断创新，为他们提供刻苦学习和勤奋工作的精神支撑；让理性之光照亮他们的人生之路，提高其科学文化素质，理智地对待工作和生活中遇到的问题和困难，在把祖国建设成创新强国的进程中体现人生的价值、实现人生的理想。

第四，工科课程传授的是应用基础科学的原理、结合生产实践所积累的技术经验而发展起来的学科知识。在工科课程讲授学科知识的同时，应有机地把"思政"内容融合在教学中，如向学生讲述如何借助科学理论提出技术原理的方法；宣传技术专家、工程师在进行技术革新和技术革命时体现的工匠精神；介绍他们如何开展技术创新、推动社会经济的发展，使科学技术成为"第一生产力"；展示技术，尤其是高新技术对于人类经济社会生活产生的重大影响；提醒学生认识技术是把双刃剑，会给经济社会发展带来负面效应，引导学生在将来的工作实践中努力实现科学技术与自然、经济社会的协调和可持续发展。

要发挥理工科课程的"思政"教育功能，理工科教师是关键。教师要纠正在认识上的误区：认为思政教育仅仅是"思政"课的任务和责任，其他专业课程则只管知识传授和能力培养。正在推行的"课程思政教育"力图解决学校长期存在的"两张皮"现象，强调所有的教师都有育人职责，所有课程都有育人功能，不同课程在人才培养方案中都有其独特的作用。教师要自觉提高思想政治素质，增强社会责任感和历史使命感，努力把思政工作渗透到学科的教学当中，在尊重课程自身建设规律的前提下，深入发掘各门课程的思想政治教育资源，并凸显其价值引领功能。教师不要机械地把政治说教像标签一样硬"贴"到课程内容上，而是从课程内容自身中提炼和阐发思想，把课程教学与思政教育自然、生动和有机地融合在一起，切实做到与思政课"同向同行、形成协同效应"。

（陈敬全）

上好研究生入学教育的重要一课

新学年伊始，高校迎来了大批研究生新生入学。认真做好研究生入学教育工作，对于研究生适应新的环境，确立学习目标，做好人生规划，顺利完成从本科生到研究生的角色转换有重要意义。学术道德教育是研究生入学教育的重要一课。

学术道德是科学研究的立身之本。科学是人类探究自然现象和社会现象背后规律的一类活动，然而它不仅是一些技术性和理论性的操作活动的集合，而且还是一种献身于既定精神价值和受伦理道德标准约束的社会文化活动。科学研究活动与其他人类活动一样，都是需要倡导负责行为，才能保证科学研究活动的健康运行。

科学研究活动的负责行为依靠一系列的道德准则来维系。

科学研究是探究未知的过程，科学知识形成是一个不断修正、不断深入以逐步逼近客观真理的过程。可验证性是科学知识的重要特征，科学强调和尊重经验事实对科学理论的检验，实事求是是科学研究活动的基本准则。

科研工作者在"研究选题"环节中必须遵循责任准则，在"课题申报""形成成果"和"获取事实和数据"等环节中必须遵循诚信准则。

科研工作者在研究活动中所获得的知识还需接受科学共同体的评议和判断，才有可能被接纳为集体知识。个体知识和集体知识只有密切联系和相互转换，科学知识的形成才拥有坚实的社会基础。在共同体的"学术评价"环节中必须遵循尊重准则、公开准则和公正准则。

在今天，各门学科相互渗透，科学研究的课题必须依靠集体的力量才能完成，在集体合作的过程中，必须遵循相互尊重、乐于协作的准则。科研工作者在处理个人与他人、个人与集体的荣誉和利益分配上必须受到科学道德的约束，避免利益冲突对研究工作造成损害。

在科学研究活动中，有许多案例生动地说明了学术道德准则的重要性。一些案例从正面告诉我们，科学家遵循学术行为规范和道德准则对推动科学研究活动的开展和科学事业繁荣所起的作用。遵循科学道德准则使科学家具有"道德敏感性"素质，能意识到自己的行为会影响到他人，在决定自己如何行动时也要考虑到他人；他们具有"道德判断"素质，能认识到自己行为有多种可能，只选在道德上更能站得住脚的行动；他们又将道德价值置于个人的其他价值（如利益、情感、审美、享乐等）之上，把"做一个有道德的人"作为第一原则；他们在实践中面临冲突时有自我约束能力持之以恒地履行自己确立的道德信仰。

厚德载物。科学家具备深厚的思想品德基础使他们获得了伟大的成就，造福于人类，从而赢得了民众的敬仰、崇高的社会地位和广泛的社会公信力，这对社会精神文明的建设，社会文化的发展和全社会崇尚科学、热爱科学良好风范的形成产生了深刻的影响。

另一些案例则从反面告诉我们违反学术行为规范和道德准则给科学事业带来的损害和警示。这些案例揭示了一些人在立项、开展和评议等科学研究的不同过程中，或在报道研究成果时出现的伪造、篡改或剽窃等不端行为。科研不端行为有悖于科学精神，造成了学术资源和学术生命的极大浪费，误导科学研究的方向和贻误人才的培养，破坏科学研究的诚信和正常的学术秩序，损毁学术界和知识分子的社会公信力，妨碍社会精神文明的建设。

研究生的培养目标是，成为具有坚实的科学基础理论、系统的专门知识和从事科学研究的能力的人才。研究生既是学生，也是研究人员，是高校科学研究的生力军。研究生学习阶段是从事系统的科学研究的开始，是个人学术生涯的起点，也是培养科研能力、提高科研素质，为今后学术发展奠定坚实基础的关键阶段。因此，在研究生阶段，除了提高他们的业务能力和学术水平外，还必须加强在学术道德与科学品行方面的教育，在认知学术研究基本过程、基本知识的基础上，懂得学术行为规范，在学术研究的目的、态度等方面做出正确的价值判断，从而指导自身的学术行为，为今后学术的进一步发展奠定坚实的基础。

毋庸讳言，近年来高校研究生在学术道德方面也存在一些问题。社会上的某些不良风气渗透到研究生的学术领域，抄袭剽窃、伪造数据、弄虚作假等学术不端行为时有发生；追名逐利、急功近利所引发的学术失范现象也有所增加，由此污染了研究生的学术环境，学术精神缺失、学术风气浮躁，阻碍了他们学术创新能力的提升。

教育部三令五申，要"培养研究生严谨认真的治学态度和求真务实的科学精神，自觉遵守科研诚信与学术道德，自觉维护学术事业的神圣性、纯洁性与严肃性，杜绝学术不端行为；在研究生培养的各个环节，强化学术规范训练，加强职业伦理教育，提升学术道德涵养；培养研究生尊重他人劳动成果，提高知识产权保护意识"。

令人欣慰的是，许多高校都重视起研究生学术道德培养和学风建设，把学术道德教育列为研究生入学教育的必修课，要求所有专业的新生必须认真上好这重要的一课。一些学校还将这方面的教育融入研究生培养的全过程，如复旦大学近年来坚持以"全覆盖、制度化、重实效"为总体要求，认真研究和制定教学工作方案，结合研究生学科专业开设了多门"学术规范与职业伦理类"课程，举办学术名家学风建设系列讲座，引导研究生恪守学术规范，树立优良学风，把学术道德观念内化于心、外化于行，以营造积极、健康的校园学术氛围。2019年，复旦大学承办了第一届全国研究生科学道德和学风建设论坛。

随着研究生科学道德和学风建设教育工作的不断深入，一些高校积极探索以生动活泼的形式进行教育，以取得更好的效果，教育形式呈现多样化趋势。复旦大学研究生院

第一届全国研究生科学道德和学风建设论坛

复旦大学研究生院编研究
生道德教育系列丛书

推出了研究生道德教育系列丛书,受到了高校师生的欢迎。除了不同层面的宣讲教育之外,学术道德案例教育等教育形式已在部分高校中试行,案例教育与纯理论阐述相比,具有生动、直观、形象、具体化等特点,为学生喜闻乐见,教学效果良好。正面案例表述了杰出学者严谨的学术风格与严守学术规范的优秀事迹,有助于研究生树立学习的榜样,养成严谨治学、潜心钻研的优良作风;反面案例则表述了当事人所犯的学术错误以及受到的相应惩罚,这充分显示了警示效应,提醒研究生要远离学术不端这一"学术高压线"。复旦大学研究生院编写的《研究生学术道德案例教育百例》一书,选编了100个国内外学术界发生的真实案例,每个案例都附有参考文献和思考题,此书可作为研究生学术道德教育课程的参考读物。研究生读一个个具体生动的故事,从不同的角度做思考和分析，汲取经验和教训，能得到深刻的启示和借鉴，提高学术道德修养的自觉性，加速成为德才兼备的人才。

（苏　祺　陈敬全）

苏祺　1967年生。1992年浙江大学研究生毕业，现任上海市科学技术协会二级调研员，负责高校科协的组织建设、归口联系和指导工作，推进科学道德与学风建设，长期从事科技社团管理、科学道德与学风建设工作，参与编写《研究生学术行为规范读本》《弘扬科学家精神　培育新时代学风》等著作，在《新华文摘》《中国研究生》等期刊上发表论文多篇，参与完成中国科协软科学研究课题多项，获得中国科协优秀调研报告一等奖。

个人感悟　守正创新，做负责任的研究。

上好生命教育中的重要一课

清明节是中国的传统节日，每年在这个节日里，人们扫墓踏青、祭拜先祖、感恩先人，许多人在慎终追远的同时，都会认真思考生与死、生命的意义和人生的价值等重大问题。开展生命教育，能提供有益的启示。

生命教育和死亡教育

生命教育是尊重生命主体，为其创设充实丰富的生存环境和条件，以促进生命主体全面和谐、主动、健康发展的教育。生命是贯穿生命教育的主线，生命教育遵循与尊重个体生命的遗传独特性和体验独特性，关注个体生命成长的经历与经验，帮助人们解决生死困惑，深切地体悟并领会生命价值，尊重生命，增进生活的幸福感。

死亡教育是生命教育的重要一课，它教育人们克服对死亡的畏惧心理；树立正确的人生观、价值观，安定地对待死亡，从心理上接受死亡、战胜死亡，等等。死亡教育可以帮助人们理解生与死是人类自然生命历程的必然组成部分，从而树立科学、合理、健康的死亡观；消解人对死亡的恐惧、焦虑等不良情绪，教育人们坦然面对死亡；使他们认真思索各种死亡问题，学习和探讨死亡的心理过程以及死亡对人的心理影响，为处理自我之死、他人之死做好心理上的准备。

对生死的科学认知的缺失

中国数千年来的传统文化向来讳言死亡，对生死之事甚为恐惧敬重。孔子、孟子实际上都肯定人们应由生观死，生是人的一般欲望，死是人们厌恶之事。受传统文化的影响，一般人都避谈死亡，这种"好生恶死"的生死观在很大程度上影响着人们对生死的科学认知。而宗教、迷信等对死后世界的描述，渲染了死亡的可怕，与死亡相关的灵魂、鬼神、地狱等概念扎根于人们心中，给"死亡"蒙上了一层神秘和恐怖的面纱，激起了人们的敬畏之心。这些认识在一定程度上制约了以死亡教育为核心的生命教育在当今社会的实施。

要注意的是，人们由于缺乏对生死的科学认知，使伪科学乘虚而入。健康长寿是人的本能，人们面对疾病、衰老和死亡自然会心存忧虑。尽管当今医疗水平不断提高，但总不能包治百病，满足人们想完全恢复健康、长生不老的需要；又现今的医学模式较多从生物学层面上治疗疾病，忽视了社会环境、心理因素对疾病的影响，缺失对患者的心理护理、心理治疗，使人的恐惧、忧郁、焦虑等不良情绪难以疏泄，这就为伪科学尤其是医学伪科学的滋生提供了机会。医学伪科学善于营造温馨的氛围，积极主动为患者进行心理咨询和心理疏导；盗用科学的名义，宣扬离奇古怪的新治疗途径（如"气功治百病""大蒜治百病""绿豆治百病"都有各自的"科学"理论）；用"高技术""科学最新研究成果"等来包装保健品以夸大某些保健品的作用；打着"高科技"的旗号，吹嘘医疗器械的神奇疗效，等等，忽悠人们上当受骗。

更要警惕的是，一些邪教组织也乘机兴风作浪，邪教组织的头目大肆宣扬"世界末日"的来临，以死亡来恐吓信徒。他们制造恐慌气氛使信徒惶惶不可终日，信徒因对生命的忧虑和对死亡的恐惧而思想混乱，万念俱灰，放弃正常的生活和社会活动。他们自称是"救世主"，能使信徒免于末日劫难，借此对信徒加强精神制造、使其狂热盲从。他们轻视生命，蔑视现世，注重所谓的"来世"，宣称"死是人生的最高阶段"，蛊惑信徒"放下生死、圆满升天"。他们残忍地剥夺他人享有生命、自由和人身安全的权利，视生命如草芥，肆意残害生命，制造了一起又一起的世间惨案。

积极推进生命教育

我们要大力开展生命教育，上好死亡教育的重要一课。

第一，死亡教育从基础教育做起，在中小学、大学中开设生命教育的课程，在其他相关课程的教学中，有机地穿插和融合生命教育的内容。克服传统文化在生死观上的影响，补上长期缺失的死亡教育课程，无所忌讳地在课堂上谈论死亡，灌输"生死互渗""向死而生"的理念。积极向学生推荐死亡教育的书籍和读物。

澳大利亚学者赖斯（M. Rice）的著作《死亡课：关于死亡的讨论》值得一读。在书中，作者给出了正确地、科学地面对别人以及自己死亡的态度，从各个角度分析了伴随死亡来临的一些事情，从而教给我们如何更好地珍惜自己，以及如何更加客观地看待死亡，学生读后会颇有收获。南方医科大学通识教育读本《大学生死亡教育（创新教材）》讲述了生命的无常、对于生命的追问、面对死亡的心理及调适、临终关怀、安乐死与自杀、探索生命的意义等内容，让学生了解与死亡相关的知识，揭开死亡的神秘面纱，克服对死亡的恐惧；明白死亡是人生的必经阶段，懂得珍惜生命、关爱生命；意识到人不仅要有尊严地活着，而且要有尊严地死去。

第二，政府和有关部门积极支持和扶持生命教育，给予各方面的充分保障。院校、基层教育、社会机构和社区形成合力，共同建立起符合国情的死亡教育模式，服务社会，面向各类人群，引导群众树立正确的生死观、持正确的生死态度以达到更高层次的精神世界。

第三，把生命教育践行于人的社会生活和行动中，让生命教育和死亡教育的知识内化为人的信念，以信念指导行动。使人珍惜生命，在有生之年积极为社会贡献智慧和正

赖斯著《死亡课：关于死亡的讨论》

南方医科大学通识教育读本《大学生死亡教育》

能量；持有积极、乐观进取的心态，与他人和社会、自然建立良好的互动关系；建立起科学健康的生活方式，保持心情愉悦，陶冶性情，使生活充满活力；以科学的观念正确认识生存、临终、死亡事件；认识疾病，和疾病作斗争；接受临终关怀，妥善安排好身后事，坦然面对死亡。

第四，把生命教育与开展科普相结合。宣传科学思想，使人了解生命的起源和发展，生命的发生和消亡是自然过程，坦然面对万物有生有灭的自然规律，不相信有超自然的力量可以抗拒人的生老病死。普及科学知识，如医疗保健、疾病防治、营养膳食、食品安全、体育锻炼、心理调节等知识；倡导应用科学的养生、保健和体锻方法，以取得事半功倍的强身健体效果，使人们深刻领悟到科学知识和科学方法对于关爱生命、养护生命的作用，擦亮眼睛，识破伪科学和邪教的骗人伎俩和种种谎言，自觉抵制伪科学和邪教。

(孙柳燕)

提高老人科学素质　识别和抵制伪科学

近年来，各地消保委收到的老人对具有保健功能的食品和器械的投诉明显增长，老人上当受骗的案件屡见不鲜。骗子行骗的方法五花八门，需要警惕的是，利用伪科学已成为骗子行骗惯用的方法。

利用伪科学行骗的种种手段

宣扬离奇古怪的新治疗途径。曾经盛行一时的"气功治病"忽悠了不少老人，气功师称其有特异功能，替特异功能包上了"人体科学"的外衣，用形似"科学"的道理来解释，如"意念分子、电子在人体生物电形成的磁场中会产生效应"云云，发功时可以治疗百病。不少老人对气功的神奇疗效深信不疑。而名目繁多的食疗法，如"大蒜治百病""绿豆治百病""生姜治百病"也有各自的"科学"理论，诱骗老人上当。

夸大某些所谓保健品的作用。一些厂家用"高技术""科学最新研究成果"等来包装保健品，盗取科研机构的名义，利用所谓的专家和权威形象做广告，夸大保健品的功能，把仅有辅助、调节和缓解作用说成能治疗和预防疾病。宣称保健品中含某些新元素、营养素补充剂，具有改善和缓解症状的效能，如褪黑素能降压、抗癌、调节内分泌；含钙的制剂能改善骨质疏松；维生素 E、C 的营养素补充剂，有"美容"或"抗氧化"的功能；等等。

打着"高科技"的旗号，吹嘘医疗器械的神奇疗效。如某厂家宣称所生产的高电位治疗仪能产生"生物电场"、根治病痛。用"宇宙统一场""信息干扰"等名词为全息仪进行"科学性"定义，蛊惑老人们使用后可以增强抵抗力，不吃鱼肉就够营养，生病不用看医生，这使得一些老人营养不良，有病不及时就医，耽误了就医的最佳时期。某市食药监局近年来查处的各类夸大疗效做虚假宣传的医疗器械就有十几种，其中有电脑中频经络通、糖尿病治疗仪、痛风治疗仪、腰部解压器等。

利用高科技兜售算命术。有人把算命术移植到了电脑上，他们对电子游戏进行改造，把游戏画面变成预测人的命运的一组文字，打着研究《周易》的旗号，披着科学预测与弘扬传统文化的外衣，给人进行"科学算命"，不少老人深信不疑，乖乖地被骗走了钱财。

宣扬应用风水能趋利避害。风水大师鼓吹"一命二运三风水"，应用风水能趋利避害，促使家业兴旺、财运亨通。他们极力标榜风水是"科学"的，用"现代科学（如环境科学）原理"来解释，并创立了易理哲学、命理学、八字学、姓名学、手面相学等伪学科。一些风水先生忽悠老人，窜上门来看住宅的风水、预测凶吉，他们危言耸听，使老人担惊受怕，迫切要求改风水，这正中了他们的下怀，轻松地圈走了老人的钱物。

伪科学的骗术屡屡得手的原因

利用科学的认知权威和显赫声望招摇撞骗。科学取得了辉煌的成就，老人们崇尚科学，伪科学用种种手段进行伪装、披上科学的外衣，如运用广告、写书出书；成立所谓的"高科技公司"行骗；千方百计与科研机构和科研人员套近乎，利用权威人士、公众人物和新闻传媒进行炒作等，轻易使老人上当，使他们的企图得逞。

擅长用种种手段骗取老人信任。一些不良商家在借用伪科学推销保健品和养生器械的同时，会用甜言蜜语让老人们感受到亲人般的关怀，嘘寒问暖，陪老人聊天，通过与老人"交心"，对他们"洗脑"，攻破老人的心理防线，使老人认购推销的产品，慷慨解囊。

借助现代化传播手段宣传和扩散。随着互联网的普及，不少老人学会从空中传播平台如微信、微博和 QQ 等网络平台获取信息和知识，并深信不疑。伪科学利用这些平台散布错误的知识、虚假消息和谣言，其传播速度之快、范围之广、蛊惑人心之效应之大令人瞠目结舌，老年人被各种不实信息忽悠，误入歧途。

利用对科学正面宣传的缺失和不到位。对伪科学的防范，在戳穿他们种种谎言的同时，必须对科学做正面的宣传，然而这方面的宣传不及时、不到位、不通俗，在许多场合下显得苍白无力，对老人缺乏吸引力，在无意中为伪科学提供了滋长的空间。

引导老人识别和抵制伪科学

提高老人科学素质，识别和抵制伪科学已成当务之急。要采用各种措施生动活泼地开展老年科普教育，引导他们努力学习科学知识、科学思想、科学方法和科学精神。老人除了要学习一般的科学知识外，更需要学习与自身生活关联的科学知识，如医疗保健、疾病防治、营养膳食、体育锻炼、健康生活、心理调节、应对突发事件等知识。老人学习科学思想，了解自然界的物质本性，自然界的运动和变化规律，帮助他们树立正确的世界观、人生观，坦然面对生老病死的自然规律，识破伪科学骗人的伎俩和种种谎言。老人学习科学方法，在解决生活中遇到的实际问题时，会得到有益的启发，找到有效途径；他们应用科学的养生、保健和体锻方法，能取得事半功倍的效果。老人学习科学精神，做到实事求是，能有效地防范伪科学，因为伪科学是最怕求真求实的。

要深入老人群体之中，关心他们的生活，倾听他们的心声，帮助他们排忧解难。对老人的关怀不限于物质生活上，在精神生活上的关爱更重要。要营造尊老、敬老、孝老的社会氛围；恰当地发挥老人的余热，让他们参加力所能及的社会工作，老有所为；丰富文艺活动，让他们老有所乐。对老人进行心理干预和疏导，帮助他们克服心灵空虚、信仰缺乏、孤独、忧郁等不良情绪，使伪科学和各种迷信活动无机可乘。正如上海市消保委在《老年保健品消费调查报告》中指出的那样，为使老人在保健品消费上不上当受骗，全社会要扩大宣传，为老人普及消费知识，社会和家庭共同帮其甄别，同时满足老人的情感、社交需求，以避免他们因孤独感、忧郁感而轻信不法商家。

（陈敬全）

更多地关爱低健康素养人群

2022年3月23日，在第35个爱国卫生月暨上海市健康教育周启动仪式上，上海市健康促进中心发布的调查显示，自2008年上海市开展健康素养监测以来，市民健康素养总体水平呈现逐年上升趋势，具备健康素养的市民所占的比例从2008年的6.97%上升至2022年的39.42%，创历史新高并实现15年"连升"。

然而历年来在不同年龄段的人群中，老年人群健康素养水平得分指数和综合指数最低，据2016年公布的数据，2015年上海市60～69岁年龄组具备健康素养的仅为19.65%，45～60岁年龄组次之，具备健康素养的为21.23%，30～45岁年龄组具备健康素养的为31.02%，60～69岁年龄组的老年人健康素养测试所得的平均分最低，属于低健康素养水平。据2022年公布的数据，其中45～54岁年龄组具备健康素养的为37.44%，65～69岁年龄组具备健康素养的为29.41%，尽管老年人群健康素养水平增幅较大，但还是相对较低。

老年人低健康素养主要表现为：一是健康意识较薄弱，对于身体发出的警告不能做出准确的判断，引起足够的重视；二是对于健康的认知存在缺陷，对相关知识和技能的知晓率偏低，不少老人认为"无病即健康"；三是有不利于健康消极的行为，如吸烟、饮酒、滥用抗生素、久坐不起等；四是老人一旦出现健康状况，或是"病急乱投医"，或是漫不经心，如一些老人对待高血压等慢性非传染性疾病不够重视，不能定时测量血压，不能坚持用药等。

低健康素养产生的负面影响不容忽视。低健康素养使老人对疾病的自我管理能力差，医疗资源利用率低，药物治疗依从性差，老年人住院率及死亡率增加。国外有研究表明，低健康素养的住院率是高健康素养的两倍。老年人低健康素养还会影响医患沟通，不能很好地遵从医嘱或自我保健程序，不能有效地利用当今复杂的医疗保健系统，导致个人和国家医疗支出增加。低健康素养老年人容易被伪医学欺骗，一些老年人对于离奇古怪的所谓"新治疗途径"，如"气功治病""绿豆治百病"等深信不疑；他们被某些机构竭力吹嘘的保健品和"神奇"的医疗器械的疗效所忽悠，不惜倾囊购买，上当受骗；甚至有老年人相信邪教组织散布的"信了大法有病不治自愈"的谎言而误入歧途。

上海已步入老龄化社会，并向高龄化社会迈进，更多地关爱老年人群，采取有效措施，加快提升他们的健康素养，对推进上海经济社会的和谐发展有十分重要的意义。

一是针对老年人的特点，以恰当形式开展健康知识教育。在对老年人的健康知识教育中，注意内容和形式上的知识性、科学性、趣味性和通俗性；选择难度、可读性及内容均适宜的、与老年人的学习能力相适应的健康教育材料。针对老年人认知能力下降、生理因素和心理因素的变化，采取多种形式的教育，鼓励老年人及其家属制订健康教育计划，及时评价老年人对健康教育内容的掌握程度，发现问题及时解决，从而提高健康教育质量。

加强对老年人运用网络学习健康知识的辅导，帮助他们在信息和资讯的网络海洋里获取可靠的健康科普知识。

二是学习和实践相结合，提高老年人的健康技能。指导老年人树立正确的健康观念，采取积极的健康行为，针对他们行为和技能素养的缺乏，进行示范性教学，开展相应的技能培训，让老年人参与实践，使他们具备一定的自我护理能力。指导老年人培养良好的个人卫生、饮食、运动等科学合理的行为方式，纠正不良的生活方式。应用现场模拟演练的方法让老年人及其照顾者参与常见慢性病突发状况的急救和处理。鼓励家属对老年人的行为和生活方式进行监督。要了解老年人心理变化的特点，理解他们的心理需求，善于梳理他们的心理问题，排除不良的心理因素，努力提高他们的心理健康水平。

三是开发老年人健康素养评价工具，建立老年人健康素养监测与评价系统。目前对人们的健康素养测定工具主要是成人功能性健康素养测试和成人医学素养评估，这些工具并没有考虑到性别、年龄、文化等因素。老年人是一类特殊的人群，应开发符合老年人专门的健康素养评价工具，着手建立健康素养固定监测点，开展连续、系统的动态监测，完善老年人健康素养监测体系，掌握老年人健康素养水平现状，预测他们的健康素养水平的变化趋势，分析影响他们健康素养的因素，制定干预策略与措施并评价其效果，及时调整政策方向。

四是完善社区医疗护理服务，提高老年人健康素养。健康素养与社区护理服务涉及的预防、保健、医疗、康复、健康教育、计划生育技术服务等六位一体的服务内容密切相关。要依托社区全科医生，让他们成为提高居民健康素养的主力军，在全科医生的培养过程中，设立健康素养模块，牢固树立健康素养的意识。社区医务和护理人员要真正把健康素养这一概念全面引入到社区医疗和护理服务中，形成以健康素养为切入点的工作模式，注重健康知识和健康技能的结合，以提高社区居民，尤其是老年人群的健康素养水平。

五是加快项目实施，吸引更多的老年人参加健康自我管理小组。上海市爱卫办自2007年开始，在社区推广"市民健康自我管理小组项目"，其主要形式是：居委会招募组员、组长，社区卫生服务中心提供健康支持性工具，并在小组活动时进行指导，帮助组员学习健康知识、制订个人健康计划，进行定期交流。调查资料表明，老年人参与健康自我管理小组活动后，在健康知识的"知、信、行"方面都有了明显变化，如慢性病防控的知识和健康素养普遍提升，自我控制和干预疾病的能力不断增强，健康状况和生活质量得到了改善。2019年颁布的《健康上海行动（2019—2030年）》提出，至2022年和2030年，参与健康自我管理小组的人数分别达到85万人和120万人。建议有关部门创造条件，加快行动的实施，吸引更多的居民，尤其是老年人参加。

（孙柳燕）

从胡万林到萧宏慈,为什么"神医"总会有市场

2019 年 12 月 13 日,"拉筋拍打神医"萧宏慈因过失杀人罪,被澳大利亚悉尼东中地区法院判处入狱 10 年。据媒体报道,自称有着名校毕业生、海归、华尔街金融业成功人士、作家、深悟佛道的云游者等多重身份的萧宏慈,44 岁学医,依靠一本 2009 年出版的《医行天下》,到 49 岁时已是享誉全球的"神医"了。然而,眼看他起高楼,眼看他楼塌了,只用了十年的时间,神医,就堕落成杀人犯。

神医的人类学根源

在萧宏慈之前,就有被称为"盖世华佗"的神医胡万林,据说他"医术如神,包治百病",然而他在诊疗中却造成多人死亡,2000 年 9 月,法院一审以他非法行医罪判处有期徒刑 15 年。2013 年胡万林刑满出狱后,重操旧业,22 岁大学生云旭阳服用由胡万林开出的芒硝类"药物"之后死亡。2014 年 11 月,他又以非法行医罪被判处有期徒刑 15 年。

为什么这些来自江湖术士的另类疗法总是会有为数众多的信徒,神医们又是如何在追随者的脑子里注入一个逻辑闭环的?这其实与医学最初的形态和人体的生理病理有关。

医学的目的是解除人类痛苦,而造成人类痛苦的最主要的根源,一个是病,另一个是死。在古人眼里,疾病和死亡都是神秘的,而且这两者密切相关,死亡几乎总是疾病的结果。其他动物面对疾病和死亡似乎只有听之任之,或者仅在面对天敌的捕杀时拼命逃跑,可人类自打攀升至食物链的顶端之后,在自然界就再也没有肉眼可见的天敌了,当古人遭遇病痛时,仍然不甘心坐以待毙,他们试图摆脱病痛,他们要为疾病的产生找到一个解释。

大自然并非有意掩盖疾病的秘密,故意让人类摸不到头绪,只是智慧生命的产生乃是宇宙的奇迹,几百万年以来,动物们一直顺从地生病或死去,可奇怪的是,人类居然要为疾病寻找原因。

他们最初为疾病寻找到的原因是敌对部落恶灵的报复或神祇的惩罚,出于这样的解释,他们采取的治疗措施也只能是神秘主义的巫术或宗教仪式。这个起源就是理解当下一切另类疗法的钥匙。试想,这类神秘疗法,显然比拍打或芒硝更加没有道理,可为什么在长达数千年的时间里,很少有人怀疑这类疗法的效果呢?

按照大多数人的思维惯性,时间顺序上的先后两件事,往往被视为有因果关系,既然治疗在前,疾病好转或痊愈在后,可不就是疾病被治疗好了?其实,疾病好转的原因很多,并不一定就是治疗的结果。

疾病的自限性

野生动物界,并没有专门的医生为它们看病,但也一样繁衍生息至今,难道在它们最终死去或丧命于天敌之口之前,从不生病吗?这当然不可能,疾病是一种普遍存在的生命现象,绝非人类独有,那么这些并没有医学救助手段的动物在生之后是怎么挺过来的呢?靠的是身体的自愈。也就是说,相当一部分疾病是有自限性的,即从起病到病程结束,有一个大致固定的周期,过了这一周期,疾病自然痊愈,即使是一些可能致死的疾病,其病死率也不是百分之百,那些幸而不死的,也是身体自愈。古代的某人如得的是一种自限性疾病,他又恰好接受了某种治疗后身体渐渐康复,他当然会感恩这样的治愈。

在古希腊阿斯克勒庇俄斯(希腊神话中的医神)的神庙,一代又一代被疾病折磨的人满怀希望地来到这里求治,他们在这里虔诚地睡下,神祇在他们的梦里出现,当他们醒来时疾病便已痊愈。

只要治疗的数量足够多,那么总会有治疗效果好的成功案例被记载下来广为流传,而相反,无效的案例则很快被人们忘得一干二净,这种记忆上的选择非常有利于患者的精神心理安慰,以至于数千年来,大部分人对此都毫不怀疑。

甚至在今天,尚未完全退出历史舞台的部分民间医学,仍旧钻了这个空子,让某些对超自然力量有向往的人吃尽了苦头。虽然崇尚科学和理性的人很容易发现这类医学方法的荒谬之处,但也有些人由于欠缺科学的思维方式,尤其在其遭遇复杂疾病时,往往在不同的医学体系之间犹豫不决举棋不定,最后一脚踏空,相信了某个神医,坠入万丈深渊。

安慰剂与狐假虎威效应

安慰剂效应指的是在没有明显的对身体干预的情况下,通过患者的精神力量使症状改善甚至身体痊愈的现象。

仅疾病自限性和安慰剂效应两条原因,其实就足够解释大部分另类医学疗法也能产生足以迷惑众人的所谓"疗效",但在现代社会仍然时不时沉渣泛起的民间疗法已经演化得更加狡猾了。

因此,我们还可以提出第三条原因,狐假虎威——当一套玄妙的治疗方案与正规的治疗同时施加给患者,那么患者的痊愈之功,就很可能会被一起记在两种疗法头上,即使有一种疗法根本没起到积极的作用。萧宏慈这次马失前蹄也许与他居然相信了自家狐假虎威的疗法真正起了作用有关。试想,假如澳大利亚那位罹患1型糖尿病的孩子在接受他的拍打疗法的同时,并未停止正规的胰岛素治疗,那么这个小男孩很可能就不会死。

很多聪明的另类疗法之所以经久不衰,就是因为从业者非常狡猾地将自己实施的疗法定位为辅助手段，不去与主流医学争功，让患者正常接收主流正规的治疗，自己只是乖巧地闷头赚钱而已。这种情况下，利用话术对患者进行暗示，很可能会让患者觉得这样的辅助治疗也改善了治疗结果：多一个治疗方法，多一条活路嘛。可惜，这种患者自以为聪明的做法，却屡屡把患者引向一条死路。

神医致死的必然性

心理学家墨菲（E. A. Murphy）提出，如果有两种或两种以上的方式去做某件事情，而其中一种选择方式将导致灾难，则必定有人会做出这种选择。简言之，如果事情有变坏的可能，不管这种可能性有多小，它总会发生。萧宏慈也好，在他之前的胡万林之流也好，他们的那套理论和方法，本身就不是基于科学的理论提出的，因此从概率上就存在致死的可能，再加上他们本人对疾病的凶险认识有限，面对将死之患者，可能都察觉不到凶险，大量信众的盲从也会使他们这样的治疗者本人变得更加自信，有患者枉死在神医手中就不奇怪了。

法国思想家孔多塞（Condorcet）在《人类精神进步史表纲要》中说："人们仍然保留着自己幼年时的种种偏见，哪怕是在已经认识到了全部必要的足以推翻它们的真理很久以后。"也就是说，早在200多年前，先贤已经意识到了想要改变人们心底的谬见是非常艰难的事。

值得注意的是，胡万林在中国的罪名是非法行医罪，萧宏慈在澳大利亚的罪名是过失杀人罪。另外，根据《悉尼先驱晨报》的报道，在萧案中，那位枉死的小孩的家长也可能被定罪（在中国还没有类似的先例），这种定罪的差异颇耐人寻味。

我们要对社会进步的曲折性有充分的理解，在人类的历史长河中，理性觉醒的时间还很短，医学科学依然有数不清的问题留待解决，很多患者还在被病痛折磨，人群当中仍然有相当一部分对神秘主义的治疗方法有原始的渴求，愚昧的事情短时间内注定不会绝迹，我们对此要有耐心。

当致死性的疾病忽然祸从天降时，很多人原本就储备不足的理性，就会彻底被濒死的恐惧覆盖遮蔽了。从这个意义上来讲，患者向神秘主义求助的做法是值得我们同情的，而我们的医疗系统和医务人员尤其要重视患者的心理因素，因为我们的对手——那些神医们，自古以来就是操弄患者心理的高手。

（李清晨）

李清晨 哈尔滨市儿童医院胸外科医生，业余科普作家，著有《心外传奇》《医生爸爸的365夜》《外科札记》，央视纪录片《手术两百年》策划、文学底本作者 & 联合编剧。

个人感悟 你我皆凡人，大家都有病。

守卫地球上春天的明媚风光

每当春天来临,温柔的阳光和花香鸟语的美景令人赏心悦目。我们居安思危,不由得想起美国海洋生物学家卡森(R. Carson)1962年在《寂静的春天》一书里发出的警告:随着世界工业化进程加快,有害气体和废弃物的大量排放,特别是滴滴涕杀虫剂(DDT)的使用,在速效杀害虫的同时,也杀害了有益于农业生产的多种生物,生态环境遭到严重破坏,人类的安全也遭到威胁。然而政府和有关人士却视而不见和任其发展,如此,生态环境将进一步恶化,一个狰狞的幽灵袭来,人们在春天再也看不见盛开的花朵和听不到鸟儿的歌唱。

卡森

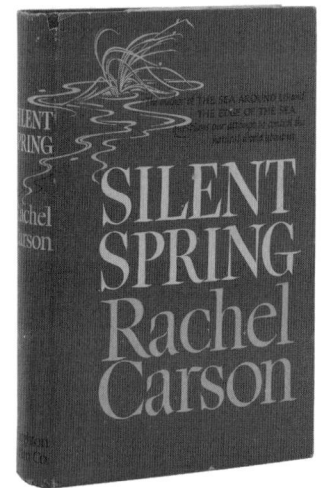
《寂静的春天》

使用滴滴涕的功与过

1939年,瑞士化学家穆勒(P. H. Muler)发现了滴滴涕的杀虫功效。1942年,瑞士开始批量生产滴滴涕并投放市场。时值二战,主要由蚊虫、虱子等传播的斑疹伤寒、疟疾等传染病肆虐战场,医务人员喷洒滴滴涕来消灭蚊虫、虱子,成功阻止了这些传染病的流行,挽救了无数人的生命,穆勒因此获得了1948年诺贝尔生理学或医学奖。滴滴涕杀虫效果好,生产方法简单,价格低廉,在随后的几十年间得以广泛应用,不但能有效地防止传染病,而且使粮食产量得到了很大的提高,缓解了粮食危机。

卡森在《寂静的春天》里揭露了大量使用滴滴涕的危害,引起了轰动。美国成立了总统科学顾问委员会调查此事,证实了卡森的论述不无道理。美国政府开始严密监督滴滴涕的生产与使用,各州推出了一系列法案来限制滴滴涕的生产与使用。1972 年,美国环境保护局正式宣布禁止使用滴滴涕。滴滴涕戴上了"持久性有机污染物"的黑帽子。随后,各国纷纷出台相关法律法规,禁止滴滴涕的生产与使用。我国也于 1983 年正式颁布了滴滴涕的禁令。世界卫生组织计划在 2020 年全球禁止使用滴滴涕。

滴滴涕使用的功与过,生动地体现了科学技术是一把"双刃剑"。科学技术的利用对社会和环境的影响可以是正面的,也可能是负面的。任何时代的科学技术,都是人类认识和实践发展到一定阶段的产物,都是人们对于反映自然规律的相对真理的把握和应用,人类为了自身的需要可以在这种认识和实践的基础上应用具有预期属性的科技成果,但是不可能把这些成果应用以后的全部效应在事先予以穷尽,科学技术应用的积极作用和消极后果,正效应和负效应,总是同时存在的。

科技成果是在限定的社会条件下得以应用的,其带来的社会后果,受制于诸种社会条件和社会关系的影响。科学技术的社会价值反映的是其与社会的关系,价值作为关系范畴,不能离开关系主体的状况,科学技术应用的社会后果,并不单纯取决于科学技术本身,在很大程度上取决于主体的价值取向。爱因斯坦指出:"科学是强有力的工具,怎么用它,究竟是给人类带来幸福还是灾难,全取决人自己,而不取决于工具。"急功近利地过量使用或滥用滴滴涕,造成了极大的危害。

重新启用滴滴涕面临的艰难选择

自滴滴涕被禁止以来,在国际上重新启用滴滴涕的呼吁没有停止过。有研究表明,数十年来大量使用滴滴涕,但少有人中毒的记录,滴滴涕的毒副作用甚至比处方药还小。在 20 世纪 70 年代之前,滴滴涕在抗疟疾中发挥举足轻重的作用。之后随着滴滴涕的禁用,疟疾在亚洲、非洲地区又有卷土重来之势,每年至少有 100 万人死亡。1999 年 3 月,包括 3 名诺贝尔奖获得者在内的 371 位专家联名呼吁,尽快为滴滴涕在抗疟疾上的积极作用正名。2006 年 9 月,世界卫生组织一改 30 年来对滴滴涕的否决态度,称在室内喷滴滴涕是灭虫害防疟疾的有效方法。

人们在是否重新启用滴滴涕上面临艰难的选择。诚然,使用滴滴涕有利有弊,但如能扬长避短,不因它存在弊端而因噎废食,不失为明智的做法。对 20 世纪 70 年代以前滴滴涕的使用的分析表明,当时使用滴滴涕的方法是大面积直接喷洒,约 10% 的滴滴涕喷洒在植物的茎叶表面,而剩余的滴滴涕都进入到了土壤与水流中,这造成了严重的环境污染。如果用合适的方法对作物适量喷洒,可以大大减少对于环境的破坏。在抗疟疾方面,目前还没有在药性和价格上能和滴滴涕相媲美的抗疟药物,世界卫生组织建议采用室内滞留喷洒滴滴涕的方式来控制疟疾:在墙壁或天花板上喷洒少量的滴滴涕

（2克/平方米），由于蚊虫在叮咬人体前后会在墙壁或天花板上停留，滴滴涕可以发挥触杀作用以阻断疟疾的传播，而不伤害人体。

现代科学技术已经成为现实世界重要的组成部分，滴滴涕和无数项科技成果带来了极大的便利，我们不会放弃科学技术带来的各种益处，只能在认识自然和改造自然的不断实践中，逐步增强科学技术的正效益，减弱其负效应，对其进行科学的管理和合理的把控，以最大限度地降低风险并造福人类。

不懈努力守卫地球上明媚的春光

尽管滴滴涕得到了不少有识之士公正和客观的评价，但是并没能摘掉其黑帽子。世界卫生组织推荐的室内滞留喷洒滴滴涕的方法一直未推广，许多国家仍然担心滴滴涕可能会产生负面影响。世界动物基金会"为子孙留下充满生机的地球"而竭力主张全面禁止滴滴涕，而非洲抗疟组织针锋相对呼唤"从疟疾中拯救孩子"，"环保主义者"和"人道主义者"的争论日趋激烈，"人道主义者"据理力争，但非洲国家十分担心滴滴涕的使用会面临西方国家经济援助的减少和贸易制裁的威胁。

在对滴滴涕利用上的认识反复和争论，说明了科学技术成果的社会应用的复杂性，科学技术的真伪、是非和利弊本来就难以判定，再掺杂政治、地缘、贫富和文化等因素就更扑朔迷离。作为"共戴一天"的"地球村村民"的认识如此迥异，价值取向如此不同，而谁也不能明哲保身和兼济天下。对每一项科技成果的应用，怎样公正客观地权衡其利弊和扬长避短？面对全球诸多环境问题和生态危机，"地球村村民"如何达成共识和同舟共济？回答这些问题考验着人类的智慧和行动。要给出满意的答案，必须具有天下为公的情怀，建立正确的科学技术社会价值观，以科学思想（如可持续发展的思想，科学技术与经济社会协调发展的思想等）为指导、弘扬求真求实的科学精神和应用科学方法。看来，要守卫地球上春天的明媚风光任重而道远。

（陈敬全）

实行垃圾分类 "勿以善小而不为"

上海市从 2019 年 7 月 1 日起实行垃圾分类：按一定的标准将垃圾分类储存、分类投放和分类搬运。垃圾分类好处多多，一是节省土地，生活垃圾中至少有 40% 的成分可以回收，这样就可以减少 40% 的土地填埋，随着可回收的比重不断增大，可以节省越来越多的填埋土地；二是减少污染，垃圾中有大量的化学废弃物，通过分类清理后，能避免填埋后发生有毒有害物质的渗漏，减少对环境的污染；三是通过垃圾的分类回收，可以变废为宝，使得废物成为再生资源，力争物尽其用。

我们每个人都是垃圾的制造者，每个人也都是垃圾的受害者，每个人更应当成为垃圾的治理者。我们要树立"垃圾分类从我做起"的理念，积极参与、努力践行，改变"随手扔"，养成"随手分"的好习惯，垃圾分类其实是举手之劳的小事。

我们更需要减少垃圾、从源头上减量，倡导节能降耗的绿色生活方式。节能降耗是建设资源节约型、环境友好型社会的迫切需要，是我国坚持节约资源和保护环境的基本国策，关系人民群众切身利益和中华民族生存发展。习近平总书记在十九大报告中倡导"简约适度、绿色低碳的生活方式，反对奢侈浪费和不合理消费，开展创建节约型机关、绿色家庭、绿色学校、绿色社区和绿色出行等行动"。

上海市实行垃圾分类

实行垃圾分类宣传画　　　　　　　　上海市生活垃圾分类知识读本

选择科学合理、节能降耗、简约适度的绿色低碳生活方式，我们可以从衣、食、住、行等日常行为着手。我们留心观察生活，就会发现减少垃圾、节能减排不一定需要深奥的知识和复杂的操作，对大多数人而言，有时仅仅是举手之劳，就已经在践行绿色生活方式了。衣：选购天然棉、麻等材质的衣服；按衣服面料的标识来购衣及保养衣服，以延长衣服的寿命；衣物量合适，旧衣改制后新穿。食：多选用本地和当季蔬果；多在家烹煮，外出用餐食量恰到好处，做"光盘族"；不用一次性筷子和一次性纸杯。住：住房面积不求过大；装修简朴、环保，不求豪华；使用节水型洁具，循环用水；少用空调多开窗，空调温度冬天调低一点，夏天调高一点；使用节能灯，随手关灯、拔插头。行：出门少乘电梯、多走楼梯；多走路或骑自行车，多坐地铁和公交车；少开汽车，开车行驶速度不要过快。

举手之劳，是"善小"，但不少人往往不重视"善小"——"善小而不为"。我们经常抱怨垃圾围城，抱怨资源的浪费和环境的恶化，却很少意识到这背后也有自己的责任；我们都知道建设资源节约型、环境友好型社会是件"大事"，却偏偏忽略了那些可以减少奢侈浪费且随手可做的"小事"。

然而，"善小"蕴藏着巨大的正能量。积"小善"可以成"大善"，生活中好多事物都是聚小成大、积少成多、由量变到质变的。庄子云："物类之起，必有所始。积土成山，积水成渊。"荀子曰："不积跬步无以至千里，不积小流无以成江海。"老子曰："为无为，事无事，味无味。大小多少，报怨以德。图难于其易，为大于其细。天下难事必作于易，天下大事必作于细。"

我国每年消耗一次性筷子近500亿双，消耗林木资源近500万立方米。一棵直径约20厘米的树，仅能制成3 000～4 000双一次性筷子，我们一年要"吃掉"约1 500万棵树。如果我国14亿人每人少用一双一次性筷子，就可以挽救约40万棵生长20年的大树。以每棵树每年可减排二氧化碳15千克计算，每年可减排二氧化碳6 000吨。

目前我国每生产1吨纸就要耗费20棵大树、100立方米水。如果每人每天节约一张纸，全国每天就可以节约2 700吨纸、27万吨水，这相当于保护了54 000棵大树和一个中型水库。回收一吨废纸能生产800千克的再生纸，可以少砍17棵大树。

一件普通的衣服，从原料到成衣、再到遗弃，都要消耗能源、排放二氧化碳。在保证生活需要的前提下，每人每年少买一件衣服可节能约2.5千克标准煤，相应减排二氧化碳6.4千克。如果全国每年有2 500万人做到这一点，一年就可以节能约6.25万吨标准煤，减排二氧化碳16万吨。

如果每月用手洗衣服代替一次机洗，每台洗衣机每年可节能约1.4千克标准煤。如果全国1.9亿台洗衣机都因此每月少用一次，那么每年可节能约26万吨标准煤，减排二氧化碳68.4万吨。

开车出门，每公里路就大约会排放0.22千克的二氧化碳。有车族每月少开一天，每车每年可节油约44升，相应减排二氧化碳98千克，全国减排二氧化碳近12 000万吨。

如果全国的照明灯具全部改换成节能灯，那么全国一年可节电约300亿千瓦时，折合节约300亿千克煤炭。

让我们积极行动起来，自觉做到"勿以恶小而为之，勿以善小而不为"，从日常生活的"善小"做起，使垃圾分类、减少垃圾产出和利用垃圾资源，节能降耗成为时尚追求和生活习惯，形成文明健康的生活风尚；使可持续发展的思想更深入人心，并付诸于实际行动；推进生态环境与经济社会的协调发展，遵循发展循环经济的"3R"原则：以资源投入最小化为目标的"减量化"原则（Reduce）、以废物利用最大化为目标的"资源化"原则（Reuse）、以污染排放最小化为目标的"无害化"原则（Recycle），早日完成建设资源节约型、环境友好型的现代文明社会的宏伟大业。

（周德红　陈敬全）

小议微信朋友圈对科研群体的影响

随着手机的普及，加入微信朋友圈的人越来越多。

朋友圈的心理学是值得研究的。浏览朋友圈搅动着观看者的心绪，观看者也会转身积极地成为发布者、表演者和"成功者"。朋友圈造成了幻觉：每个人的生活看来都是那么丰富多彩，而且时时刻刻都是丰富多彩的。这个幻觉是错觉，原因很简单：每个人在不同的时刻发一条信息到朋友圈，观众的时间就会被内容丰富多彩的朋友圈所填满。但他来不及用理智思考一下，其实想一下就知道：并不是每个人的每个时刻都如朋友圈发布的那样丰富多彩，这只是所有人合并在一起给观众带来的错觉而已。而理智之所以来不及思考，也很简单，是因为情绪和感觉已经先于理智发生了作用——它们与浏览的行为同时发生。

当人们习惯于浏览朋友圈，会产生两个结果。第一，情绪与心理被朋友圈所影响乃至控制；第二，学会用一种文艺的视角审视生活点滴，捕捉日常生活中的画面或心理，发布到朋友圈与人分享，期待点赞与评论。

朋友圈影响到观看者心理的因素众多，如加入朋友圈的是什么样的朋友，转发什么消息，发布哪些内容，这些内容有什么样的特点，等等。

一般来说，除了极富个性（内心感悟等）或生活性娱乐性（俗称"晒玩""晒娃""晒吃"等）的内容外，转发与专业领域相关的新闻报道、研究成果等也是朋友圈内容的一个重要方面。特别是对科研群体来说，发布自己的研究成果和科研活动等也成为朋友圈的一大功能。所以，朋友圈充分行使了作为"自媒体"平台的广告、宣传、展示和推广作用。

对于科研群体的朋友圈来说，自媒体的传播方式和速度无疑大大提升了研究者接收最新科研成果的效率和范围，为科学研究的发展提供了更好的条件和渠道。但必须承认，这一新型媒体平台也为科研带来了一种颇为隐蔽的弊端，尤其是对人文类学科而言。这一弊端与前述的心理影响有关。

就像前面所分析的，当不同的人在不同的时间发布各自的精彩生活，就很容易给观看者带来"瞧，所有人都过着丰富多彩的生活！"这样的错觉。如果观看者是比较理性并且心态积极的人，那么，他对此不会有太多不良的心理反应，他还会将朋友圈所见的比较令其心动的、有价值的内容纳入他自己的计划列表中。这样，他就能充分利用朋友圈这一自媒体平台获取有用信息以丰富自己的生活。然而，朋友圈毕竟不是传统的媒体平台，不是单纯的广告平台。后者与观看者鲜有社会关系的联结，只提供纯粹的消费信息。朋友圈却不然，它除了提供实用信息外，还使得观看者加入到有或密切或不那么密切的社会关系联结的人群中，这就注定了观看者观看时的心态很容易发生波动，前两年的网络用语"羡慕嫉妒恨"非常形象地表达了观看者可能产生的这种复杂心态。

朋友圈对科研群体（尤其是人文类学科）会造成负面影响，其道理是一致的。因为观看者在一时之间接收到的科研成果信息太过密集，以至于产生一种错觉，以为所有的同行正在快速产出科研成果。而这种错觉一般会产生两种结果，一种结果是观看者产生了前所未有的紧迫感，于是利用自媒体平台获取的最新成果，加紧自己的研究，也以比以往更高的效率产出科研成果，发布于自媒体平台。另一种结果则是由这种错觉而产生了前所未有的压力乃至于焦虑情绪，打乱了以往正常的研究节奏。这两种结果，许多人都以为前一个是积极的、好的；而第二个是消极的、不好的，但这只是发生在那些素质比较差，或者喜欢给自己找借口的人身上，这样的人在科研群体中显然为数不多，所以，第二种结果也就是个别的、偶然的。

事实上，恰恰是第一种被认为积极的、好的结果，可能更具危害性，因为它更具隐蔽性或欺骗性。那么，为什么更高的科研效率、更多的科研成果，反而是一种危害呢？这当然与科研，尤其是人文类学科的研究特点与规律有密切关系。人文类学科（很大程度上也包含社会科学）比起自然科学的研究，更需要时间的积累与沉淀，才能产生深刻的思想和洞见。如果在自媒体平台技术的推动下，营造出了一种热闹非凡、你追我赶的态势，那么，这种态势很难说不是一种假象，而其真相则是研究者在紧迫感的促使下不得不随波逐流、人云亦云、浅尝辄止甚至粗制滥造，最终为学术研究添加了一个个泡沫而已。

或许有人会说，哪怕表面上浮着很多泡沫，但底下终归有"干货"，成果的基数大了，从概率的角度来猜测，"干货"的数量也不见得会更少。所以，总体上还不能看成是有害的吧？的确，如果我们只计算有价值的成果的数量，很难说这个数量是更小了，但更紧要的问题是，如果整个科学研究界的氛围是异常紧张、急躁、冒进的，那么，科研的生态环境就发生了变化，在这时候仅仅拿有价值的成果的数量来衡量就是狭隘的。

（徐志宏）

直面网络世界对青少年教育的挑战

iPad（平板电脑）相当普及了，连孩子都人手一件。以前，我看到自己的孩子面前摆着 iPad，心里就本能地不舒服，焦虑，老想提醒她一下，或者旁敲侧击，说点大道理给她听。尽管我非常清楚自己作为家长的这种行为有多么愚蠢，可是控制不住自己的情绪和冲动。寒假里的某一天，我趁有空做了一个实验：在孩子的身后静静地观察她是怎么玩 iPad 的，我不说话，也不干预她。

就在并不算太长的十多分钟时间里，我发现她做了两件事：刷朋友圈和打游戏。她刷朋友圈不快，慢慢地、安静地一张一张图片点开，看两秒，关上，一条一条评论看过来，再自己写评论或者点赞。从我的角度看过去，她的朋友圈内容丰富，比我的丰富多了，显然她加的好友非常多，屏蔽的却很少。另外，她的朋友圈以图片居多，因为几乎不见她有机会点开一个文档看，这大概是她们这一代的特点吧——喜欢随手拍摄，喜欢随手上传？随后她开始玩，游戏是和同学一起玩的联网游戏，和我以前最多玩的连连看不同，画面和情节都丰富和复杂得多。看起来她们都已经习惯了这样的游戏方式，玩的时候有很自在的感觉。大概一局游戏过后，我发现她的 iPad 上的画面又切换到了朋友圈，继而小视频……

通过观察，我发现她的心思是非常不安分，很难只专注于一件事的。其实现在无论是孩子还是成人，都专注于一个手机或 iPad，但几乎没有人能够专注于其中的某一项内容：你能专注于网购，专注于点外卖，专注于玩一个游戏，专注于刷朋友圈，专注于聊天（甚至是只和某一个人聊天，排除热恋中这种特殊情形），专注于刷头条吗？也就是说，我们只是通过一个入口（手机或 iPad）进入网络世界，然后花费所有的时间（因为进入这个世界之后，人会失去时间意识）去漫游、晃荡，看热闹，无所事事。

为什么这个世界令人失去时间意识呢？因为，第一，这个世界没有边界；第二，这个世界没有摩擦力（阻力）；第三，这个世界的内容是无限的。所以，你会发现，当你的网速变慢变卡乃至于断网时，你就回到有时间维度的现实世界了；或者，你点开一个链接，但显示内容不可见时，你也回到有时间维度的现实世界了；如此等等。所以，现实世界不同于网络世界的地方，正在于其有限性、边界性和摩擦力（阻力）——概言之，感性（实践）。

孩子必定知道我在她后面静静地观察她，然而她并不回避什么。现在的孩子表现得如此"坦然"，我感到有些惊讶。什么叫坦然呢？就是说，只要我没有正式地提请她放下手中的娱乐项目开始做功课，她就会怡然自得地一直沉浸在她的各种娱乐项目中，或者是一局游戏，或者是抖音，或者是微信，或者是真人秀节目，或者是电影……而且只要是有弹幕，她必定打开弹幕，一条一条点赞（可见一颗颗红色爱心飞出）——这一行为是我不能理解的。所以说，现在的孩子，作为互联网的原住民（至少也是资深老网民），他们在网上冲浪时的心态是坦然的，绝无我们这些"半路出家人"的纠结和惶恐：什么浪费时间浪费生命、不务正业、玩物丧志之类的价值观忧虑。对他们来说，这只是生活的一部分，只是喜欢做的一部分生活内容，和价值无关（即便有关，那也应该是正向价值，因为这是她喜欢的东西）。就像吃饭睡觉，你说这些事是有道德的还是不道德的，有意义的还是无意义的？所以这类问题对他们来说几乎是伪问题，本身就没有意义，可能在他们心目中，这就是父母为了让他们腾出时间来学习的借口而已。

网络的世界，在网络中生活，对互联网原住民来说就是自然界，就是自然的，这难道不就是"原住民"的题中之义吗？所以，对他们来说，这是一种更自然的生活方式，更亲近的生活内容。相反，进课堂上课和打开书本看书这样的行为是更违背自然的，更古怪，就像生活在现代的贵族家庭一定要让子女学习古希腊文、拉丁文一样。他们看不到这些被成年人和社会、教育体系赋予了更高价值的奇怪的要求有何合理性，真实目的何在，他们既直观不到，也难以推理出来。

"读书无用论"卷土重来，今日的无用论和20世纪八九十年代因改革开放而泛起的无用论貌似相同，但在本质是不同的。今日的"读书无用"是因为整个的书本、印刷时代和与之相应的学校教育体系都受到了被颠覆的威胁。这甚至是整个人类生存、生活方式的改弦更张，未来将发生如何的巨变还真的难以预料。

随着越来越多的人应用手机和iPad，可见的急剧变化至少有二：一是意义世界急剧变化——但不能简单地概括为意义的丧失，因为在一定程度或者某些层面上，普通个体对意义的需求甚至是大大增强了，如广受欢迎的发朋友圈行为就在相当程度上成为普通人对追求生活意义的满足（海德格尔所谓"形而上学的完成"）；二是身体调动方式的急剧变化——以五官感觉为代表的五感迅速塌缩为视觉和听觉（屏幕＋耳机的感觉模式）。

在寒假里偶一为之的对孩子进行的观察实验使我受益匪浅：现在的孩子太值得仔细观察了，因为他们向我们展现着未来的世界，无论我们能不能接受。当然，面对网络世界对青少年教育提出的严峻挑战，教育者如何教育以及父母如何引导青少年也就具有深远的意义了。

（徐志宏）

别删除了孩子的好奇心

我家娃儿三四岁学习说话时,我们给她听儿歌《小星星》(*The Star*)。网上下载的儿歌有中英文两个版本。作为科学编辑,我自认对文字还是比较敏感的。听着听着,我发现了一个问题,英文儿歌一句歌词在中文本版里丢失了。儿歌《小星星》的主要歌词的两个版本如下:

> Twinkle, twinkle, little star,
> 一闪一闪小星星,
> How I wonder what you are.
> 我多么想知道你是什么。
> Up above the world so high,
> 高高悬挂在世界之上,
> Like a diamond in the sky.
> 好像天上的一颗宝石。
> Twinkle, twinkle, little star.
> 一闪一闪小星星,
> How I wonder what you are.
> 我多么想知道你是什么。

中文版歌词:

> 一闪一闪亮晶晶,
> 满天都是小星星。
> 挂在天上放光明,
> 好像许多小眼睛。
> 一闪一闪亮晶晶,
> 满天都是小星星。

英文版里"How I wonder what you are."这句歌词所体现的"我多么想知道你是什么"的意思,在中文版里完全消失了。英文版儿歌在歌词提里出了一个非常重要的科学问题:星星究竟是什么?删除这句话之后,中文版儿歌仅仅剩下了对夜空繁星的场景描述。

我查了一下资料,这首儿歌来自19世纪初英国女诗人兼小说家泰勒(J. Taylor)和她姐姐编写的歌词集《摇篮曲》。在 200 多年前，为什么一首英文儿歌的歌词里会写下"我多么想知道星星是什么"这样看起来遥不可及甚至有点儿幼稚荒诞的问题呢？如果重温一下科学史，就能品出不一样的味道来。

诚然，19 世纪初即 200 多年前，科学家并不了解那些闪烁的小行星，那时大多数天文学家在关注太阳系内天体的研究，为发现新的行星、小行星，为得到精确计算行星轨道的方法激动不已。例如，英国天文学家赫歇尔（F. W. Herschel）在 1781 年发现了天王星；意大利天文学家皮亚齐（G. Piazzi）于 1801 年元旦发现了第一颗小行星；法国天文学家和数学家拉普拉斯（P. S. M Laplace）在探究太阳系的形成，醉心写作《天体力学》。

对于满天星斗，天文学家通过当时最好的望远镜也只能看到一些暗淡的小星点儿，还未找到研究恒星本质的方法。甚至法国哲学家孔德（A. Comte）在 1842 年出版的《实证哲学》中说过这样令人沮丧的话："我们永远不可能了解它们的内部结构……我们也不可能了解它们的大气层如何吸收热量。"他的依据就是，恒星、行星都离得太远了，用望远镜都看不到什么细节。

哲学家的否定却让我们看到了硬币的另一面，那就是天文学家和哲学家都认真严肃地看待了"小星星究竟是什么"这样一个看似幼稚的科学问题。这个问题还没有答案，科学家的使命，恰恰就是要去研究和解决未解之谜。为了解决这个问题，科学家必须调动所能找到的知识和考察方法。正因如此，"星星是什么"这样长久以来困惑科学家们的问题，才能逐步渗入到社会上，甚至反映在一首儿歌里。

所以在中文版本中被删掉的那句话，并不是一个无足轻重的问题，而是人类从古至今都关心的一个科学问题，表达了非常强烈的问题意识，传达的是人类从文明之初就有的好奇心。好奇心是科学发展的推动力，而对星空的好奇，无疑是所有好奇心中最具魅力的。正是由于这种好奇心，一代又一代科学家努力发展科学工具，探索宇宙微弱星光里隐藏的秘密。《小星星》里的这个问题，从某种意义上来说，是这首儿歌的灵魂。

当中文版儿歌把这个问题删除之后，留下的只是对现象的描述。对科学发展而言，正如爱因斯坦所说的，提出一个好的问题，比找到一个正确答案更为重要。因为一个好的问题能激起人们进行探索的渴望，甚至引领一个研究领域发展的方向，进而塑造社会文化。

更有意思的是，在《小星星》儿歌写成前后那段时间，天文学家对星星的理解，正在悄悄地取得关键性进展。1814 年，德国物理学家夫琅和费（J. von Fraunhofer）指出太阳光谱中分布着的许多条暗线，这是此前牛顿都没有看到过的。再过了 50 年，德国物理学家基尔霍夫（G. R. Kirchhoff）和本生（R. W. Bunsen）在实验室里用各种材料燃烧火焰，发现了光谱线与物质元素组成之间有着严格的对应关系，从而发展了光谱化学分析方法。英国科学家赫金斯（W. Huggins）发现太阳和恒星光谱跟实验室里气体光谱可以对应起来，因此推断太阳和恒星也是由地球上同样的物质组成，而不是古人想象的神奇物质。

1938年，德国物理学家贝特（H. Bethe）找到了在太阳和恒星里由氢聚变为氦的两种路径，从而揭开了太阳发光之谜。到了1957年。英国天文学家霍伊尔（F. Hoyle）和同事发现了大质量恒星的燃烧机制。这两项工作都获得了诺贝尔物理学奖。

从《小星星》儿歌里的"星星是什么"算起，到20世纪科学家用量子力学和相对论解释"恒星发光机制"，其间至少历经一个半世纪、好几代人。笔者个人觉得，《小星星》这首儿歌实际上就是对科学事业发展的描绘。科学家，正是永远保持像儿童一样好奇心的人，他们对未知问题的探索永远不会停止。

今天，我们正面临科教兴国的重任，小学一年级就开设了科学课程。然而，对科学教育来说，最重要的或许并不是传授具体的知识，而是要让孩子们保持对大自然的好奇心，在教师指导下积极探索未解之谜。立足于这一点，我们需要重新体会中英文两个版本《小星星》儿歌所传递的差异和启示。

（孙正凡）

崇尚科学，抵制邪教，构建和谐校园

2019年6月27日，由上海市反邪教协会主办的市防范邪教宣传月活动在浦东新区一所小学里举行。主办方给同学们播放了反邪教动画短片，请专家给学生们做"提高警惕，识别和抵制邪教"科普讲座，向师生赠送《"小无邪"反邪教》口袋书。宣传活动得到了同学们的积极响应，同学们在"对邪教说'不'！"签名板上踊跃签名。

在校园里倡导青少年崇尚科学，开展识别和抵制邪教的教育很有必要。

值得我们注意的是，当今一些邪教组织改变策略，他们把传教的重点对象由中老年人和弱势群体转移到青少年身上来。邪教势力向校园渗透，其魔爪已经伸向青少年，他

"提高警惕，识别和抵制邪教"科普讲座

向小学生赠送口袋书

小学生在签名板上踊跃签名

们试图与我们争夺青少年一代的斗争已经展开。

邪教组织有其阴险的目的，青少年是国家和民族的希望与未来，"青年兴，则国兴；青年强，则国强"。他们积极物色邪教的接班人，使邪教一代代往下传，与我们争夺未来，使国家和民族的希望破灭。2014年5月在山东招远发生了震惊全国的"全能神"邪教成员故意杀人案件，在6名罪犯中，最小的是只有12岁的男孩。

青少年不会主动接近邪教组织。自1999年我国公开取缔"法轮功"邪教组织以来，邪教组织改变策略、变化手法，通过诡秘的活动，四处寻找机会，进行图谋不轨的传教。他们利用青少年社会认知力弱、判别是非的能力较差、心理承受挫折力不强、世界观价值观尚未确立等特征，采取各种手段蛊惑诱骗青少年，使他们潜移默化接受邪教歪理邪说。

邪教组织利用青少年对科学的崇拜，滥用科学术语把邪教教义伪装成科学学说，用伪科学掩盖反科学的本质，甚至吹嘘为超越现代科学的"超科学"，骗取青少年的信任和敬畏。

邪教组织打着"强身健体、包治百病"的旗号，用以蒙蔽成员。一些青少年"尚武"，迷恋"功夫"，喜欢尝试各种强身健体活动。他们痴迷"学法"或"练功"，而误入邪教组织。

邪教组织以"法力无边论"迷惑青少年。邪教教主神化自己为万能的"神"，具有无边的法力和神力。诱使青少年对教主盲目崇拜，希望借助"法力""神力"来化解学习的压力和困难。如"法轮功"宣扬默念"法轮大法好"，就能在考试中取得好成绩。一些学生被蛊惑诱骗，深陷其中无法自拔。

邪教教主利用青少年对于超自然力量、飞碟和外星文明幻想故事的好奇和浓厚兴趣，编造自己具有特异功能，是"外星人降世"等谎言，使青少年对其顶礼膜拜，盲目追随。

邪教组织散布"世界末日论"恐吓青少年。他们大肆宣传"世界末日论"，制造恐慌，扰乱社会秩序。青少年学习压力大，抗压能力较低，遇到挫折困难时易产生悲观厌世情绪，对人生感到恐惧，对未来缺少信心，为躲避"末日"寻找"超能"世界而投身邪教组织。

邪教组织利用家庭成员影响青少年。在邪教组织成员中不乏夫妻、父母子女、兄弟姐妹等家庭成员之间相互传教，先后痴迷的事例。在信邪的家庭中，青少年因亲情和血缘关系消除了自警、自悟、自醒的自觉性，他们对邪教从被动接受，到思想认同和行为默许，一些学生放弃学业，追随家人参与各种邪教活动，甚至跟着家人为升入"法轮功"宣传的"天国"以求"圆满"而轻生。

值得警惕的是邪教组织利用高科技手段来传教。他们借用网络独有的适时在线、快捷方便，特别是虚拟隐身、监控受限的特点，频繁发送带有"邪毒"的短信、微信、博客、QQ留言、E-mail、电子声像等。而从互联网和手机上获取、发布和交流信息，利用互联网进行社交活动已成为青少年生活的重要组成部分，这就给邪教组织以可乘之机。

在校园里加强对青少年防范抵御邪教的教育刻不容缓。

教导青少年树立远大的理想、坚定社会主义事业信念，把社会主义核心价值观融化在心灵、体现在行动中。青少年心系祖国和人民，把个人的抱负同全民族的共同理想统一起来，以获得强大的前进动力。他们坚信建设有中国特色的社会主义是祖国走向繁荣富强的正确道路，能保持正确的人生航向，不受邪教的诱惑误入歧途。

教育青少年树立科学世界观，学习"四科"，提高科学素质。科学的发展对人们认识世界和改造世界起了重要作用。科学是科学知识、科学方法、科学思想和科学精神（"四科"）等诸多要素的总和，是对世界的一种认识，这就形成了科学世界观。学习科学知识，可以开启心智，识破邪教"超科学"的假面目和认清邪教反科学的本质，用科学的真知灼见战胜迷信和愚昧。学习科学思想，了解自然界和人类社会的物质本性、运动和变化规律，帮助他们树立辩证唯物主义的世界观人生观。学习科学方法，帮助他们在学习和生活中遇到问题时找到问题的答案和解决问题切实可行的方案，唾弃邪教所谓的"法力""神力"。学习科学精神，做到实事求是，能有效地防范伪科学，因为伪科学是最怕求真求实的。

要针对青少年的个体差异性，有针对性地开展心理教育，注意发挥心理疏导的作用，引导他们培养良好的心态和健全的人格，自觉抵制邪教组织对他们的侵袭。通过心理咨询、个别谈心等多种形式的心理辅导活动，帮助青少年正确地认识自己和周围环境，克服成长中的诸多障碍，培养青少年健康的个性心理素质和健全的人格。

教会青少年识别邪教，要他们牢记：让你放弃了工作和学业去信"神"的是邪教；宣扬"世界末日"，只有信教主才能得救的是邪教；鼓吹入了"教"能治病、能消灾避难的是邪教；等等。教会他们机智地抵制邪教的方法，如上网冲浪或在手机上发现邪教组织散布的信息不看、不听、不信、不传播；发现邪教组织在进行违法犯罪活动，发E-mail给反邪教网站或及时拨打报警电话110，等等。

搞好宣传教育，在校园里营造反邪教氛围。如利用科普画廊、科普展箱等文化设施对青少年进行识别抵制邪教活动的宣传；举办反邪教挂图展览，发放反邪教宣传品；开展"崇尚科学、反对邪教"有奖征文活动和签名倡议活动等。加强网上交流渠道，防范邪教侵入网络，让揭批邪教的内容上网络、入网页。

市反邪教协会举办的这次活动受到了全校师生的热烈欢迎，同学们受到了一次深刻的教育。他们纷纷表示，要提高警惕、擦亮眼睛、识别邪教，坚决抵制邪教。崇尚科学，努力学习，做合格的革命事业接班人。

（韩　蕊　陈敬全）

警惕借"世界末日"之题过分发挥

不久前，科幻电影《流浪地球》热映。影片讲述了惊心动魄的故事：太阳急速衰老膨胀，短期内地球将被太阳所吞没。人类为了逃脱"世界末日"来临的厄运，实施了"流浪地球"的大胆计划：在地球表面建造上万台发动机，推动地球离开太阳系，用 2 500 年的时间奔向另一个栖息之地。

近年来，以"世界末日"为题材的作品不断面世，激发起人们的浓厚兴趣，并引导人们做深入的思考。

科幻电影《流浪地球》海报

灾难片《2012》海报

"世界末日"与地球劫难

"末日"的观念可以溯源于古代神话。据说，古罗马国王罗慕路斯（Romulus）曾经看到 12 只鹰出现在天空，12 被理解为代表罗马国运的神秘数字，一只鹰代表 10 年，由此推算出罗慕路斯所创建的罗马城会在落成后第 120 年灭亡。玛雅神学中传世界由 5 个太阳时代组成，预言第五个太阳纪的时间结束是 2012 年 12 月 21 日，以后这一天被传为"世界末日"。

宗教意义上的末日是指"世界末日"，亦即地球文明的寿终正寝，像基督教关于基督再临、末日审判、世界终结的预言就是如此。

科学意义上的"世界末日"是指人类社会灭亡或宇宙系统崩溃，它到来的原因或征兆为：地轴偏移；小行星冲击；太阳演化历经主序星阶段后膨胀成红巨星、使地球过热甚至被吞噬；超新星爆发；宇宙大撕裂或者大坍塌；等等。在万物有始必有终的意义上，任何一个具体的世界都有末日，即使是宇宙，也有对应于开端的大爆炸和对应于终结的大坍塌。当然，人类所关注的世界实际上是以自己生于斯、长于斯的地球为基点的，因此，所谓"世界末日"往往是地球劫难的同义语。

对"世界末日"的过度渲染

以"世界末日"为题材的不少作品是将末日伦理置于与科技相关的假定条件下加以考察，以求激发观众对于深重危机的成因、消弭危机的可能性和方法的思考，在一定程度上矫正了人们的生态自然观念，有利于人们重新审视改造和利用自然的行为，注意滥用科技带来的负面效应，善待人类自己的家园——地球。借用末日情境拷问人性、人情和为人处世的基本准则。平时生活中不容易碰到的大是大非因为末日情境而豁显，人物命运的大起大落惊心动魄，通过危机化解而显示的大慈大悲发人深省。《流浪地球》中体现的中国亲情观念、英雄情怀、奉献精神、故土情结和国际合作理念，扣人心弦，感人至深。

然而对"世界末日"的过度渲染（在2012年此类题材的电影就多达十几部）也造成了负面影响：使人们从对生命的敬畏到对命运的把握感觉无力，造成人们心理扭曲，直接或间接地影响人们对生活的观念。有人开始对生活失去信心，疯狂购物、挥霍钱财；有些人报复社会，做出有损于社会公德、伦理道德的事情，危害他人的生命财产安全。末日恐慌像脱了线的风筝，飘荡在世界各地的上空，造成了社会的动荡和混乱，如英国出现囤积食物现象；美国有超过三成的人认为极端天气是"世界末日"的表现而惶惶不可终日；法国比利牛斯山脚的一个村庄因被盛传是末日时唯一能幸存之处，导致民众大量涌入；中国有些地方出现抢购蜡烛、桶装水等现象；如此等等。一些利欲熏心的不良商家抓住"世界末日"的难得商机，推出千奇百怪的"末日类商品"如"末日避难背包""诺亚方舟船票"等，大肆敛财。

警惕邪教组织惯用的伎俩

必须警惕的是，借"世界末日"之题过分发挥是邪教组织惯用的伎俩。邪教组织盗用基督教的名义散布异端邪说，利用"世界末日"来忽悠信徒。

邪教组织的头目大肆宣扬"世界末日"的来临。国内某邪教的头目宣称"地球即将毁灭，每年都有大灾难：饥荒、地震、战争等，这些都是末日来临前的先兆。"另一邪教头目散布"末世即将来临，人类面对大劫难，地球即将爆炸"的谎言欺骗世人。他们制造的恐慌气氛使信徒惶惶不可终日，对生命的忧虑和对死亡的恐惧使信徒思想混乱，失去思考问题的能力，对邪教的歪理邪说言听计从；恐惧使他们万念俱灰，放弃生产及正常的生活。

邪教组织的头目自称是"耶稣的化身""神的仆人",他们"具有神力可以延迟地球爆炸的时间",只有跟随他们才能免于末日劫难,升入天堂,否则将下地狱,借此对信徒加强精神控制,使他们狂热盲从。

邪教组织的头目借"世界末日"大肆敛财,诱骗信徒把自己的家产全部捐出,说"有善心方能渡过'世界末日'"。他们推出种种避难消灾的套路,变相威逼信徒拿出钱来求消灾买平安,推销"避灾法器""末日船票"和种种"逃生"用品等大发不义之财。

邪教组织一旦受到社会的谴责、政府的查处,教主感到其"神"的地位受到威胁,便铤而走险,以"世界末日"来临为号召,煽动信徒结成反社会的群体,激烈反抗社会,围攻政府机关、暴力相抗,以自杀、枪战、放毒等疯狂手段以加速"世界末日"的到来,造成极大的社会危害。

揭穿"世界末日"的谎言

借"世界末日"之题发挥的作品还会不断出现,我们在引导公众从中得到警示和有益启发的同时,也要积极消除对"世界末日"的过度渲染造成的负面效应。

向公众普及宇宙、星系、太阳和地球演化的知识,宣传"自然界是运动变化的"科学思想,明确宇宙间万事万物皆有生有灭,从诞生到衰亡是一个自然过程。弘扬求真务实的科学精神,倡导理性思维:认为事物的发展是合乎其内在逻辑或自然法则的,而不是某种神意、伟人意志或偶然变故的组合。非理性思维对异种族、异教徒、异文明、异文化掌权极端恐惧,对宗教经典或文化经典穿凿附会,盲目相信天意、神意、灵异、偶然性或个人意志,在社会矛盾难以调和时的踢天踏地、悲观失望,非理性思维是信奉"世界末日"的思想根基之一。

对有末日心理与末日情结的人群进行心理疏导,他们大多心理承受能力和自我意识较弱,随着社会生活节奏的加快与工作压力增大,缺乏足够的安全感,在内心产生逃离现实回归自然的心理暗示,怀有末日情结。要引导他们在工作和生活中加强各方面素质的培养,增强心理素质、心理承受能力和安全感,避免心理恐慌和不理智的行为。

提醒公众提高警惕,擦亮眼睛,戳穿邪教组织散布的"世界末日"谎言。邪教肆意歪曲宗教"世界末日"的概念:宗教宣扬虚幻的末世论,将"世界末日"置于遥远的未来,没有具体的日期;而邪教渲染即将到来的有具体日期的末世论,但他们的预言无一实现,在每个"世界末日",地球照样转动,人类的生活依旧。认清在他们谎言背后的目的是蛊惑蒙骗他人,发展控制成员,危害社会,引导公众识别邪教、抵制邪教、远离邪教。

(韩 蕊)

从"认知失调理论"视角理性地看待灾难说

2020年(庚子年)见证了不少灾难:澳大利亚森林大火、非洲蝗虫入侵、新冠疫情蔓延,我国南方洪灾频发、唐山发生"迟到"40多年的大地震余震,等等。

关于"庚子年必多灾多难"的谣言

一些人宣扬"庚子年必多灾多难"。他们罗列了60年一遇的庚子年发生的事件,如在1840年发生了第一次鸦片战争,在1900年八国联军入侵北京,在1960年全国发生了严重的自然灾害,等等。他们散布似有"科学依据"的谣言,如有人说,每到庚子年,太阳、地球、木星、土星和银核位于一条线(五珠连线),扰乱了地球引力场和磁场,导致太阳风和等离子流更强烈地扑向地球,影响了地球上的气流和水流,使得地球上各种灾害频发。

然而天文学观测告诉我们,土木地三星确实会周期性地位于太阳与银核之间形成五珠连线,周期接近60年,每次会维持一个月左右,且都发生在6月。在2019年6月曾出现五珠连线,但是在2020年6月并没有连续出现这一现象,在这个月,地球重新回到银日线附近区域时,土星和木星已经离开。另外,根据万有引力定律计算,五珠连线对于地球作用力的改变微乎其微,不会扰乱地球的引力场和磁场。

必须警惕的是,一些邪教组织也在借"庚子年多灾难"的言论兴风作浪。他们扬言"疫情凶猛、在劫难逃",宣称信奉"大法真言"保命,到处散发"大法护身符"。利用灾难说来造谣惑众是他们惯用的伎俩。最耸人听闻的灾难莫过于"世界末日"的来临。某些邪教组织的头目宣称"地球即将毁灭,流行病、饥荒、地震和战争等,这些都是末日来临前的先兆"。他们制造的恐慌气氛使信徒惶惶不可终日、万念俱灰;他们继而装扮成"救世主",声称具有神力可以延迟地球的毁灭、免于末日劫难,使信徒狂热盲从,对他们的歪理邪说言听计从。

迄今为止,不知有多少关于灾难和末日的预言已经破产、随风飘逝,而地球依然安在,众生熙熙攘攘。然而在现代社会,邪教组织和一些团体仍在大玩末日灾难的预言,而盲从此类预言的信徒仍不在少数,这不能不引起我们的警觉。

费斯汀格的认知失调理论

美国社会心理学家费斯汀格(L. Festinger)创立了"认知失调理论",源于对1934年印度大地震灾难后谣言四起的研究。该理论认为,在一般情况下,个体对于事物的态度和行为间是相互协调的,当出现不一致时,就会处于认知不和谐的状态,即认知失调,并会导致心理紧张。个体为解除心理紧张,会改变行为以符合自己的态度,或改变现有认知,或增加新的认知,或改变现有认知的重要性。

按照认知失调理论,伴随着灾难出现谣言有深层次的原因、有一定的社会作用:谣言使一部分人找到了自己恐惧的理由,为恐惧进行辩护,减少了他们认知上的矛盾,降低了心理紧张程度,摆脱了失调引发的不舒服感。

费斯汀格考察了一个信奉末日预言的宗教小团体。该团体的女教主声称收到来自另一星球的信息:在11月的某一天,将爆发地震和洪灾,地球因此毁灭,但追随她的信徒会在灾劫发生的前夜被宇宙飞船营救。那天夜晚,信徒们焦急地等待飞船的到来,然而飞船始终不露面,信徒们烦躁不安骚动起来。女教主及时出面,宣称刚接收到一条新的消息:由于信徒的忠诚付出,改变了迫在眉睫的灾劫。信徒再次尊崇女教主,并更积极向公众宣传,以吸引更多的人加入他们的团体。

这个案例符合"认知失调理论":如果说社会正常思维是"X"的话,那么那个小团体的信仰便是"非X",信徒们在预言中的灾劫将至、来营救的飞船也不见踪影时,"非X"与"X"发生对立冲突,内心极度矛盾,因认知不协调而产生不适感。他们必须做出抉择:是回归社会还是继续相信女教主的预言?教主及时推出新的说辞,成了他们的救命稻草。他们不是没有半点疑虑,但宁愿自欺下去。因为他们说服自己坚信"非X",远较其转信"X"要容易而且安全,心理压力可以释然。费斯汀格指出,人们要改变原来的信念以消除失调感是比较困难的,因为已经为某种信念做了巨大的努力;容易做的是对事实做些让步,继续信奉原来的信念。为削弱失调感而增强人的信念的现象可以在社会上的不少群体活动中发现。

向民众积极开展灾难教育

渲染灾难并散布谣言,会造成危害社会的严重后果。它阻碍了民众了解灾难的真相,引起大部分人的恐慌,使得人人自危、丧失理智,增加了抗灾救灾的难度。向民众开展灾难教育很有必要,使他们树立科学和完整的灾难观,理解灾难、正视灾难,对灾难持有高度的警惕和忧患意识,具备应对灾难的能力,识别和抵制谣言。谣言止于智者,这里的"智"是指具有独立思考的怀疑精神,面对未经证实的信息敢于质疑,不轻易相信与传播;谣言止于真相,媒介应及时出面澄清、辟谣、与谣言赛跑,还社会一个清晰的真相;谣言止于科学,普及科学知识、宣传科学思想,使民众具有锐利的科学眼光对谣言进行剖析、指正,让谣言无处遁形。

诚然,按"认知失调理论",识别和抵制谣言并不是容易的事情,我们必须做长期艰苦的努力。一般认为,减少认知失调的方法有以下四种:改变行为,即改变人的行为以符合他的态度；改变现有认知，即改变人的认知以符合他的行为；增加新的认知，不改变现有认知的基础上加入与行为相符的新的认知；改变现有认知。四种方法中第一种是从行为方面着手，后三种是从认知方面着手。正常情况下，改变行为比改变态度难度要大，因此更多的策略还是从改变认知的角度出发。

  对于那些在邪教组织里受蒙骗而怀有末日心理与末日情结的成员，在他们回归社会后，为改变他们原有的错误信念，我们更要做好耐心、细致和艰巨的工作。要揭露教主宣扬世界末日灾难的罪恶目的；引导他们形成对自然、世界和社会的正确认知；提高他们的心理素质、增强心理承受能力和安全感，避免心理恐慌和不理智的行为；促使他们学会理性思维，站在对立角度，解释相反的观点或其他观点，思考各种可能性，最终纠正和消除错误信念。

（韩 蕊 陈敬全）

警惕！他们在反科学的歧路上如出一辙

今年（2020年）是颇为艰难的年份，新冠病毒正在全球蔓延。抗击疫情要坚持以科学作引导，忽视科学会加剧病毒的传播，使更多人丧命。然而在疫情期间，美国白宫一直行走在反科学的歧路上。

疫情刚开始时，白宫说只是普通的流感。延误了抗疫良机后，开始对中国污名化。白宫不顾科学共识，在没证据的情况下反复散布病毒出自中国武汉病毒研究所的阴谋论，甚至还施压美国情报机构寻找所谓"证据"。美国国家情报总监办公室却认同广泛科学共识：新冠病毒非人造或经过基因修改。一些情报官员担忧，政府这么做会扭曲对病毒的正确评估。美国国家过敏症和传染病研究所所长福奇一再强调说，病毒首先是自然进化，然后越界到人类，他不接受病毒从实验室"意外逃逸"的说法。因世界卫生组织肯定中国的抗疫成效，美国总统威胁要退出世界卫生组织，要给世界卫生组织断粮。

在疫情中前期，美国总统主要做的事就是把黑锅甩出去，甩出去就没责任，讲不讲科学，与己无关。在疫情发展期，总统的"反智言论"都是反科学的最好明证。他说"消毒剂在一分钟之内可以杀死病毒，可以把它注入人体，彻底消毒"；他夸大抗疟药不氯喹和羟氯喹的功效，全然不顾其可能引发危及生命的恶性心律失常；他要求放慢检测速度，以避免发现更多的病例。他强令复工复产复课，对于美国疾控中心的专家们编写的复工复产指南随意封杀，白宫自己的复工复产指南却笼统、缺乏操作性建议。

在现今疫情失控期，白宫要求全美医院跳过美国疾控中心，直接将数据汇报给听从号令的卫生与公共服务部，甚至删除了疾控中心网站上的部分数据。一些政客继续淡化疫情风险，吹嘘政府的应对能力，他们始终排斥科学、把科学家和公共卫生专家晾在一边，霸占舞台中央指手画脚、摇唇鼓舌。

世界上凡是尊重科学、持有理性的人士对白宫的反科学行径都十分不屑。然而，逃亡海外多年的"法轮功"邪教组织却力挺美国现总统。今年7月21日，澳大利亚广播公司披露，为帮他连任，"法轮功"最近盗用社交媒体平台，在网上煽风点火、误导舆论；不惜花费数百万元宣传和美化他，并极力推广其激进的抗中政策，以此讨好美国政府。美国白宫对"法轮功"情有独钟，去年（2019年）7月不顾中国政府反对，以"遭受宗教迫害"为由邀请邪教分子参加所谓的宗教会议，还安排他们参与同美国总统领导人会见。美国白宫与"法轮功"心有灵犀一点通，他们在反科学的歧路上如出一辙。

邪教教主都极力贬低现代科学。"法轮功"头目李洪志否定现代科学及人类文明所取得的一切优秀成果："人类现在的科学实质上是站在一个错误的基点上发展起来的""这个科学，正因为它的肤浅，导致了人类社会道德的败坏，这是最可怕的""这个科学又是个邪教""现代科学造就起来的新一代人无所顾忌地杀人、放火，做坏事……这就是科学给我们带来的最大灾难""社会的许多问题都是科学带来的,很可怕的",云云。

邪教教主凌驾于科学之上,标榜邪教是"超常科学"。李洪志自称"法轮大法是世界上一切科学学说中最玄妙、超常的科学",是"终极真理""最高的科学",他胡说"人类的技术达不到更高的认识宇宙,但是我们修炼的人可以看到,我才是最高的科学家"。

邪教教主缺乏科学常识,却肆意曲解科学概念和科学理论。李洪志胡说宇宙由"27亿个银河系构成""宇宙是三层结构""有3 000个这样的宇宙";他大讲"光年"时间,却不知道这根本不是时间单位,而是天文学中计算星体间距离的单位;他说"宇宙都是水构成的,那种水的密度是极大的""一切物质都是由水构成的";他胡诌"人的真正生命的产生是在宇宙空间中产生的""人是神造出来的,最大的神只要想一想就能把你造出来,给人造出外形后,再造内脏",等等。

邪教教主骨子里痛恨科学,却狡猾地盗用科学术语,把自己伪装成"科学卫士",宣扬伪科学以售其奸。李洪志借用天文学、宇宙学的一些术语及"大爆炸假说",宣扬地球即将爆炸,散布"人类大劫难、末世将来临"的谎言,造成信徒的恐慌心理;他又宣布自己"用神力将爆炸时间推迟了几十年",使信徒把他视为"救世主"顶礼膜拜。他歪曲物质结构理论,说"宇宙中一切物质都是由真、善、忍组成的""真善忍把最本原的东西聚合成最微小的原始物质,再形成各种微粒物质量,进一步生化,产生了万物"。他吹嘘所谓的"人体科学",欺骗说,通过练功具有特异功能和"超物质能力",取得祛病健身的效果,消除"业力",有病会自然消失,不用上医院看病,不用吃药。他利用人们渴望健康长寿的心愿诱骗他们入教。

在今天科学就像"文明""进步"的代名词深入人心,反科学是冒天下之大不韪,不得人心。一小撮人明目张胆反对科学,其实是别有用心。白宫的政客们是精于政治算计、为谋求连任赢得选票而草菅疫情,其信条是"科学挡了政治的路,就必须走开";邪教组织是为了散布异端邪说、蛊惑人心、谋财害命,他们反科学,与其反社会、反人类的本质是一脉相承的。

在抗击疫情中,引导公众识别、抵制反科学和伪科学十分重要。要提醒公众警惕一小撮人的险恶用心。要使公众了解一些具体的科学知识,如果有人连保持社交距离、戴口罩这么简单有效的科学防疫措施都不懂得,轻信"口罩里的铁丝是5G天线,它能控制你并使你患上癌症"的鬼话,那他染上病毒的风险是很高的。要引导公众学习科学思想和科学精神。科学根本的特点是重理性。科学求真,一是要符合逻辑,二是要有证据,我们检验某个说法时,必须以十分谨慎的态度去审视:如果发现少了一个,就值得怀疑,如果两个都没有,就值得高度警惕它是不是反科学和伪科学的。我们在给公众注射新冠疫苗的同时,也别忘了给他们注射"反邪教疫苗",以使我们的社会机体更清洁、更健康。

(陈敬全)

"量子企业"泛滥给出的警示

近年来,量子科技发展迅速,取得了引人瞩目的成就,备受关注。值得警惕的是,一些人借量子科技概念进行市场炒作,招摇撞骗,使公众上当受骗,蒙受损失。

林林总总的"量子企业"和"量子产品"

据不完全统计,这些年全国各地冒出2 000多家各类"量子企业",将量子力学原理与化妆品、农业、食品、服装、汽车等传统产业"嫁接",量子水、量子项链、量子烟盒、量子眼镜、量子手机膜……在电商网站上搜索,各类"量子商品"层出不穷,令人眼花缭乱,一些所谓的量子商品还纷纷不断提升"理论"新高度。比如,华北某省一家化肥企业推出"量子生物菌肥",声称应用了量子纠缠原理,"将量子能与农作物产生共振",把大分子变为小分子,从而把肥料的利用率提高到90%,还能利用振动原理,使害虫不能驻足产卵,从而达到驱虫功效。福州市某机构推销990元一瓶的经"量子磁化"后的"微量元素水",声称喝了它,人体吸收了微量元素就有望治好百病。华南某省一家"量子堪舆研究院"的创始人自称,量子的波粒二象性就是阴和阳,量子力学为风水学提供了"科学依据"。还有人在大力推销所谓的"量子疗愈催眠技术",这是美国人加农(D. Cannon)在20世纪70年代末发明的,号称能使人进入"前世"的一种催眠术,能治疗心脏病、艾滋病、糖尿病,能让受损的肝、肾、肌肉再生。

实际上,借用高新科技概念进行市场炒作,早已不是什么新鲜事。1900年,德国物理学家伦琴发现了X射线,他用X射线给自己的夫人照了一张手骨照片,公之于世后,引起了轰动。一些商人捕捉到了商机,他们大肆宣传穿已有的衣服都不顶用了,在X射线下个人身体的隐私将暴露无遗,宣传只有他们制成的衣服才可以挡得住,趁机大发横财。

前些年,核酸、纳米、石墨烯、基因技术等新科技的兴起,都被别有用心之人拿来炒作过。尤其是纳米,打着"纳米"旗号的产品曾经风靡一时,如纳米短裤、纳米鞋、纳米水杯、纳米饭铲等,不少保健品也冠以"纳米"的称号,但这些产品是否真的采用了纳米技术很值得怀疑,保健品的疗效也屡遭诟病。

时刻保持对伪科学的警觉

"量子企业"的泛滥,又一次提醒我们对伪科学的警觉。伪科学是打着科学的旗号,违背科学活动的基本规范与程序,通过伪造或篡改科学事实制造科学假象,诱导社会和公众将其误认为是科学，以谋取不当利益的欺骗行为和活动。伪科学利用公众对科学的崇敬和信赖，对于科学快速发展层出不尽的新概念、新理论、新名词和新术语的不了解，迎合人们对科学功能的种种需求，尤其是对于日常生活用品、医疗保健上的需求，将科学前沿的深奥难懂的名词术语牵强附会地编造于胡言乱语之中，巧妙地用"科学"包装自己，借以掩盖其不可告人的真实企图，他们的骗术屡屡得手。

要及时引导公众识破伪科学的骗局。量子科技领军人物潘建伟院士对央视新闻记者讲到，他的姨妈曾买过一个据说可以防癌的"量子挂坠"，并跟他说"据说利用了你的这个技术"，潘建伟立即对她辟谣："根本没有这回事。"中科院院士郭光灿指出，"量子企业"推出的产品，几乎都是假的。真正的量子信息技术应用领域主要在量子通信、量子计算和量子精密测量，其他领域还没有实用化，还没有让老百姓可以用的产品，短时间内也做不到，不可能很快就达到能进入千家万户的水平。

值得我们警惕的是，一些邪教组织也利用伪科学来招摇撞骗。某邪教组织头目把自己的邪说标榜为"现代科学""现代人体科学"和"超常科学"，他一张口就胡诌"光年""元素""中子""夸克""物质和精神""宇宙爆炸"等科学名词术语，以艰涩难懂的高深"理论"来蒙骗信徒。邪教组织盗用科学猜想和假说、科学幻想来美化他们的一套套歪理。他们篡改物理学中"场"的概念，杜撰出"气场""人场"和"功力场"外，声称能利用这些"场"来展现"意念移物""隔墙透视""手耳辨字"等所谓人体的"特异功能"。他们歪曲宇宙起源的科学理论，不厌其烦地反复宣扬"世界末日说"，以制造出恐慌气氛使信徒惶惶不可终日、万念俱灰；他们继而装扮成"救世主"，声称具有神力可以延迟地球的毁灭、免于末日劫难，使信徒狂热盲从，对他们的歪理邪说言听计从。

与伪科学进行毫不妥协的斗争

对于"量子企业"的泛滥、量子科技被滥用，监管部门需加大排查、清理、曝光力度，加大打击虚假营销行为；网络平台需对入驻商家的量子类产品、服务或营销行为进行审验把关，增强审慎意识，秉持科学理性的态度甄别真假"量子"，卡住蹭量子科技热点的违法行为。对于邪教组织，政府部门坚决取缔，惩办邪教组织头目，教育和挽救邪教信徒。但是我们必须清醒地认识到，引导公众识别、抵制"量子企业"和邪教组织的"保护伞"——伪科学却是长期的艰苦过程。

科学工作者和科研机构应公开与伪科学进行毫不妥协的斗争。传播和普及科学知识，揭露伪科学的真面目，擦亮公众的眼睛，是科学家不可推卸的职责。一些科学伟人为我们做出了表率。爱因斯坦反对传心术和唯灵论之类的伪科学，他在1921年明确宣示："我们这个时代的神秘主义倾向表现在所谓的通神学和唯灵论的猖獗之中，而在我看来，这种倾向只不过是一种软弱和混乱的症状而已。我们的内心体验是各种感觉印象的再造和综合，因此脱离肉体而单独存在灵魂的概念，在我看来是愚蠢而没有意义的。"

对待伪科学，我们不仅要有坚定不移的反对态度，而且也要具备行之有效的做法，以收到事半功倍之效。必须双管齐下：打击伪科学与传播科学并举。我们要大力传播科学思想，普及科学方法，弘扬科学精神，理解科学价值，这是治理伪科学沉渣泛起和大肆泛滥的根本之道。因为这样做既可以打击伪科学的始作俑者，又可以遏制伪科学的信仰者、迷恋者和追随者。法国科学家庞加莱对此早就了然于心："反对伪科学的最好办法是更加科学。"

（陈敬全）

后 记

奉献给广大读者的这本文集,是为"湛露论坛"和"湛露网"积极撰写稿件的众多作者共同努力的成果。在编书的过程中,作者们对发表过的文稿进行认真的审阅、仔细修改,对一些文稿扩充了内容,在段落间添上了小标题,配上了插图,努力做到说理透彻、文笔流畅、图文并茂、可读性和感染力强,以吸引更多的读者阅读。作者们在撰稿的过程中,参考了大量的有关文献和资料,并做了一些引用,鉴于篇幅有限,其出处就不在书中一一列举了。

作者和编者尽管做了再三努力,但是在题材的选择上、理论的把握上、内容的叙述上,以及在其他方面的不足之处还是在所难免,恳望各位读者批评指正。此外,由于撰稿人较多,在文风甚至体例上难以做到完全一致,也望得到读者的见谅。

提高公众科学素质、促进科学素质建设是长期、艰巨而又光荣的任务。组成科学素质的各个方面博大精深,内涵丰富、寓意深刻,作者们有志结合自己的学识做更深入的研究和探讨,继续把心得体会和切身感悟及时传播给公众,为推进科学素质提升行动、进一步提高公民具备科学素质的比例做更大的贡献,为助力实现人的现代化、加快中国式现代化建设做好服务工作。

本书的出版,得到了上海科普教育发展基金会科普公益项目的资助。在申请项目资助的过程中,上海市科普作家协会给以大力支持。上海科学技术出版社积极推进本书的出版工作。上海市科普作家协会秘书长、文汇报社高级记者江世亮先生在百忙中作序,先生妙笔生辉,字字珠玑,为此书增添了色彩、提升了本书的品位。对于上述单位和专家的指导、帮助和支持,谨表衷心的感谢!

图书在版编目（CIP）数据

润泽科学之湛露："提升公众科学素质"科普论坛宣讲文集 / 陈敬全, 韩蕊主编. -- 上海：上海科学技术出版社, 2023.12
ISBN 978-7-5478-6440-1

Ⅰ. ①润… Ⅱ. ①陈… ②韩… Ⅲ. ①科学知识—普及读物 Ⅳ. ①Z228

中国国家版本馆CIP数据核字(2023)第224712号

责任编辑：张毅颖　刘小莉
装帧设计：陈宇思

润泽科学之湛露
——"提升公众科学素质"科普论坛宣讲文集

主　编　陈敬全　韩　蕊

上海世纪出版(集团)有限公司
上海科学技术出版社　出版、发行
(上海市闵行区号景路159弄A座9F-10F)
邮政编码201101　　www.sstp.cn
江阴金马印刷有限公司印刷
开本 787×1092　1/16　印张 19
字数 300千字
2023年12月第1版　2023年12月第1次印刷
ISBN 978-7-5478-6440-1/R·266
定价：88.00元

本书如有缺页、错装或坏损等严重质量问题，请向印刷厂联系调换